A era do conhecimento

FUNDAÇÃO EDITORA DA UNESP

Presidente do Conselho Curador
Herman Jacobus Cornelis Voorwald

Diretor-Presidente
José Castilho Marques Neto

Editor-Executivo
Jézio Hernani Bomfim Gutierre

Assessor Editorial
Antonio Celso Ferreira

Conselho Editorial Acadêmico
Alberto Tsuyoshi Ikeda
Célia Aparecida Ferreira Tolentino
Eda Maria Góes
Elisabeth Criscuolo Urbinati
Ildeberto Muniz de Almeida
Luiz Gonzaga Marchezan
Nilson Ghirardello
Paulo César Corrêa Borges
Sérgio Vicente Motta
Vicente Pleitez

Editores-Assistentes
Anderson Nobara
Henrique Zanardi
Jorge Pereira Filho

Marc Halévy

A era do conhecimento
Princípios e reflexões sobre a revolução noética no século XXI

Tradução
Roberto Leal

© 2005 MM2 Editions
Título original em francês: *L'Âge de la Connaissance: principes et réflexions sur la révolution noétique au 21ème sciècle*

© 2008 da tradução brasileira
Direitos de publicação reservados à:
Fundação Editora da UNESP (FEU)
Praça da Sé, 108
01001-900 – São Paulo – SP
Tel.: (0xx11) 3242-7171
Fax: (0xx11) 3242-7172
www.editoraunesp.com.br
www.livrariaunesp.com.br
feu@editora.unesp.br

CIP – Brasil. Catalogação na fonte
Sindicato Nacional dos Editores de Livros, RJ

H183e
Halévy, Marc

    A era do conhecimento : princípios e reflexões sobre a noética no século XXI / Marc Halévy ; tradução Roberto Leal. – São Paulo : Editora Unesp, 2010.
       348p.

Tradução de: L'Âge de la connaissance : principes et reflexions sur la révolution noétique au 21ème siècle
Inclui bibliografia
ISBN 978-85-393-0072-3

    1. Gestão do conhecimento - Filosofia.   2. Teoria do conhecimento.   I. Título.

10-4730.
                                                                                           CDD: 121
                                                                                          CDU: 165

Editora afiliada:

Asociación de Editoriales Universitarias de América Latina y el Caribe

Associação Brasileira de Editoras Universitárias

Sumário

Primeira parte
As duas fontes da revolução noética   25

O evolucionismo   29
    O tempo, no tempo, mudou com o tempo   29
    O tempo em outros lugares   33
    Revolução evolucionista   34
    Mística teilhardiana   36

A complexidade   39
    História de um conceito   39
    O grande baque nas ciências físicas   41
    Como vai a vida?   42
    O *cassoulet*: um sistema complexo   43
    Complexo e complicado   45
    Questões de métodos   46

Segunda parte
A noosfera   49

Noosfera: seu surgimento   53
    Cosmogonia   53
    Histórias de complexidade   54
    Escala quântica   58
    Leis, relações e propriedades emergentes   60

Organização, proliferação   61
    Desde a origem   61
    A ideia de forma memorizada   62
    A consciência   63
    A organização da noosfera   64
    Interconexão   65
    Interconexões   66
    Uma estranha logística   69
    A proliferação da noosfera   70
    Do valor das ideias   72
    À guisa de resumo   73

Terceira parte
A revolução noética   77

O homem noético   81
    Lugar e papel do homem na Terra   81
    Ética noética   89
    Superação do econômico e do político   109
    O novo homem   162

O pensamento noético   175
    Superar o cartesianismo   176
    Metalógica e metáfora   191
    Criatividade   211
    Pensamento complexo   222

O movimento noético   239
    Prospectiva: os possíveis e os desejáveis   239
    Resistência e motores   277
    Os grandes canteiros de obras   286
    Conclusões provisórias   316

Glossário   321
Personalidades citadas   337
Referências   341
Obras de Marc Halévy   347

Noética

Palavra rara, mais frequente em inglês (*noetic*), "noética" vem do grego *noos*, que significa "conhecimento, inteligência, espírito".

A definição mais acadêmica da noética abarca o conjunto das ciências e das técnicas que tratam do conhecimento, da inteligência e, de modo mais geral, do espírito. Poderíamos incluir também as ciências cognitivas e os modelos neurobiológicos do funcionamento da memória, da criatividade e do pensamento.

Uma definição menos universitária e mais ampla poderia incluir ainda a evolução e a organização viva das ideias dentro da noosfera humana, ou seja, dessa "camada" suplementar que envolve nosso planeta azul com uma rede global, densa e viva de conhecimentos e atividades intelectuais, artísticas e espirituais.

Em resumo, a noética trata da economia das ideias. Concentra-se no estudo e no desenvolvimento de todas as formas de conhecimento e de criação que geram e alimentam a noosfera. Podemos falar de um novo campo: este se esteia em outras disciplinas, como a Filosofia, a Antropologia, a Física e a Sistêmica.

Prólogo

Sem ser nem circular nem determinista, a história da humanidade é marcada por ciclos: desenvolve-se em uma espiral irregular que corta regularmente os mesmos eixos ou fases (ruptura, ascensão, auge e declínio). Nossa época é de ruptura.

Estamos abandonando um ciclo e ingressando em outro.

O ciclo de ontem era a chamada era "moderna", nascida de outra ruptura em meados do século XV, na transição entre o fim da era feudal e o Renascimento italiano.

Meio milênio de "modernidade" está se encerrando. Ele se desenvolveu com base em valores fundamentais: humanismo, materialismo, estatismo, capitalismo, racionalismo, cientificismo, progressismo, hedonismo, individualismo etc. Desembocou primeiro em Verdun e em Ypres, depois em Auschwitz, em Hiroshima, no *gulag* e na Praça da Paz Celestial. Pulsa ainda em Bagdá, enquanto não se desloca para outros lugares.

Toda ruptura é a passagem de um ciclo para o seguinte. Implica o parto, sempre doloroso, de uma nova paisagem humana, fundada sobre novos valores, novos marcos, novos modos de vida, novas prioridades.

Estamos vivendo esse parto. As primeiras contrações datam da década de 1920 no mundo dos cientistas (físicos e biólogos, sobretudo) e dos artistas (poetas, pintores e músicos), pouco antes dos cataclismos nazista e stalinista. A segunda onda veio na década de 1950, com as descolonizações e a americanização. A terceira, que nasceu das crises do petróleo do começo da década de 1970, morreu no Muro de Berlim, em 1989, com o desmoronamento do comunismo.

Depois disso, uma página foi virada. Para sempre. A explosão das tecnologias da informação e da comunicação (TIC) transformou de modo radical nosso modo de funcionamento, tanto doméstico quanto profissional. Os chamados mundos "virtuais" provocaram a desmaterialização de muitos aspectos da vida cotidiana, a começar pelo cartão de banco, que substituiu o dinheiro, símbolo e coração da moribunda era moderna.

A globalização torna o econômico e o político mundiais. As desregulamentações, apesar dos sobressaltos de super-regulamentação, estimulam as deslocalizações, as organizações mafiosas e os subúrbios sem lei.

A desmassificação traduz um individualismo covarde e hedonista, que ronca debaixo do edredom do isolamento autista. A qualidade de vida suplanta cada vez mais o poder de compra.

A rápida obsolescência dos saberes, dos produtos, das tecnologias e das modas força o ritmo desenfreado das inovações. A hiperespecialização crescente das profissões e dos nichos implica um foco preciso no que nós mesmos podemos fazer e, ao mesmo tempo, uma ampla descompartimentalização para colaborar com os outros. As organizações em rede flexíveis e fluidas superam em todo o mundo as pesadas e graves hierarquias piramidais. Os telefones celulares e os computadores portáteis autorizam um novo nomadismo, tornando independentes a atividade que realizamos e o lugar em que vivemos.

A complexidade

Até cerca de cem anos atrás, todos acreditavam, como bons cartesianos, que o mundo era fruto da justaposição de tijolos elementares imutáveis, cimentados por leis universais imutáveis. O próprio Descartes especificou de maneira clara: as partes explicam totalmente o todo e o todo é exatamente a soma das partes. Para compreender um relógio, basta desmontá-lo, examinar as peças com atenção, compreender sua função e tornar a montar o todo.

Todas as ciências clássicas funcionam assim, com o imenso sucesso que conhecemos.

Analitismo e reducionismo fundam o chamado método científico, que se tenta aplicar a tudo, inclusive à Psicologia, à Sociologia, à Política e à Economia... Com os fracassos que também conhecemos.

A partir da década de 1920, porém, as ciências se apresentam cada vez mais problemáticas, mesmo no campo das ciências "duras", que resistem a entrar nesse molde cartesiano analítico. Uma célula viva não se reduz à soma de seus átomos. O pensamento humano não se reduz à soma dos neurônios. As turbulências de um rio ao redor do pilar de uma ponte não se reduzem à soma das redes laminares. O time de basquete não se reduz às proezas individuais de seus jogadores. Nem a água que ferve no interior das células de Bénart se reduz à justaposição dos movimentos individuais de suas moléculas.

Em suma, o *cassoulet* é muito mais que a mera justaposição de seus ingredientes, assim como o poema é muito mais que a mera justaposição das letras de suas palavras.

Qual é a chave de todos esses mistérios? A complexidade.

Os sistemas simples são redutíveis a seus componentes e às interações mecânicas entre eles: são totalmente compatíveis com o método cartesiano.

Mas a partir do momento que essas interações entre componentes se tornam mais intensas e diversas, aparecem propriedades emergentes que não pertencem a nenhum dos componentes, mas surgem dos próprios processos interativos. É o caso típico das propriedades de emulsão da maionese, que não pertencem nem aos ovos, nem à mostarda, nem ao azeite, mas nascem de uma interação forte na batedeira da cozinha.

Compreendemos que essas propriedades emergentes vedam o uso do bisturi analítico, que cortaria e destruiria essas interações e deixaria apenas ingredientes desarticulados.

Quanto mais complexo um sistema – portanto não redutível a seus componentes –, mais preponderantes o número e a pregnância das propriedades emergentes.

À ordem mecânica dos sistemas simples, não raro bem controlados pelos métodos cartesianos, vem se juntar uma ordem orgânica que funda os sistemas complexos e pede novos métodos de estudo.

Para resumir em poucas palavras: um sistema é complexo quando seu todo é mais que a soma das partes. E quanto mais complexo, mais seu todo supera de longe as partes e mais se torna autônomo e imprevisível, porque escapa cada vez mais dos determinismos mecânicos. Enfim, a importância crescente das propriedades emergentes, independentes dos materiais que compõem o sistema complexo, implica a preponderância da informação (da "forma") sobre a matéria (a "substância"): toda complexificação é também uma desmaterialização. Complexidade e densidade de informação são sinônimos.

Descartes sistematizou a metodologia que leva seu nome (e data de Platão e Aristóteles) em quatro princípios:

- a evidência (duvidar de tudo, exceto do que é evidente);
- o analitismo (o todo deve se explicar integralmente por suas partes);
- a redução (o todo se reduz à exata soma de suas partes);
- a exaustividade (para compreender o todo, é necessário compreender tudo de cada uma de suas partes).

O pensamento complexo é pós-cartesiano no sentido em que observa que o método cartesiano só se aplica aos sistemas simples. A partir do momento que um sistema é complexo, nada é evidente, porque tudo depende do olhar que é lançado (relativismo), o todo e as partes evoluem de modo dialético (sistemismo), o todo é bem mais que a soma das partes (holismo) e o todo se compreende a partir de suas finalidades, independentemente de suas partes (teleologia).

O evolucionismo

Será que quando Lamarck, seguido por Darwin, propôs o princípio da evolução das espécies, ele imaginava que estava desencadeando uma revolução intelectual de magnitude colossal?

Do ponto de vista da cosmologia, dando continuidade ao modelo da teoria da relatividade geral de Albert Einstein (1916), desenvolvido como modelo de universo aberto e infinito (por De Sitter, em 1917) e não estático (por Friedman, em 1922), o cônego Lemaître, em 1931, propôs a teoria do átomo primitivo, que seria retomada com o nome de big bang (por Gamow, em 1948). Essa cosmologia, hoje universalmente adotada pela comunidade científica, considera o universo o desdobramento de uma singularidade pontual que explodiu há alguns bilhões de anos e que, desde então, dilata-se, organizando-se progressivamente.

Do ponto de vista filosófico, o evolucionismo cósmico é uma teoria nascida do encontro entre a relatividade geral e o big bang, de um lado, e uma visão teleológica à maneira de Bergson ou de Teilhard de Chardin, de outro. A ideia central é que o universo, tomado como um todo único e unitário, é um sistema complexo que evolui, dilatando-se e se complexificando.

O motor da evolução cósmica é, portanto, a complexificação: uma ascensão progressiva na escala da complexidade.

E, como vimos, essa ascensão implica que a cada grau os sistemas resultantes se tornam cada vez mais autônomos, cada vez mais imprevisíveis e cada vez mais "informes" (portanto desmaterializados ou "espiritualizados", para retomar a expressão de Teilhard de Chardin).

Hoje é possível definir a escala cósmica da complexidade em quatro fases (energia, matéria, vida e espírito), cada uma com dois graus: aquele que resulta das forças de individuação, que gera novos "objetos", e aquele que resulta das forças de integração, que leva esses novos "objetos" a se associar em estruturas cada vez mais complexas.

Dois graus energéticos: o da energia pura e o da energia vibrante (fotosfera).

Dois graus materiais: o dos átomos e moléculas (nanosfera) e o dos agregados cristalinos ou viscosos (litosfera).

Dois graus vivos: o dos vegetais e dos animais, inclusive humanos (biosfera), e o das associações sociais, homogêneas ou heterogêneas entre eles (sociosfera).

Dois graus pensantes: o das ideias (noosfera) e o dos conhecimentos como associações ideais (gnosiosfera).

A evolução cósmica traduz o desenvolvimento sucessivo de cada um desses graus, sabendo-se que o grau inferior deve estar suficientemente acabado para que o superior, latente desde a origem, possa começar a se desenvolver.

Vivemos hoje na Terra o surgimento de um novo grau: graças ao neocórtex, as sociedades humanas puderam desenvolver linguagens poderosas, que permitem a formulação de ideias complexas, e, ao mesmo tempo, tecnologias eficazes (informática e telecomunicações), que permitem o tratamento em massa e a transmissão rápida de grandes volumes de informação.

O casamento entre essas linguagens e essas tecnologias, ocorrido há menos de cinquenta anos, tornou possível o surgimento e o desenvolvimento da noosfera[1] e da gnosiosfera[2] terrestres.

Em suma, na Terra, graças ao homem e por ele, a vida pode começar a dar à luz o espírito.

A revolução noética

A revolução noética (do grego *noos*: espírito, inteligência, conhecimento) exprime essa passagem, esse salto, essa ponte entre a sociosfera e a noosfera. Filosoficamente, as consequências são imensas: não apenas, como portadora da revolução noética, a existência humana, individual e coletiva ganha novo sentido, capital, fundamental, mas também a humanidade se torna portadora de uma responsabilidade cósmica, pois essa indispensável (r)evolução só pode acontecer por nós, e devemos assumi-la e fazê-la dar certo. O homem se torna o artesão do surgimento do espírito no começo da vida: o desafio e a responsabilidade são enormes.

É um parto. Não virá sem dor. Mas o movimento é irreversível, tão irreprimível quanto uma enxurrada que corre para o rio, aconteça o que acontecer, contra quaisquer obstáculos que surgirem. Historicamente, o fato é colossal: nós, seres humanos deste século, somos portadores de um salto de complexidade inaudito. Vivemos e trazemos conosco a germinação da árvore noosférica a partir do húmus sociosférico.

---

[1] A noosfera é essa "camada" de saberes e de conhecimentos que cobre toda a Terra e suas redes, e sobrepõe-se à sociosfera. A palavra foi criada por Teilhard de Chardin (1881-1955), que a definia do seguinte modo: "Noosfera (ou esfera pensante) superposta coextensivamente [...] à biosfera", em *La place de l'homme dans la nature* (Paris: Plon, 1995). A noosfera designa genericamente o conjunto das redes de ideias e de conhecimentos em que se desenvolvem os processos de criação, memorização, transformação e transmissão dos noemas. É o lugar de suas proliferações autônomas. A noosfera é uma "camada" imaterial plantada acima da sociosfera humana, mas distinta dela (como a árvore é plantada no húmus, mas distinta dele).

[2] Essa palavra, criada com base na mesma estrutura de litosfera, biosfera, sociosfera ou noosfera, mas a partir da raiz "gnosio" (conhecimento global), indica a "camada" que virá a se sobrepor à noosfera, tão logo esta tenha produzido a capacidade de fazê-la surgir. A gnosiosfera será o lugar do acoplamento e da interação dos seres vivos em sociedades organizadas e estruturadas.

Diante desse desafio, só há dois cenários possíveis:

- um cenário de suicídio: a humanidade recusa o desafio para se fechar na sociosfera – para definhar e secar – e continuar a se acreditar e a se pretender o centro, a meta e o cume do universo;
- um cenário de audácia: a humanidade sai da sociosfera e toma consciência de que faz parte do cosmos e tem um papel que a supera infinitamente.

É evidentemente esse segundo cenário que deve prevalecer: partir ao encontro do cosmo e de sua evolução tanto ecológica – na direção da biosfera – quanto noética – na direção da noosfera. A visão nietzschiana do homem como ponte entre a natureza e o super-humano adquire uma veracidade flagrante: a vida humana ganha sentido, uma nova metafísica do devir tem lugar e surge uma nova ética do dever e da realização.

Mas não devemos excluir o primeiro cenário: a humanidade do século XX mostrou que podia ser suicida (bombas atômicas e ecológicas) e cultivar as forças de Tânatos (nazismo, comunismo, nacionalismo, racismo, integrismo, colonialismo, imperialismo, mercantilismo).

Novos fundamentos

Já que devemos assumir a complexidade e a evolução para cultivar esse germezinho noosférico, temos de renovar nossa caixa de ferramentas intelectuais. O método cartesiano, tão central para o racionalismo, o cientificismo e o progressismo antigos, deve ser completado e superado por novos métodos sistêmicos, capazes de assumir o holismo, o indeterminismo e o evolucionismo próprios dos sistemas complexos.

Nossas linguagens naturais tão lineares, tão hierarquizadas, tão codificadas, tão unívocas, também devem ser completadas e superadas por novas metalinguagens poéticas, metafóricas e simbólicas, aptas a assumir a globalidade, a fluidez, a rapidez e a imprecisão das situações e dos processos complexos.

Nossa lógica aristotélica, encurralada entre verdadeiro puro e falso puro, também deve ser completada e superada por novas metalógicas não aristotélicas, intuitivas, analógicas, dialéticas, trialéticas etc., que possam levar em conta a opacidade, a multivocidade, a relatividade e a evolutividade dos mundos reais.

Os modelos matemáticos, até pouco tempo atrás os únicos fiadores da validade científica, também devem ser completados e superados por metamodelos qualitativos e intuitivos, visionários e portadores de imagens que nos façam escapar do reducionismo quantitativo e contábil.

Para além dessa profunda renovação das ferramentas (inclusive das ferramentas intelectuais básicas), temos também de mudar radicalmente de valores. Uma nova ética está se delineando, em que os deveres se sobrepõem aos direitos, em que os direitos se subordinam à realização, em que o humanismo moderno deve ser superado em um super-humanismo pós-moderno e nietzschiano.

O humanismo é a expressão moral e política do princípio mais geral de antropocentrismo. "O homem é a medida de todas as coisas" é a expressão mais forte e mais antiga desse antropocentrismo. Tudo se reduz ao homem, tudo é levado ao homem e para o homem.

Este se considera o centro, o cume e a meta do universo. Em suma, o homem só deve prestar contas a si mesmo. Possui uma dignidade inalienável e incontornável pelo simples fato de ser homem e independentemente do que faça.

Essa visão narcisista é incompatível com a visão noética, segundo a qual o homem é apenas um instrumento e um elo no processo cósmico de evolução e só tem valor contribuindo para essa cosmogênese.

A passagem da criança para o adulto é a alforria da relação de autoridade normativa e coercitiva (modelo parental) e a entrada na autonomia (responsabilidade por si mesmo). A passagem da era moderna para a era noética é semelhante: o homem deve se libertar da tutela das instituições que inventou (Estados, leis, polícia) e construir sua autonomia, responder por si mesmo e assumir suas responsabilidades em relação a si mesmo, aos outros, à natureza e ao mundo. Ao contrário do que diz a moral humanista, o valor do homem será subordinado ao valor de seus atos e de suas contribuições.

Além disso, a atual sociedade de consumo, desperdício e pilhagem descarados deve desaparecer pela aplicação sistemática do princípio de frugalidade. Essa noção é o exato oposto do motor da sociedade de consumo. É viver consumindo de maneira frugal, isto é, o mínimo e o melhor possível. Não é ascetismo, privação, jejum ou coisa parecida. É pegar o necessário e recusar o supérfluo (todos os supérfluos). É de gerar mais do que destruímos para viver.

Entrar na era noética...

Entrar na era noética é, em primeiro lugar, sair da era "moderna" da sociosfera.

E de sua lógica de funcionamento... A sociosfera humana gira ao redor da relação dialética entre o político e o econômico, que têm lógicas de poder diferentes, ora aliadas, ora contraditórias, mas sempre centrais. Sair da sociosfera é, portanto, sair dessas duas lógicas e marginalizá-las, pondo-as a serviço do desenvolvimento noético e noosférico.

A economia clássica baseava-se nas noções de raridade e de penúria: um objeto me pertence ou não, e seu valor depende do quanto ele é raro. A economia das ideias é completamente diferente. A ideia não pertence a ninguém, e o fato de compartilhá-la não prejudica quem a detém. Ao contrário, a ideia ganha mais valor à medida que se torna norma, ou seja, quando é mais partilhada, e é mais rapidamente partilhada por proliferação quanto mais barata é. Quase podemos falar de antieconomia: a dos ativos imateriais (*intangible assets*) e dos processos de criatividade para além das normas de produtividade.[3]

O político, no sentido clássico, arrogava-se um estatuto e um papel paternalistas. Controlava a nação e o povo, provendo a suas necessidades e expectativas, e o dito "povo" era infantilizado em nome da democracia. O Estado e seus aparelhos tomavam o lugar do pai, ao qual os cidadãos deviam ao mesmo tempo amor (à Pátria, a palavra é eloquente), respeito e obediência, em troca de proteção e toda a assistência.

Como demonstram amplamente o marasmo e a ineficiência atuais, essa visão tornou-se obsoleta por numerosas razões, dentre as quais a complexificação e a globalização do mundo, que tiram dos poderes locais qualquer influência sobre o curso real das coisas. Na era noética, o político se assemelhará a um conjunto de serviços pagos (pelos impostos), que contrataremos de livre e espontânea vontade e que garantirão a infraestrutu-

---

3 Ver, por exemplo, *Post-capitalist society*, de Drucker (Nova York, HarperCollins, 1993). [Ed. bras.: *Sociedade pós-capitalista*. São Paulo: Pioneira, 1994.]

ra e o clima adequados ao desenvolvimento da noosfera. A carteira de identidade será um cartão de crédito que dá acesso aos serviços reservados aos membros.

Concretamente, os canteiros de obras que devemos erguer para fazer a revolução noética dar certo são a reformulação total dos sistemas de ensino, a reorientação completa da pesquisa, o desenvolvimento de infraestruturas de conectividade informacional, a implementação de subsídios universais, a abolição real de todas as fronteiras, a passagem do valor de troca para o valor de uso de todos os bens, a gestão holística, alternativa e preventiva da saúde, a caça aos desperdícios e aos desvios consumistas. Trabalho é o que não falta!

Introdução

Entrada (ou entrem) na era noética

Há três maneiras clássicas de considerar o tempo que passa.

Há o tempo imóvel, que considera o essencial como imutável (Parmênides) e a mudança como acidentes da aparência (Zenão de Eleia). "Nada de novo sob o sol!", clamava por seu lado o Eclesiastes.

Há o tempo cíclico, que é aquele agrário, do eterno retorno do mesmo: ciclo das estações e das lunações, dos nascimentos e das mortes, das vacas gordas e das magras.

Há o tempo orientado, que dá um sentido à história, como uma seta rumo a um alvo (a aliança rumo à terra prometida), como um processo irreversível (Heráclito de Éfeso) que vai do simples ao complexo, do caos ao cosmo, da desordem à ordem.

Há, portanto, três maneiras de encarar nossa época e suas rupturas:

- tais rupturas são só aparentes, o essencial permanece imutável;
- tais rupturas são cíclicas e logo tudo voltará a seu devido lugar;
- tais rupturas são, todas elas, sinais de uma passagem, de um salto, da ultrapassagem irreversível de um limiar.

O fio vermelho

Todo este livro é construído com base nessa concepção do tempo orientado e, portanto, na terceira leitura das rupturas de nossa época. Eis nossas hipóteses fundamentais.

Da vida, que é complexificação da matéria, emergiu, por meio das linguagens sociais, o pensamento, que é expressão do espírito. Mas cuidado: nada de dualismo, nada de ruptura ontológica. O que é, é uno; há continuidade absoluta entre eles, entre vida e pensamento, entre matéria e espírito. Mas é enorme o salto qualitativo de complexidade entre a vida (a biosfera) e o pensamento (a noosfera).

Esse salto é o grande desafio do homem, esse animal pensante e consciente de seu próprio pensamento.

Um salto que não era possível enquanto as tecnologias humanas não permitiam juntar enormes quantidades de informações a enorme velocidade e em suportes extremamente leves, quase desmaterializados.

Agora, de menos de meio século para cá, essas tecnologias, sem dúvida ainda balbuciantes, existem e abrem horizontes inesperados em matéria de conhecimento e de criatividade.

A noosfera (os mundos do conhecimento e da criação) pode, enfim, surgir e libertar-se da sociosfera (o mundo das sociedades humanas, que repousam sobre o duplo pilar político e econômico). O momento desse surgimento e dessa libertação é precisamente o que chamamos "revolução noética". Esse momento, que corresponde à nossa época, inaugura uma nova era: a era noética.

Com ela, a sociedade do conhecimento e da criação tomará o lugar da velha sociedade industrial e capitalista, hoje moribunda. Não se trata de uma aspiração ideológica, mas de uma superação radical. O homem noético não é nem de direita nem de esquerda, ele é para frente!

Mas trata-se também de muito mais do que de uma oscilação de eras: trata-se de dar ao homem, à humanidade, ao gênero humano uma nova vocação, um novo sentido, uma nova finalidade. Pois se a noosfera é realmente a nova etapa por superar, a nova "camada" por construir na evolução cósmica, compreende-se que, uma vez que essa etapa repousa inteiramente sobre o frágil cérebro humano, isso dá ao homem um papel, uma responsabilidade, uma vocação, uma missão inaudita.

Nada mais pode ser igual.

O homem, que durante tanto tempo se considerou o umbigo, o centro, o cume e a meta do mundo, encontra-se em um papel de engrenagem, de utensílio, de portador na história cósmica.

O homem tornou-se o carregador do pensamento e do espírito...

Se seu alcance não fosse tão intenso e imenso, a expressão faria rir.

O papel e o lugar da humanidade são completamente alterados por ela.

A vocação do homem

Em vez de permanecer confortavelmente fechada em sua sociosfera, pilhando o mundo para satisfazer seus caprichos e contemplar o próprio umbigo, a humanidade inteira faz explodir essa clausura antropocêntrica e torna-se a ponte entre a biosfera (a vida em sentido amplo) e a noosfera (o pensamento ou o espírito, também em sentido amplo).

Explode o autismo humanista: o homem não está mais a serviço do homem, medida de todas as coisas; o homem está agora a serviço da evolução cósmica, com toda a sua soberba insignificância. Torna-se o pioneiro da noosfera. Torna-se o homem noético.

Conhecimento e criação tornam-se as palavras-chave da vida quotidiana, do nascimento à morte. Todas as ciências humanas deverão ser retrabalhadas em função deste único objetivo: conhecimento e criação. O político e o econômico, hoje centros inimigos da sociosfera, vão se tornar curiosamente periféricos diante do imenso desafio humano: não passarão de serviços administrativos, um garantindo paz social e liberdade individual, o outro garantindo sustento alimentar e assistência tecnológica. Conhecimento e criação vão se tornar o padrão da avaliação econômica, ética e estética de tudo que é feito, dito, pensado. O bem não é senão o melhor para o enriquecimento da noosfera: surge uma nova moral.

As repercussões dessa mudança de paradigma serão imensas e atingirão todas as facetas da atividade humana, tanto coletiva como individual. Podemos falar de metamorfose, como a da lagarta rastejante e peluda que se torna borboleta enfeitada, alça voo e se ergue muito acima da folha de couve.[1]

---

1 Breve referência a nosso velho livro: *Les métamorphoses de l'homme papillon*. Bruxelas: Presses Interuniversitaires Européenes, 1989.

Podemos falar também de passagem do homem da idade infantil para o da idade adulta: acabou-se o homem menino mimado, que se considera o centro do universo, que quebra tudo para satisfazer seus caprichos, que se considera um caubói, que derruba um carvalho para fazer um palito de dentes e saqueia a natureza para juntar pedras para o seu estilingue. A árvore noosférica só crescerá sólida e belamente enraizada em uma biosfera sadia e limpa, respeitada e cultivada.

Acabou-se aquele homem, que é ainda o de hoje.

O homem que acumulava objetos cederá o lugar ao que cria conhecimentos.

A nova riqueza será cognitiva e cultural, imaginativa e artista: o capital essencial de amanhã será o talento, a inteligência, a memória, a intuição, a imaginação.

A matéria-prima de amanhã será a matéria cinzenta; e isso muda tudo.

Tudo na educação. Tudo na empresa. Tudo na cidade.

Até na família e no lazer.

Três cenários para a humanidade

Só há três cenários possíveis quanto ao futuro prospectivo da humanidade.

Primeiro cenário: pode-se considerar que o homem se feche na sociosfera e se recuse a sair, nem para a biosfera, nem para a noosfera.

Em suma, o mundo permanece tal e qual, o homem continua sendo a medida de todas as coisas, e seu orgulho e seu egoísmo continuam deixando-o acreditar que tudo lhe é permitido e pode continuar a quebrar tudo ao redor para satisfazer os caprichos de criança mimada.

Tal cenário leva, evidentemente, à catástrofe maior: a Terra não poderá mais suportar as torturas que o homem lhe inflige.

Segundo cenário: pode-se também considerar que o homem, principalmente sob a pressão dos movimentos ecologistas, se afaste da sociosfera e de suas atividades econômicas e culturais para tornar a mergulhar totalmente na biosfera.

É o cenário do retorno maciço à natureza. Seremos todos criadores de cabra da região das Cevenas ou pastores do planalto de Larzac.

O cenário é plausível à escala de duas gerações. Mas implicaria uma baixa enorme da demografia: a Terra se tornou pequena demais para carregar e alimentar cinco ou seis bilhões de aprendizes de camponeses. Não há mais terras cultiváveis suficientes na Terra para que cada qual possa, com a família, viver como autarquia alimentar natural.

Portanto, se deve haver "retorno à natureza", será na perspectiva dos chamados movimentos de *deep ecology*,[2] que estimam que a Terra possa nutrir e carregar no máximo 500 milhões de seres humanos. Que dizer, então, dos quatro bilhões e meio de excedentes? Eutanásia neles? Deixamos que morram de fome? Exterminamo-los, reabilitando as técnicas de nosso caro Himmler? Esterilizamo-los maciçamente, como foi o caso na Suécia há duas ou três décadas? Limitamos os nascimentos a uma criança a cada cinco casais para amplificar os métodos chineses? Eliminamos nove crianças em cada dez no nascimento, depois de termos selecionado os mais aptos a uma vida sadia e natural nos campos e nos bosques?

Em suma, como vemos, tampouco este segundo cenário abre muitas perspectivas risonhas... Mas tal cenário certamente não deve ser rejeitado: continua sendo um possível... Mesmo se não muito desejável.

Terceiro cenário: pode, enfim, considerar-se que o homem aceite o desafio, assuma a sua missão e reconheça a sua vocação. O homem torna-se então noético, pioneiro da noosfera. Escapa à sociosfera pelo alto, ao mesmo tempo que se põe a serviço da biosfera por baixo.

Unem-se noologia e ecologia, levando o homem a se superar, a se tornar adulto e maduro, a criar muito conhecimento, embora tirando pouco da natureza.

É o fim do homem egocêntrico e das sociedades antropocêntricas.

É o fim do primado do político e do econômico sobre o humano.

É, evidentemente, esse terceiro cenário o da revolução noética.

---

[2] Esses movimentos de origem californiana defendem uma inversão de valores. Põem a vida humana a serviço da vida (o que é positivo), mas consideram o homem um parasita infecto, que deve ser impedido de ser prejudicial a qualquer custo (o que pode ser menos positivo).

Primeira parte: As duas fontes da revolução noética

Uma causa muito pequena, que nos escapa, determina um efeito considerável, que não podemos deixar de ver, e então dizemos que é efeito do acaso.

Henri Poincaré (século XIX)

Algumas palavras introdutórias

Esta primeira parte convida o leitor a visitar um dos principais acontecimentos intelectuais do século XX: o surgimento de duas ideias centrais que se propagaram aos poucos, primeiro nos núcleos científicos mais fechados e, em seguida, entre o grande público esclarecido.

Essas duas ideias centrais são o evolucionismo cósmico (a teoria do big bang, deduzida pelo cônego Lemaître a partir da teoria da relatividade geral de Albert Einstein) e a complexidade (ou seja, a irredutibilidade do real à justaposição de "tijolos" elementares, submetidos a leis universais e fixas de interação recíproca).

Como veremos, essas duas ideias revolucionam completamente não só nossa visão do real, mas também nosso modo de apreendê-lo, estudá-lo e geri-lo. Elas se combinam e, de seus amores, nasce diante de nossos olhos a revolução noética, objeto deste livro. Nada mais será como antes, nem em nossas vidas nem em nossas concepções.

A ideia de evolucionismo cósmico extrapola para a totalidade do real o princípio de evolução das espécies, tal como evidenciado por Lamarck e por Darwin, tal como foi declinado filosoficamente, na esteira deles, por Henri Bergson (*A evolução criadora*) e por Pierre Teilhard de Chardin (*O fenômeno humano*, *O meio divino* e *Hino do universo*).

Ressaltemos também o papel eminente de precursor desempenhado por Friedrich Nietzsche, que, em sua *Genealogia da moral*, por exemplo, teve, contra as opiniões de seu tempo, a genial intuição de um evolucionismo global, aplicado também às ideias e aos valores.

O evolucionismo revoluciona de ponta a ponta nossa relação com o tempo, o que foi mostrado de modo magistral por Ilya Prigogine e Isabelle Stengers em *A nova aliança* e em *Entre o tempo e a eternidade*. Esse mesmo Ilya Prigogine, mestre do autor, é também (e não por acaso, como veremos nas próximas páginas) um dos pioneiros do surgimento da ideia de complexidade e dos sistemas complexos.

Complexidade e evolução estão intimamente ligadas, já que o nome que a seta do tempo recebe para evolução cósmica é precisamente "complexificação". Se há uma lei acima e a montante de todas as leis, é a da complexificação cósmica global: o universo vai do menos complexo ao mais complexo, em toda parte, em tudo, sempre.

Foram precisos mais de quarenta anos, desde os primeiros balbucios de Von Neumann e Von Bertalanffy na década de 1950 até a estabilização dos primeiros conceitos fundamentais na década de 1990, para que a ideia de complexidade fizesse sua estreia no mundo do pensamento, tanto científico quanto filosófico. Devem ser citados alguns nomes de prestígio como marcos ao longo desse caminho nascente: Edgar Morin, Jean-Louis Le Moigne, Fritjof Capra, Trinh Xuan Thuan, Paul Feyerabend, Henri Atlan, Hubert Reeves, Laurent Nottale, James Lovelock, Rupert Sheldrake, Benoît Mandelbrot e tantos outros.

Para ajudar na leitura, mas também para dar acesso resumido aos termos e aos nomes de prestígio aqui citados, o leitor encontrará um glossário e uma lista de personalidades no fim deste livro.

O evolucionismo

O que importa é a eterna vivacidade e não a vida eterna.

Friedrich Nietzsche (século XIX)

O tempo, no tempo, mudou com o tempo

O Ocidente cristão esqueceu-se do tempo cíclico do eterno retorno, tal como era pensado pelas velhas filosofias da natureza, inspiradas nas práticas agrárias. Esqueceu-se também do tempo judeu, da criação progressiva em seis dias de trabalho divino, encerrado pelo *shabat* do repouso e da satisfação da tarefa cumprida. Parmênides triunfou sobre Heráclito: o tempo era imóvel, e o mundo e o cosmos foram imutáveis durante séculos. O tempo cristão era fixo, acabado, ilusório, epifenomenal, aparente: a verdadeira realidade, forçosamente divina, era imutável, perfeita, acabada.

Mas no céu azul dessas belas certezas, já no fim do século XVIII, com Buffon, Lamarck e muitos outros, surgem as angústias da dúvida: a biologia revela a um mundo pasmo que espécies animais e vegetais desapareceram, que a Terra de antes, de muito tempo atrás, era bem diferente, que a suposta imutabilidade estava longe de ser corroborada pelos primeiros dados paleontológicos...

Um pouco mais tarde, chegou Darwin... "O homem descende do macaco!". A notícia bateu e machucou... Nasceu o evolucionismo. As espécies progressivamente foram geradas de uma pequena cepa de vida que, aos poucos, desenvolveu sua arborescência em todos os nichos ecológicos de nossa boa e velha Terra. Limitado de início aos círculos restritos da Royal Society de Londres, o darwinismo nascente foi visto mais como uma curiosidade intelectual – chocante, mas divertida – do que como um questionamento radical do tempo e de suas estruturas.

Em seguida, o evolucionismo entrou na filosofia: Nietzsche primeiro, é claro, o grande precursor, um dos raríssimos filósofos do devir contra as filosofias do ser, filho de Heráclito, o obscuro, o olvidado, o renegado. Nietzsche, o maldito que estende o evolucionismo às ideias: as genealogias da moral rompem as pesadas correntes de todos os idealismos. Platão é um pedante, Aristóteles é um falsário... Nada é absoluto, não há absoluto, tudo é movimento, tudo é metamorfose. Zaratustra é, antes de mais nada, um caminho!

Ao lado desse poeta visionário de bigodes exuberantes e olhos ensandecidos caminha outro filósofo do devir. Henri Bergson: o minucioso, o racional, o preciso. Bergson e *A evolução criadora*: o tempo imóvel se rompe no elã vital, cujas energias criadoras mastigam a carne do mundo e tiram dela todas as formas vivas.

A evolução não é mais apenas envelhecimento e deliquescência; ela se torna criadora de vida, genitora, maternal.

Mas o tempo logo voltará à bancada do pensamento pelas mãos dos físicos; os termodinâmicos em primeiro lugar. Eles descobrem que, contra as leis clássicas da física newtoniana, cujas equações mostram um tempo reversível, o tempo real dos sistemas reais não o é! O tempo flui, mas sempre no mesmo sentido: é uma seta orientada.

Tudo que existe, todos os sistemas tendem a elevar ao máximo sua entropia:[1] essa evolução natural de todo sistema é irreversível, o tempo caminha em um único sentido! Mas esse sentido não parece muito animador, porque, no fim dos tempos, o universo inteiro sucumbirá a uma homogeneização final, a um caldo de energia uniforme e fria: tudo está condenado a desaparecer no pântano entrópico final.

Mas essa funesta previsão termodinâmica era apenas o preâmbulo da grande devastação conceptual. Enfim, veio Einstein! O tempo fundamen-

---

1 *Entropia:* conceito termodinâmico que mede, dentro de qualquer sistema delimitado, a taxa de inomogeneidade; a entropia é máxima quando a homogeneidade é perfeita, quando tudo é uniforme, quando não existe nenhum gradiente do que quer que seja. O segundo princípio da termodinâmica, o chamado princípio de Carnot, afirma que todo sistema fechado tende naturalmente a elevar ao máximo sua entropia, portanto, a evoluir para o estado mais homogêneo possível. Em virtude desse princípio, o calor "flui" do quente para o frio com o "objetivo" de uniformizar a temperatura.

tal, o da mecânica e do movimento, era galileano e newtoniano, ou seja, absoluto, único, unívoco, o mesmo para tudo e para todos, fluindo por toda parte, sempre, exatamente da mesma maneira. Um tempo ideal, idealizado, idealista. Em suma, um tempo platônico... mas um tempo falso!

O tempo real, de sua parte, é relativo, ou seja, flui de modo diferente segundo a velocidade de quem o mede: dilata-se com a velocidade (e os comprimentos se contraem proporcionalmente). E se viajarmos à velocidade da luz, ele simplesmente não fluirá: as durações se tornam infinitas e os comprimentos se anulam!

Com a relatividade geral, Einstein dá um passo adiante e funda uma cosmologia total e radicalmente nova. Com o cônego Lemaître, essa cosmologia estabelecerá o modelo básico aceito hoje por todos os físicos: o modelo do big bang, que generaliza o evolucionismo darwiniano não só para todos os sistemas, mas para o sistema último, o sistema dos sistemas, logo ao universo tomado em sua inteireza, em sua globalidade.

No início do tempo era uma microcabeça de alfinete repleta de toda a energia do universo.

Ela explode em um grande "bang" e a energia se espalha, criando extensão para se desdobrar e duração para evoluir. Assim nasceram o espaço e o tempo. A energia, de início pura luz, coagulou-se aos poucos em glóbulos materiais (supercordas, *quarks* etc.) que se aglomeraram progressivamente no tempo em partículas, átomos, moléculas, líquidos viscosos, cristais etc., e se reagruparam progressivamente no espaço em nuvens de poeira, estrelas, galáxias, aglomerados de galáxias etc.

E na Terra?

Pierre Teilhard de Chardin deu um passo a mais no evolucionismo. Valendo-se de seus conhecimentos e de suas descobertas paleontológicas, Teilhard, para grande prejuízo da ordem jesuíta e do papado, desenvolve uma visão quase mística do evolucionismo. O universo se espiritualizaria aos poucos e convergiria para o ponto último, para esse ponto Ômega que representa, em Teilhard, o advento crístico final. Teilhard foi o primeiro a perceber de maneira tão clara esse processo de espiritualização, isto é, de desmaterialização da organização cósmica, e inventa para isso uma palavra que será central em todo este livro: "noosfera".

A ideia é simples e explica-se com facilidade por meio da metáfora da cebola: o universo se constrói pouco a pouco (essa é a tese central do evolucionismo) como uma cebola, em camadas sucessivas. Na Terra, forma-

-se a camada mineral: a litosfera. Dessa mineralidade surge a vida, que se expande até ocupar todos os nichos possíveis dessa litosfera inicial e gerar a biosfera, a camada viva que se desenvolve na superfície da litosfera, nas águas, nos ares, na terra e sobre ela. E esses seres vivos, organizando-se para sobreviver, geram ecossistemas mais ou menos homogêneos em que interações recíprocas entre os seres formam conglomerados muito diversos, dentre os quais as sociedades humanas.

Graças às linguagens desenvolvidas pelo cérebro humano dentro dessas sociedades, o pensamento pôde surgir e gerar conceitos, ideias, saberes, conhecimentos[2] que ganham vida própria, enriquecem, chocam-se, combinam-se ou morrem nos cérebros que elegem como domicílio. Nota-se que os materiais dessa nova camada emergente são imateriais, puramente informacionais e desmaterializados, ou espiritualizados, como diria Teilhard.

Foi o conjunto desses conceitos, ideias, saberes e conhecimentos, bem como suas infinitas inter-relações, que Teilhard batizou com o nome de "noosfera", do grego *noos*, que significa "conhecimento, espírito, inteligência".

E é em sua esteira que chamamos, como outros, "noético" ao conjunto das ciências, técnicas e ferramentas próprias dessa noosfera.

Com Teilhard, o evolucionismo chega a esta conclusão provisória: *por meio do homem e de seu cérebro, o cosmo começa a gerar uma nova "camada" evolutiva, a noosfera, que tem a particularidade de escapar a quase toda materialidade.*

---

[2] *Saber e conhecimento*: ao longo de todo este livro, faremos uma distinção essencial (mas convencional) entre "saber" e "conhecimento". Tomamos a palavra "saber" em seu sentido factual, enciclopédico, erudito: sei que a água ferve a 100 °C à pressão padrão; sei que Nietzsche nasceu em Röcken, em 1844; sei que as equações de Maxwell do campo eletromagnético são invariantes da transformação de Lorentz etc. Por serem factuais, os saberes não são necessariamente pontuais: um saber pode ser extremamente vasto, como quando digo: sei a história da França, ou sei a teoria da relatividade geral, ou sei as estruturas estéticas das diversas escolas de pintura do século XX etc. O conhecimento, ao contrário, é evolutivo, vivo, estruturante: é o próprio processo cognitivo, de que os saberes são os resultados petrificados. O conhecimento associa os saberes em vastas estruturas móveis e transformantes: o conhecimento do homem, o conhecimento do cosmo, o conhecimento de Deus, o conhecimento da natureza etc. Não há aí nada de congelado, fixo, acabado: tudo que é conhecimento é fugaz, impermanente, sempre em construção.

Essa ideia é central para todo o desenvolvimento deste livro e de todos os nossos trabalhos.

O tempo em outros lugares

Longe do Ocidente, as duas outras grandes terras de pensamento e de cultura são a Índia e a China. Como eles vivem e pensam o tempo?

A Índia, quer em sua veia hinduísta, quer budista, nega o tempo.

O mundo é ilusão, *maia*, inconsistência. O mundo é uma máscara de aparência que esconde o essencial imutável: o eu védico ou a vacuidade búdica. O tempo, por ser portador e vetor da mudança, do impermanente, logo do ilusório, é ele mesmo ilusão dos sentidos e do ego. O sábio, de tanto meditar, escapa ao ego, às ilusões dos sentidos e, portanto, ao mundo, para imergir por completo no indiferenciado, em que o tempo não existe, em que só há o instante e a eternidade, sem nada entre eles. Se há ou não evolução no mundo, é algo que não interessa ao sábio das Índias: tudo isso não passa de ilusão que desvia o homem do caminho do conhecimento supremo e da extinção de si no eu ou no vazio.

Na China antiga, a abordagem é completamente diferente. Duas tendências se enfrentam há cerca de três mil anos:[3] o taoismo e o confucionismo. Essas duas tendências (e as miríades de correntes, matizes, escolas, seitas geradas por elas) se opõem em quase tudo. Para as duas grandes escolas chinesas, o evolucionismo é uma evidência, mas em sentidos claramente diferentes do que no Ocidente.

Para o confucionismo, o correspondente chinês do idealismo platônico, a ordem humana deve prevalecer sobre a natural e deve visar à imutabilidade absoluta, simbolizada pela etiqueta e pelo protocolo imperiais: o tempo deve, portanto, ser abolido na fixidez ideal da perfeição humana realizada. Para os confucionistas, a evolução do mundo é obra dos homens contra o caos natural: essa evolução leva à ordem perfeita e imutável, simbolizada pelo Filho do Céu.

---

3 É leitura obrigatória o magnífico *Histoire de la pensée chinoise*, de Anne Cheng, pela editora Seuil (1997) [Ed. bras.: *História do pensamento chinês*. Petrópolis: Vozes, 2008.], ou ainda o clássico *La pensée chinoise*, de Marcel Granet, pela editora Albin Michel (1934) [Ed. bras.: O *pensamento chinês*. Rio de Janeiro: Contraponto, 1997.].

Para o taoismo (de que deriva o zen por intermediação do *ch'an*), prevalece e deve prevalecer a ordem natural, e esta é primeiro proliferação caótica e criativa, impermanência integral e absoluta. A ordem humana não passa de ilusão do orgulho: o único caminho de vida é a harmonia total com a natureza e sua ordem efervescente e cambiante. Para os taoistas, a evolução do mundo é um processo criativo contínuo, um fluxo cósmico de energia, uma torrente de impermanência – aliás, é justamente esse fluxo cósmico que o chinês chama de *tao* – a que o homem deve aprender a harmonizar-se, de certo modo em ressonância.

A água flui. Simboliza bem o tempo orientado e irreversível dos termodinâmicos: a água flui sempre no mesmo sentido, do alto para baixo, acaba sempre alcançando o oceano final e erodindo as pedras até transformá-las em areia ou lama.

Compreenderemos melhor, ao longo deste livro, por que o taoismo filosófico de um Lao-Tsé ou de um Tchuang-Tsé é uma das grandes raízes das quais a noética nascente tira sua seiva.[4]

Revolução evolucionista

O conceito de evolução é uma profunda revolução (ó ironia das palavras...) na história do pensamento ocidental. Este, salvo raras exceções como Heráclito ou Nietzsche, sempre esteve à procura dos tijolos elementares imutáveis cujos arranjos e combinações dessem conta do mundo. Tal demanda de imutabilidade é o coração e o centro da civilização heleno-cristã,[5] que vê na mudança – portanto, na evolução – apenas um "acidente" (no sentido escolástico). O pensamento ocidental é definitivamente alérgico ao efêmero, ao impermanente, ao turbulento.

E, no entanto, o grande desafio atual é mudar isso: há dois séculos, tudo demonstra, passo a passo, que a busca de imutabilidade está desti-

---

[4] Ler a esse respeito nossas obras: *Tao et management* ([s.l.]: Editions d'Organisations, Eyrolles, 2009 ou *Le management selon Lao-Tseu* (Paris: L'Harmattan, 2004).

[5] Falar, como se fala com tanta frequência, de civilização judaico-cristã não tem sentido. Nada é mais distante do *weltanschauung* platônico-aristotélica do mundo cristão do que a tradição e a mística judaicas, muito mais próximas do monismo ou do panenteísmo orientais do que do dualista idealista monoteísta ocidental.

nada ao fracasso e que o real[6] é, em primeiro lugar, movimento, metamorfose, criação, impermanência, turbulência: nada é permanente, nada está escrito, nada está preestabelecido, pois tudo se inventa e se cria perpetuamente. O mito ancestral do ordenado e do geométrico cai por terra: os astrofísicos sabem agora que a ordem celeste newtoniana e a harmonia das esferas copernicianas são apenas aparentes e que a realidade do céu se une à da terra enquanto infinitamente complexa, caótica, turbulenta e instável em todas as escalas.

A revolução evolucionista, portanto...

Houve um "antes do homem"... Podemos apostar, portanto, que haverá um "depois do homem".

Eis o nó da revolução evolucionista.

A revolução copernicana já havia tirado o homem do centro do universo para relegá-lo a um miserável planeta de uma estrelinha na periferia de uma galáxia comum. O homem se tornou espacialmente marginal. Mas ainda se acreditava o centro do tempo: centro, cume e meta da história cósmica. O homem como apogeu e finalidade do todo. Mesmo esse sonho foi despedaçado de maneira irrevogável pela revolução evolucionista. O homem é só uma pedra no caminho, não o destino.

O Ocidente não digeriu bem essa marginalização do homem (proclamada há três mil anos por Heráclito e Lao-Tsé). O orgulhoso pensamento ocidental fez do homem "a medida de todas as coisas" e o centro do universo. Mesmo Deus era apenas um coadjuvante. Mas esse Deus do Ocidente cristão, criado à imagem do homem para a glória do homem pelo orgulho do homem, não conseguiu resistir ao evolucionismo: o homem não é nem centro, nem cume, nem meta de nada, e nenhum Deus é crível se afirmar o contrário!

O homem é um dos caminhos de Deus, mas não sua obra-prima...

---

6 *Real*: essa noção metafísica designa o fundo último de tudo que existe e é fonte única e profunda de todas as mensagens percebidas ou concebidas por nossa consciência humana. O real é esse oceano sem fim, incognoscível e indizível, de que tudo que existe é apenas uma onda superficial e efêmera. O real é o que advém em si mesmo por si mesmo para si mesmo. O real, para além dos mundos e dos deuses, é o fundamento último de tudo que existe. Aliás, o preceptor de Dionísio foi o grande Sileno, cheio de deformidades e ebriedades, que semeava verdades inauditas em orelhas castas, impróprias para acolhê-las... Sileno retorna ao nosso mundo e o grande Pã está ressuscitando...

O problema é profundo: é todo o processo do idealismo platônico que se deve instruir.

Das duas, uma: ou o movimento é um acidente nos mundos inferiores e epifenomenais e o absoluto é imutável (um Deus exterior ao mundo, paralisado em sua infinita perfeição eterna), ou o movimento é a essência mesma do real e nada, nem mesmo Deus, é imutável, acabado, consumado e fixo.

Ou Platão ou Heráclito!

Ou o ser ou o devir!

Ou o absolutamente absoluto ou o relativamente relativo!

O Ocidente cristão se construiu todo sobre o mito platônico da caverna: o homem vagaria como um cego por uma caverna em que só perceberia do real as sombras projetadas nas paredes de sua finitude pelo sol imutável da ideia de bem.

O nó do mito reside na forte crença na existência desse sol fixo e imutável, nessa lei preestabelecida, perfeita, eterna e definitiva do bem, que os cristãos identificaram com seu Deus preexistente a tudo, perfeito, eterno e completamente estranho a todas as vicissitudes dos mundos sublunares.

Ante esse mito arruinado pelas observações recentes, o pensamento contemporâneo escapa, liberta-se, sai da prisão e foge: não há nada de preestabelecido, nada de imutável, nada de absoluto, pois tudo se transforma, pois tudo se cria o tempo todo, pois nada é permanente.

O mundo real não é a projeção embaçada e trêmula de um mundo ideal predefinido, aninhado em algum lugar junto de um Deus exterior, estranho e inacessível. Não! O mundo real é o único mundo, em criação contínua e em perpétua metamorfose: é a carne e a manifestação de um Deus inacabado que se cria e se constrói no espaço e no tempo!

Mística teilhardiana

É paradoxal que tenha sido justamente um padre jesuíta que tenha formulado de maneira tão radical a mudança de paradigma induzida pela consciência evolucionista. A vida de um homem fiel e direito é devastada pela cegueira das instituições religiosas da época a ponto de causar um sofrimento insuportável.

É, sem dúvida, de místico que devemos falar aqui, ainda que a palavra, muitas vezes confundida com misticismo, cheire um pouco a enxofre tanto para as narinas racionalistas quanto para os narizes teológicos. O evolucionismo é mais que uma corrente científica: é uma filosofia do tempo, uma metafísica do devir, uma mística da consumação. Por trás da aparência calma e serena da palavra, esconde-se uma força inaudita de destruição maciça das certezas e dos marcos clássicos: se tudo evolui, é porque nada é fixo! Se nada é fixo, se tudo é móvel, impermanente, fluido, então nada é certo, nada está garantido, nada está estabelecido: tudo é vivo, tudo está por criar, inventar, construir, em toda parte, o tempo todo.

Por trás de tudo isso, há certo existencialismo, é claro. Uma espécie de apologia da liberdade e da criatividade... E, portanto, da responsabilidade. Pois, se tudo está por criar e por inventar e por construir, aquele que não constrói nada (o caso da maioria) é tão culpado quanto o que constrói mal. Culpado? Mas culpado em relação a que lei, em relação a que Deus, em relação a que julgamento ou juiz? Nem leis, nem deuses, nem juízes. Culpado em relação a sua própria consumação[7] apenas, o que já é terrível...

Tão logo abandona as rochas artificiais do idealismo, o pensamento cai em areia movediça. Este é o grande desafio do Ocidente na era noética:[8] romper as amarras artificiais e ilusórias com o fixo imaginário de um cais irreal e avançar mar adentro.

Assumir a impermanência e a incerteza. Alimentar-se de mistério e de desconhecido. Querer o real com todo o desconhecimento. Renunciar

---

7 *Consumação*: a árvore é a consumação da semente. A obra é a consumação da vocação. Consumação é esse processo universal de atualização e de realização das potencialidades originais de todo ser à medida que ele se depara com as oportunidades oferecidas pelo mundo ao seu redor. Consumação é o motor do devir. Aristóteles falava de enteléquia...

8 *Era noética*: nome que damos, com outros estudiosos, ao novo paradigma que surge a nossa frente, em especial na forma de sociedade do conhecimento e da informação e em substituição à era "moderna" (e a sociedade industrial). Por "era moderna", devemos entender "modernidade" como continuação da Idade Média, que desde o Renascimento até a queda do Muro de Berlim (evento símbolo mais que evento maior) produziu a economia industrial e capitalista e a política estatista e colonial, e que se alimenta de pensamento cartesiano, isto é, de pensamento racionalista, analítico, mecanicista e determinista. A era noética começa com a superação de toda essa "modernidade" em todos os planos, sobretudo econômico, político e epistemológico.

às seguranças artificiais da sobrevida carcerária e mergulhar nos riscos da aventura da vida de verdade.

Criar! Criar tudo, em toda parte, o tempo todo... Criar os mundos futuros. Criar tudo que resta criar, inventar, construir. Criar a vida e o espírito que povoarão a Terra amanhã de manhã. Criar-se definitivamente e, ao criar-se, criar e tornar mais belo o mundo ao redor.

A complexidade

Vamos ao fundo do desconhecido para encontrar o novo.

Charles Baudelaire (século XIX)

História de um conceito

A noção de complexidade nasceu muito depois da de evolução. Saiu da linguagem comum pouco depois da Segunda Guerra Mundial e levou cerca de trinta anos para ganhar legitimidade integral.

A ideia de complexidade é simples (ironia das palavras), mesmo que tenha sido necessário tanto tempo para surgir. Desde Aristóteles, que depois passou o bastão para Descartes, o Ocidente acredita veementemente que, apesar de seu inextricável emaranhado de fenômenos e de processos tão díspares e imbricados, o real é sempre redutível, pelo pensamento, ao simples: simples tijolos elementares e imutáveis interagem por meio de simples leis universais e intemporais. Para compreender tudo, basta dissecar tudo, desmontar tudo, decompor tudo, analisar tudo até encontrar o tijolo elementar: o átomo ou partícula ou o *quark* ou a supercorda na matéria, a célula ou o nucleotídeo ou o DNA no ser vivo, o indivíduo ou a família nuclear na sociedade, o fonema ou o noema nas linguagens etc.

Observar e compreender, em seguida, como esse tijolo fundamental interage com o que o rodeia. Formular o que se compreendeu desses comportamentos como leis universais. Recompor o que foi desmontado até reconstituir o "negócio" que tinha de ser estudado. Pronto!

Esse é o método cartesiano que René Descartes formulou com maestria em seu *Discurso do método para bem conduzir a própria razão e procurar a verdade nas ciências*, publicado em 1637. Esse método, também chamado "reducionismo", por reduzir o real a uma coleção de tijolos elementares imperecíveis que interagem segundo leis sobrenaturais,[1] deu excelentes resultados durante meio milênio: inventou todas as máquinas, criou todas as tecnologias mecânicas e eletromagnéticas, levou o homem à Lua, produziu a sociedade industrial e capitalista, gerou todas as ideologias... Até concebeu a organização científica do trabalho, as armas de destruição em massa, todos os totalitarismos fascistas, comunistas e colonialistas, os campos de concentração e o extermínio metódico, racional e eficaz do povo judeu e de outros...

No fim do século XIX, ele permitiu que o famoso químico Berthelot (o inventor da termoquímica) proclamasse que a ciência estava a alguns cálculos de ser concluída.

É preciso compreender agora que o método cartesiano se baseia em um ato de fé implícito e jamais expresso: o todo se explica pelas partes. E por suas interações, conviria acrescentar. A hipótese implícita de "o todo se explica pelas partes" ainda estipula tacitamente que esse todo é desmontável e suas partes são remontáveis: o todo é a soma correta de suas partes, portanto. Um mais um é igual a dois. Dois é igual a um mais um.

Vemos bem que, por baixo dessa hipótese, há um pressuposto de reversibilidade: o que é desmontado pode ser remontado, o que é analisável é sintetizável.

Mas temos certeza disso? Se colocarmos em uma proveta todos os átomos que compõem uma célula e sacudirmos bem forte por um bom tempo, será que um dia sai dela uma célula viva? A questão foi colocada na década de 1920 e só recebeu resposta meio século depois: não! A célula é mais que a soma de seus átomos. A célula viva não pode ser reduzida a seus componentes atômicos. Mas estou me antecipando...

A crença na existência de tijolos elementares distinguíveis e eternos é o fundamento último de todo o método cartesiano, ou seja, de todo o método analítico.

---

1 As leis que o pensamento científico clássico descreve são sobrenaturais no sentido de que governam a natureza sem estar subordinadas a ela: são preexistentes à natureza, portanto, estranhas a ela, portanto, acima dela, portanto, sobrenaturais.

Os físicos construíram todas as suas teorias clássicas com base nesse pressuposto... Que é um puro ato de fé, lembremos.

E Berthelot, orgulhoso de sua tabela de Mendeleiev, podia muito bem acreditar, de fato, que seu conhecimento dos oitenta e tantos átomos naturais, bem como das leis da físico-química, dava a explicação potencial de todos os fenômenos conhecidos e desconhecidos: a ciência estava concluída, porque todos os tijolos elementares e todas as leis (sobre)naturais estavam catalogadas e conhecidas.

O grande baque nas ciências físicas

As coisas estavam neste pé no fim do século XIX: triunfo absoluto e definitivo do pensamento cientificista, positivista, racionalista, materialista, laico e republicano. Apogeu da modernidade e do cartesianismo radical.

A maioria de nossos contemporâneos continua pensando assim, apesar de todo um século de grandes reviravoltas... E de imensas derrocadas... E de incríveis desmentidos.

Mas estamos indo muito rápido...

Fim do século XIX: Röntgen, Becquerel e os Curie descobrem a radioatividade. Os átomos indivisíveis e eternos não são nem indivisíveis nem eternos; eles não são os tijolos elementares. Inicia-se a era das partículas "elementares", o edifício de Berthelot racha, despedaça-se, desmorona. Não importa: vamos atrás dessas partículas elementares constitutivas dos átomos. Erramos o grau da escala, só isso.

Basta descer um grau e tudo volta ao lugar: elétrons, prótons, nêutrons... E pronto. Melhor até que antes, porque aquela centena de átomos se reduz a três partículas definitivamente elementares e eternas. Ufa! Que sufoco!

Mas o aprofundamento (atolamento?) no microscópico não para por aí.

Aqui não é lugar para entrar nesses detalhes, mas devemos nos lembrar pelo menos disto: a corrida ao tijolo elementar acaba em fracasso total. Não existe tijolo elementar. Cada grau que descemos na escala do infinitamente pequeno acaba sempre se revelando tudo que quisermos, *menos* simples e elementar. A engenhosidade dos modelos não consegue dissimular o essencial: a matéria jamais se reduz, em nenhuma escala de grandeza, a uma montagem mecânica de tijolos elementares distinguíveis e eternos. Muito pelo contrário, a matéria se revela hoje cada vez mais imaterial... Vácuo matematizado!

Mas não acabou. Quando a mecânica passou de newtoniana para quântica, o mundo ruiu. Não só o que se julgava que fossem partículas, essas bolinhas de energia concentrada que passeiam pelo grande vácuo cósmico, de repente se transformou em ondas que vibram ao infinito em um mar de energia, não só essas ondas não são localizáveis porque são coextensivas ao universo inteiro, não só essas ondas particulares oscilam, mas não em qualquer frequência porque só podem oscilar em algumas (esse é o efeito quântico propriamente dito), como ainda por cima os conceitos fundadores de posição e velocidade se dissipam no princípio de incerteza de Heisenberg.

A posição e a velocidade de uma "partícula", seja ela qual for, são conjuntamente incognoscíveis. Não por causa da burrice do físico ou da imprecisão de seus instrumentos, mas intrinsecamente: a natureza se revela não mensurável, portanto, incognoscível.

Nada é previsível; no máximo, tudo é apenas provável. Tudo é incerto.

Nem o reino puro da perfeição mecanicista foi poupado. Quando se tornou astrofísica, a astronomia viu ruir seus sonhos de pura e bela mecânica celeste: a harmonia das esferas é o caos galáctico. Antes: corpos celestes bem definidos, bem redondinhos, passeiam pelo grande vácuo espacial, descrevendo lindas cônicas, elipses, parábolas ou hipérboles... Depois: oceano de matéria negra desconhecida pontuado de buracos negros, agitado por turbilhões galácticos onde tudo é explosões, orgias de energia, cusparadas de radiações, onde tudo nasce, cresce, amadurece, envelhece e morre, sem parar. O céu não é mais o que era!

E para completar, em 1905 e em 1916, nosso bom e velho Albert nos estapeia com seu tapa relativista. Nem os sacrossantos absolutos originais, o espaço e o tempo, continuam absolutos, lisos e perfeitos: começam a se contorcer, a se deformar e... A evoluir. O espaço-tempo está em expansão.

Como vai a vida?

Não foi só a física que virou de cabeça para baixo no século XX. O surgimento das ciências da vida foi determinante para a evolução do pensamento, em especial porque a vida é radicalmente refratária a ser reduzida a seus constituintes físico-químicos. Nas provetas, a vida nasce sempre da vida, jamais da química. A vida não se deixa desmontar e muito menos remontar como um relógio. Como bem disseram os biólogos do entreguerras, o estudo da vida esbarra metodológica e epistemologicamente no seguinte paradoxo: o estudo da vida passa pelo bisturi, mas o bisturi mata. Então como podemos estudar o ser vivo, se só podemos trabalhar com o ser morto?

Diante desse mistério, só há duas atitudes possíveis: ou o método é bom, mas é mal aplicado, ou o método é ruim, porque não é aplicável.

Depois de termos tentado em vão, durante décadas, o primeiro caminho, hoje somos forçados a renunciar a ele e tirar todas as conclusões do segundo. A vida (e, com ela, todos os outros campos, como a Sociologia, a Psicologia, a Ecologia, o *Management*, a Economia etc...) possui propriedades específicas que tornam ineficaz e inoperante o método analítico cartesiano clássico. Na verdade, essas propriedades misteriosas e extremamente embaraçosas se reduzem a uma só: a complexidade.

O *cassoulet*: um sistema complexo

Foram necessários nada menos que trinta anos para definir essa difícil noção de "complexidade".

A questão é: "por que o método analítico não funciona nos sistemas complexos?". A resposta é trivial: porque o que é complexo não pode ser reduzido por análise a um conjunto de componentes. Portanto: o sistema "contém" algo mais que seus componentes. Portanto: o todo é mais que a soma das partes.

Tomemos um exemplo apetitoso para nos entendermos melhor: o *cassoulet*.

O feijão branco, o ganso ou o pato, o tomate, os temperos, as linguiças de Toulouse, o alho, o presunto, o carneiro, a perna de porco e o pão torrado são os ingredientes, mas não são eles que fazem o *cassoulet*. O *cassoulet* são todos esses ingredientes, é claro, mas, além disso, é a ligação, a fusão, a combinação íntima dos ingredientes, dos aromas, dos sabores, graças a um lento cozimento, carinhosamente seguido e mimado. O *cassoulet* é muito mais que a justaposição aditiva de ingredientes. Pelo cozimento brando e lento da combinação íntima deles saem aromas novos, texturas novas, sabores novos, que nenhum dos ingredientes iniciais tem. Essas propriedades emergentes são típicas de todos os sistemas complexos, propriedades que nascem das relações fortes entre os ingredientes, mas não são redutíveis a nenhum.

Outro exemplo: um poema de Rimbaud, de Baudelaire ou de seu poeta favorito. Muito mais que a simples justaposição das letras que o compõem, o texto contém uma propriedade que nenhuma delas possui: o sentido. O analítico contenta-se em reconhecer as letras e soletrá-las, mas passa longe do essencial: o sentido do poema, seu alcance, sua emoção, sua música, suas imagens etc.

Outros exemplos: um casal que se ama é muito mais que a soma de dois indivíduos; o time de basquete da NBA é muito mais do que a justaposição de cinco jogadores supertreinados; a multidão assassina de uma tragédia ocorrida alguns anos atrás no estádio de Heysel, em Bruxelas, foi muito mais que uma reunião de bons pais de família.

Por esses exemplos, encontramos as mesmas características. Em um sistema complexo, o todo é mais que a soma das partes e jamais pode ser reduzido a elas.

Aparecem propriedades emergentes que não estão em nenhum de seus componentes. Essas propriedades tipicamente complexas nascem das interações densas e fortes entre as partes e geram características segundas, coletivas, globais. Em resumo, em um sistema complexo, o todo é igual à soma das partes *mais* o conjunto dos processos de interações combinatórias entre essas partes.

Agora compreendemos por que o bisturi analítico é impotente diante da complexidade: dissecando o real, o valente bisturi corta suas interações segundas e fere a essência mesma dessa complexidade que procura descobrir, mas que só pode ser apreendida globalmente. Dissecando a célula viva, encontramos muitos componentes químicos "mortos" da vida, mas rompemos os processos de interação que formam, precisamente, a essência profunda da vida.

Complexo e complicado

Foi Edgar Morin[2] que levantou recentemente a questão: qual é diferença entre um sistema complexo e um sistema complicado? A pergunta é infinitamente menos anódina do que parece.

Dizia o autor: "O próprio da teoria não é reduzir o complexo ao simples, mas traduzir o complexo em teoria [...] A simplificação forja o simplificado e acredita encontrar o simples".

Em primeiro lugar, ela permite fazer uma distinção clara e límpida entre as problemáticas espinhosas, mas redutíveis a seus componentes (é o complicado) e as problemáticas não necessariamente espinhosas, mas sempre não redutíveis aos componentes (é o complexo). Uma coisa complicada não é jamais complexa, mas uma coisa complexa não é jamais complicada. Ao contrário, uma coisa complexa pode muito bem ser uma coisa muito simples.

Isso não foi escrito por amor ao paradoxo. Explico com alguns exemplos.

Uma coleção de processos administrativos é um objeto complicado (e terrivelmente tedioso), mas não é complexo: com um pouco de paciência e aplicação, é fácil (mas cansativo) pegar todos esses processos e estudá-los como séries regulares e lineares de atos elementares concatenados.

Do mesmo modo, uma meada de lã (é o exemplo de Morin) é complicada, mas com tempo e atenção é possível desenredá-la em um novelo de fios elementares com que podemos trabalhar. Não há nada de complexo aí. Da mesma forma, o relógio da sala ou o motor do meu carro ou o organograma da IBM ou da Saint-Gobain (para citar dois de meus clientes).

Em compensação, a conservação da temperatura do corpo em 36,2 °C, sejam quais forem as condições climáticas e ambientes, em todas as zonas do corpo, ao mesmo tempo e com precisão de um décimo de grau, é um fenômeno complexo (chamado "homeostasia"), ainda que sua descrição e sua formulação sejam, na realidade, muito simples.

Do mesmo modo, as turbulências de um fluido a grande velocidade ao redor de um obstáculo (a pedra no riacho, o painel publicitário no ven-

---

2 Ver *La méthode*, de Edgar Morin (Paris, Seuil, 1980, 6v.), uma das primeiras tentativas de expor as teses sistêmicas ao grande público. [Ed. bras.: *O método*. 6v. Porto Alegre: Sulina, 1999.]

to forte) não são redutíveis a uma série de movimentos laminares e desenvolvem estruturas complexas globais integradas que nenhuma matematização jamais poderá expressar.

Questões de métodos

Vamos aprofundar o raciocínio. Como a complexidade é a regra geral no universo real e como o método cartesiano "quebra a cara" com ele, temos de resolver o paradoxo e assumir suas consequências.

Há toda uma epistemologia da complexidade para pensar e escrever.

Para isso, temos de partir do olhar do homem que se recusa a ver – porque seu olhar e seu cérebro são assim – a complexidade tal como ela é e tenta desesperadamente em tudo reduzi-la aos "simples" que ele inventa para si?

A história das ciências virá em nosso auxílio? É forçoso admitir que, até pouco tempo atrás, ela se resumia ao estudo dos sistemas simples, desses sistemas mecânicos simbolizados pelo relógio, em que o método analítico é aplicado com sucesso. Mas isso acontece porque as energias em jogo nas interações entre componentes são muito fracas em relação às energias internas dos próprios componentes, e porque essas interações não desenvolvem combinatórias não lineares.[3] A aproximação aditiva é suficiente e tudo se passa "como se" o todo fosse a soma das partes (que é a condição *sine qua non* da aplicação do método analítico cartesiano). Claro, as figuras geométricas são elegantes (para nós que as pensamos em sua simplicidade), facilmente manipuláveis e pensáveis, mas no real, na natureza, nada é geométrico! Nada é redondo ou quadrado. Tudo é torcido, quebrado, encavalado. Tudo é não geométrico, precisamente. A linguagem geométrica, como todas as linguagens humanas, oferece aproximações idealizadas infinitamente distantes da realidade do real.

---

3 Um exemplo: a mecânica celeste teve sucessos estrondosos porque as forças gravitacionais em jogo são fracas demais para transformar a natureza e a estrutura dos corpos celestes aos quais ela se aplica (exceto no caso "complexo" das marés) e porque esses corpos estão suficientemente distantes uns dos outros para poder fazer a aproximação linear das interações dos corpos celestes dois a dois. A partir do momento que o problema se torna um problema de três corpos ou mais, as equações não funcionam mais e as não linearidades que aparecem tornam o método inoperante.

Os sistemas simples são exceções. A imensa maioria dos sistemas reais é complexa e a aproximação aditiva não é permitida. É necessário recorrer a outros métodos, a outras abordagens, a outras linguagens. Os capítulos seguintes nos darão uma ideia delas.

Segunda parte: A noosfera

Onde quer que estejas, escava profundamente.
A teus pés encontra-se a fonte!

Friedrich Nietzsche (século XIX)

Algumas palavras introdutórias

A palavra "noosfera" foi criada por Pierre Teilhard de Chardin.

Sua visão do mundo e da evolução do mundo (amplamente retomada e desenvolvida nas páginas a seguir, com exceção do aspecto crístico e cristão...) ajusta-se bem à metáfora da cebola. Cada camada de organização da matéria gera uma camada superior, que a envolve, e essa geração, de camada em camada, permite que a escala da complexidade seja galgada em saltos sucessivos.

A noosfera é a última dessas camadas até o presente momento: é a do conhecimento, das ideias, do pensamento, do espírito. O homem é o portador e o artesão da noosfera em nossa boa e velha Terra, e o caso – e a responsabilidade – não é simples.

Esta segunda parte do livro explora o conceito de noosfera em suas dimensões mais essenciais. A matéria gerou a vida e a vida, recentemente (algumas dezenas de milhares de anos, portanto, quase nada na escala do universo), começou a gerar o pensamento. Somos suas testemunhas e seus artesãos. E estamos apenas no começo!

E é exatamente disso que temos de estar muito conscientes: nós, homens do terceiro milênio em nascimento, estamos só no começo do pensamento e do espírito. A noosfera vive seus primeiros balbucios. Tudo está por pensar, criar, inventar.

Eu me lembro desta imagem de Newton: falando de sua magistral síntese sobre a lei da gravidade, dizia se sentir como uma criança fascinada por algumas conchinhas catadas ao acaso em uma praia diante do oceano imenso que resta descobrir. Hoje, a ideia é a mesma: os saberes acumulados pelos homens são apenas algumas miçangas pueris diante de tudo que resta inventar e encontrar.

Se a era "moderna", que está terminando, foi uma era de orgulho e vaidade, a era noética, que está começando, será a era da modéstia e do respeito. No fim do século XIX, Berthelot ousou proclamar que a ciência estava a alguns cálculos de ser concluída. Neste início de século XXI, quero afirmar exatamente o contrário e cantar com Jean Gabin: "Je sais que je ne sais rien" [sei que nada sei].

Foi preciso um século para passar do orgulho à modéstia, um século de delírios atrozes: duas guerras mundiais, Auschwitz, Hiroshima, o *gulag*, o Grande Salto Adiante da Revolução Cultural, setenta anos de colonialismos, oitenta anos de comunismos, noventa anos de capitalismos, centenas de milhões de homicídios e assassinatos "legais", miríades de hectares de florestas a menos e desertos a mais e milhares de espécies vivas extintas e perdidas para sempre.

Sim, mas eis o que compensa tudo isso: caminhamos na Lua e fabricamos o Concorde.

Grande coisa! Os únicos grandes feitos desse sangrento século XX foram a penicilina, a pílula anticoncepcional, maio de 1968 e, sobretudo, a invenção do computador (obrigado, Von Neumann). O surgimento da noosfera, que já estamos vivendo, precisava imperativamente de meios técnicos que permitissem tratar e difundir grandes volumes de informação a enorme velocidade. Essa é talvez a única desculpa do infame século XX, que permanecerá na memória humana como o maior mal necessário da História.

Noosfera: seu surgimento

A posse de uma forma de conhecimento é automaticamente uma reforma do espírito."

Gaston Bachelard (século XX)

Cosmogonia

O universo e tudo que ele contém formam um vasto sistema complexo, que vive e evolui: um todo orgânico em evolução. Esse é o ponto de partida da revolução noética.

É também o ponto de encontro das duas grandes fontes da mudança radical de paradigma que vivemos de algumas décadas para cá: *o universo é complexo*, ou seja, não redutível a tijolos elementares e a "leis" universais, e *o universo é evolutivo*, ou seja, ele se consuma, desde o big bang, enquanto se cria.

O casamento entre complexidade e evolução dá a palavra-chave da cosmogonia nova: complexificação. O universo se complexifica constantemente, inventando continuamente novas formas de organização da energia, cada vez mais sofisticadas, cada vez mais ricas em autonomia e em informações.

Os processos conjuntos de individuação e de integração, pelas propriedades emergentes que geram, permitem esse movimento de complexificação inventiva – aliás, movimento sem limites, de tanto que a combinatória se enriquece com novas potencialidades.

A exemplo de nossas línguas, que têm vinte e tantas letras com as quais podemos criar uma infinidade de palavras e escrever uma infinidade de livros, o cosmo possui alguns motivos elementares, cujas infinitas combinações permitem criar seres ao infinito.

Histórias de complexidade

O surgimento do conceito de complexidade e das ciências do complexo é talvez o fato mais essencial no centro da grande mutação que hoje vivemos. Ela tem duas histórias: uma na cultura humana, outra na natureza física.

História da complexidade na cultura humana

O homem provavelmente sempre viu o mundo que o cerca como um problema difícil, incompreensível, imprevisível. Perigos e ameaças. Oportunidades e ocasiões. Sobreviver. E para sobreviver, representa o mundo ao redor e inventa meios de dominar, tanto quanto possível, seus impactos favoráveis ou desfavoráveis sobre a condição humana.

Dominar a complexidade do mundo sempre foi uma preocupação humana essencial. Em primeiro lugar, com a sobrevivência; em segundo lugar, com uma vida boa. Preocupação motriz declinada em três ondas sucessivas.

A primeira onda, a mais antiga, enfrenta a complexidade pelos três M (mistério, magia, mitologia) e será dominante até o século XV. Foi substituída pela segunda onda, a dos três R (religiões, racionalismo, reducionismo), que morreu sob nossos olhos contemporâneos. Uma terceira onda está se formando para levar a cultura aos três S (*spiritualité* [espiritualidade], sistêmica, sinergia).

A terceira fase, a do conhecimento, integra e ultrapassa as duas anteriores: a dos ritos, símbolos e visões do cérebro direito; a dos modelos, conceitos e análises do cérebro esquerdo. A complexidade emergiu enfim como um fato reconhecido, depois de ter sido respectivamente exorcizada e negada. O exorcismo mágico tranquiliza algumas vezes, mas não resolve. O simplismo racionalista resolve algumas vezes, mas ignora quase tudo, sobretudo o essencial. Hoje a porta se entreabre para um campo novo, que pede novas ferramentas, novos métodos, novos conceitos para que o homem possa assumir plenamente essa complexidade real e nativa do mundo do qual ele sabe, hoje, que é parte integrante.

Primeiro, o homem foi vítima-parasita do mundo.

Depois foi espectador-predador do mundo.

Agora se torna ator-criador no mundo.

Está na hora da confissão definitiva: a complexidade do real não é redutível nem aos mitos e ritos ingênuos da magia branca ou negra nem aos esquemas e conceitos pobres da razão raciocinante. A complexidade do real é irredutível. E essa mesma irredutibilidade dá uma nova partida, uma nova abordagem, um novo nível de consciência: um salto de conhecimento.

História da complexidade na natureza física

A história da natureza é a história da complexificação, do aumento de complexidade. Essa história passa sempre pelas mesmas etapas. Em dado nível de complexidade, as entidades que o povoam ficam à mercê da busca de individuação e de integração. Surgem complementaridades e antagonismos. Ocorrem interações. Às vezes, estas se tornam recorrentes e estáveis na forma de inter-relações, que se combinam em arquiteturas mais ou menos duradouras. Essas arquiteturas se integram, em um supersistema de nível superior, às entidades iniciais e a esses sobressistemas, porque se organizam a partir de inter-relações novas, fazem surgir propriedades radicalmente novas, que permitem inventar modos de interação novos. E assim por diante, *ad libitum*.

Do caldo energético inicial, do magma original, luminoso, incandescente e vibrante, surgem figuras de interferência e de ressonância das quais certas configurações são milagrosamente estáveis: nascem os primeiros grãos de matéria e, com eles, a propriedade emergente, a massa, que permite a esses grânulos interagir gravitacionalmente entre si. Eles se combinam e produzem estruturas mais ou menos estáveis que o cientismo chamará "partículas elementares" (elétrons, prótons, nêutrons e todo o resto), embora não sejam nem particulares nem elementares. Com as "partículas" surgem novas propriedades (a carga elétrica e a "carga" nuclear) e novos modos de interação (as forças eletromagnéticas e nucleares fortes e fracas). Conforme o modo como se encontram, essas "partículas" aglomeram-se em arquiteturas cada vez mais complexas: núcleos, átomos e moléculas. E com as moléculas surgem as propriedades químicas e seus novos modos de interação eletrostáticos ou covalentes. Nasce a matéria.

Átomos e moléculas, por sua vez, associam-se de diversas maneiras. Nos líquidos, engancham-se uns aos outros pela força da viscosidade: nuvens, óleo, rio, lava... Nos sólidos, desenvolvem suntuosos edifícios cristalinos segundo malhas muito diversas. Nesse nível, porém, surge um novo tipo de organização, improvável, mas miraculosamente rico: a célula viva, capaz de autorreprodução e de associação simbiótica. Nasce a vida.

A partir dessa célula milagrosa, toda a arborescência dos organismos vivos pode se desenvolver com seus três ramos superiores: as árvores, os insetos e os vertebrados. E todos esses organismos, para melhor sobreviver, inventam novos modos de interação: seleção natural, simbiose, comensalismo, mutualismo, cooperação, enfim, todos os mecanismos da ecologia terrestre. Nasce o vivente.

Algumas espécies vivas vão mais longe e inventam arquiteturas sociais que unem os indivíduos para otimizar a sobrevivência coletiva. Formigueiros, cupinzeiros, colmeias. Bandos, clãs, tribos, reinos, Estados. Para o homem, isso aconteceu há seis mil anos. Nasce a sociedade.

Mas a história não para por aí.

Nas sociedades humanas já emerge uma nova etapa da complexificação cósmica: a etapa noética, ou seja, o surgimento de sistemas imateriais, vastas arquiteturas de informação e conhecimento, invenções e memórias.

Hoje, estamos vivendo este surgimento: o nascimento dos espaços culturais arraigados no espaço cultural, dos campos imateriais arraigados no campo material, das arquiteturas cognitivas arraigadas na arquitetura social. E desses subsistemas cognitivos e criativos já surgem propriedades novas e novos modos de interação, insuspeitados porque eram insuspeitáveis há apenas algumas décadas.

Impacto do salto de complexidade contemporâneo

Vivemos hoje, portanto, o surgimento de um novo grau na escala da complexidade. Um grau superior, ainda mais complexo que todos os outros que vieram antes dele na longa história do cosmo em perpétua complexificação: aquele que Teilhard de Chardin predisse e batizou de noosfera vem se sobrepor à litosfera, à biosfera e à sociosfera anteriores.

Ao mesmo tempo, porém, vivemos o surgimento de um novo paradigma, radicalmente diferente: o da mesma complexidade, para além da magia e da razão.

A concomitância dessas duas rupturas provavelmente não é fortuita.

Esse salto, esse novo surgimento, essa revolução paradigmática tornam singularmente irrisórias e provincianas as intrigas políticas da "sociosfera": o problema não é mais ser de esquerda ou de direita, o problema é ser "à frente", ou seja, engajado no avanço inaudito do novo paradigma e dos novos universos imateriais do conhecimento e do imaginário.

O homem, como homem, torna-se singularmente periférico e fútil: é apenas o vetor do pensamento. Já de acordo com a revolução neocoperniciana, o homem não é mais o centro do mundo!

Como a vida superou infinitamente a matéria, como a sociedade superou infinitamente os indivíduos, a noosfera superará infinitamente a sociosfera de que se alimenta (assim como os átomos se alimentam de partículas, as moléculas, de átomos, as células, de moléculas, os organismos, de células etc.).

O problema não é mais "como viver juntos" (pura administração sem interesse), mas "como servir ao surgimento de novos modos (ou mundos) do pensamento".

Em resumo

As oito primeiras etapas do processo cósmico de complexificação se resumem assim:

Fase energia:

- etapa oosférica (individuação): surgimento da energia pura no big bang;
- etapa fotosférica (integração): aparecimento dos *quanta* de luz (fótons).

Fase matéria:

- etapa nanosférica (individuação): aglomeração em partículas "elementares";
- etapa litosférica (integração): constituição dos edifícios moleculares (cristais, líquidos viscosos, organelas pré-bióticas).

Fase vida:

- etapa biosférica (individuação): explosão dos filos vegetais e animais;
- etapa sociosférica (integração): coagulação em ecossistemas integrados ou em sociedades organizadas (formigueiros, colmeias, humanidade etc.).

Fase pensamento:

- etapa noosférica (individuação): proliferação das ideias autônomas e suas redes de atividade.
- etapa gnosiosférica (integração): construção de vastas arquiteturas cognitivas desmaterializadas.

A humanidade é a ponte entre sociosfera e noosfera. A noosfera está começando a surgir.

Estamos entrando na era noética.

Escala quântica

Como explicado, a escala de complexidade não é um espectro contínuo. Ela se eleva aos saltos e patamares. Estágios de crescimento seguidos de estágios de consolidação, como já mencionamos. A cada etapa, um efeito de limiar deve ser superado para que surja a "camada" seguinte.

Na passagem da sociosfera para a noosfera, a humanidade se vê diante desse efeito de limiar e do incontornável salto (tanto no desconhecido quanto no conhecimento) que ele implica. Já podemos vislumbrar gigantescas clivagens entre os que dobram o cabo e os que permanecem do lado de cá. Estudaremos essas problemáticas na terceira parte.

Assim, na escala cósmica, a complexificação evolui e progride a saltos quânticos.

Isso tem consequências. Por exemplo, por que o surgimento de novas espécies vegetais e animais foi tão fervilhante no início da biosfera e hoje parece quase ter parado? A resposta está na alternância entre períodos de individuação acelerada e proliferação inicial, assim que o limiar é transposto, e períodos de integração progressiva e consolidação (inclusive por seleção natural).

Alternância entre neguentropia e entropia, criatividade e ordenação.

Nossa entrada na noosfera induz os mesmos fenômenos: estamos transpondo o limiar (pelo menos, parte da humanidade) e iniciamos uma era de grande exuberância criativa e cognitiva. Em seguida, virão os tempos da consolidação, das arquiteturas noéticas e das ordenações da noosfera como gnosiosfera.

A grande incógnita é o fator tempo, é evidente.

A duração da fase "matéria" foi infinitamente mais longa que a fase "vida": a Terra existe há mais de 4,6 bilhões de anos, ao passo que a vida na Terra data de apenas 300 milhões anos e só começou a gerar pensamento organizado há menos de 10 mil anos. Houve uma abreviação das durações. Provavelmente, a explicação é que quanto mais matéria e menos informação estejam em jogo, mais a ponderalidade induz inércias imensas e demoradas.

A vida é menos material e mais informacional (já que mais complexa) que a matéria.

O conhecimento e o pensamento são quase totalmente desmaterializados, portanto, sem inércia.

Esse ponto é capital.

A passagem para a noosfera é um salto qualitativo, mas não uma ruptura: escapa radicalmente dos dualismos idealistas que separam espírito e matéria. O espírito (o pensamento, a consciência, a memória, o conhecimento) está na matéria e é da matéria. E vice-versa. Desde a aurora dos tempos. Desde o princípio de tudo. Portanto, devemos evitar dicotomias, cesuras, maniqueísmos. O pensamento está em continuidade com a matéria: é apenas outra forma (muito mais complexa), outra modalidade, outra organização da energia primordial e universal. Se há ruptura, não é de ordem essencial ou ontológica, mas de ordem existencial e operacional. Quanto maior a realização do cosmo, maior o crescimento exponencial da densidade de informação por unidade material. Para ter uma ideia, basta comparar as tábuas de madeira do código de Hamurabi e o CD-Rom de minha enciclopédia.

Pierre Teilhard de Chardin falava de "espiritualização da matéria". A palavra é forte e provocativa, mas rigorosamente exata, para desgosto da retaguarda materialista e racionalista.

Leis, relações e propriedades emergentes

"Outros graus, outras leis" poderia ser o resumo brusco das minhas palavras neste parágrafo.

Retorno à escala de complexidade.

Bem embaixo, no nível dos fótons e de outros conglomerados de energia vibrante, todas as interações estão ligadas ao campo unitário tão desejado por Albert Einstein e talvez formalizado pela recente "teoria do todo". No grau superior, entre as "partículas" materiais, a força única se divide nas quatro forças elementares já citadas (gravitacional, eletromagnética, nucleares forte e fraca). Um grau acima, o arsenal de interações se enriquece com todas as relações químicas e físicas que encontramos nos complexos moleculares, nos cristais, nos líquidos viscosos e nos organitos pré-bióticos (até nos vírus). Mais acima, as células vivas interagem umas com as outras, trocam fluidos e energias, aglutinam-se, aglomeram-se em tecidos, órgãos, seres vivos integrados e inventam processos complexos de regulação homeostática. Ainda mais alto, ocorrem todas as relações e inter-relações que os viventes inventam para se comunicar, para cooperar ou para devorar uns aos outros: da agressão à submissão, da sedução à rejeição, toda a etologia vegetal e animal se exibe aqui. Ainda mais alto, os ecossistemas integrados e as sociedades animais e humanas se elaboram, dotando-se de novos processos de inter-relação que, entre homens, deleita a etnologia.

Na noosfera novinha, novas táticas relacionais entre as ideias, os saberes, os conhecimentos também começam a se elaborar, visando organizá-la, estruturá-la e fortalecê-la.

Como vemos, cada grau inventa suas próprias modalidades relacionais.

O imenso erro da ciência clássica foi acreditar, por fidelidade a sua ideologia e a sua metodologia analítica, que as relações do nível superior podiam ser reduzidas, decompostas e, portanto, explicadas pelas modalidades relacionais do nível inferior.

Paralelamente às propriedades emergentes que resultam das interações dinâmicas entre os ingredientes de um sistema, podemos falar de "leis" emergentes que resultam das interações entre as "leis" de nível inferior, mas não se reduzem a nenhuma delas.

Organização, proliferação

O homem deve desenvolver as faculdades de seu espírito como um virtuose executa suas escalas.

Paul Valéry (século XIX)

Desde a origem

Como vimos, a noosfera não saiu de repente toda armada da sociosfera, como Atena da coxa de Zeus. Ela existe desde a origem do universo, como uma "camada" latente, pronta para se desenvolver, assim que o contexto permitir.

Quando apareceu a primeira "forma" energética estável, apareceu também a primeira informação memorizada, portanto, o primeiro "noema", o primeiro embrião de conhecimento.

Cada forma recorrente, cada relação recorrente são conhecimentos memorizados.

Essa memória cósmica, inerente e imanente a tudo que existe, foi o primeiro substrato informacional do qual surgiu a noosfera aos poucos. De certo modo, poderíamos dizer que a noosfera, como, aliás, todas as outras "camadas" do cosmo, acompanha desde a origem o desenvolvimento e a consumação do processo global de complexificação.

É muito importante notar que não há descontinuidade em nada: a unidade natural do todo se oporia. Portanto, é preciso convir que as distinções que fazemos entre as diversas "camadas" cósmicas de complexidade são olhares humanos que nos ajudam a perceber e compreender a unidade essencial que se esconde por trás delas.

Não há nenhuma ruptura dualista entre matéria (as *n* esferas anteriores) e o espírito (a noosfera). O espírito emana e participa da matéria. E vice-versa.

Mas a noosfera, ganhando complexidade, ganha também imaterialidade: ela se desmaterializa cada vez mais, porém – repitamos – não pode existir sem um suporte material, por mais tênue, leve ou miniaturizado que seja.

Tudo se passa como em um cristalizador: a solução acumula o produto cristalizante sem que nada aconteça, mas o produto está lá; a solução chega à saturação bem devagar; na ausência de um germe, pode até se supersaturar; continua não acontecendo nada; depois, muitas vezes de repente, a cristalização "gruda" ao redor de um germe que catalisa o processo e eis que o cristalizador se enche do esperado cristal.

O mesmo acontece com a noosfera: ela está latente desde a origem dos tempos, mas não podia surgir enquanto certas condições de "saturação" não fossem preenchidas dentro da memória cósmica. Foi preciso aguardar o aparecimento de uma densidade suficiente de matéria muito informada para que o processo se iniciasse. Em nossa boa e velha Terra, esse detonador, esse catalisador é o homem (aliás, essa é sua vocação e missão...)

Antes de tudo, o cérebro do homem, espantosamente mais complexo que o dos outros animais, foi um sinal de grandeza planetária. Mas os inícios reais da era noética na Terra ainda tiveram de esperar que as tecnologias da informação e da comunicação (TIC) inventadas pelo homem fossem potentes o bastante para ligar entre eles esses cérebros antes limitados às esferas da voz (de pequeno alcance) e do livro (pesado, caro e raro).

A era noética, que começa com o surgimento dessas TICs, marca a aceleração espetacular da saída da noosfera do estado de latência na Terra.

A ideia de forma memorizada

Desde que algo seja recorrente, iterativo, autoduplicador, repetitivo etc., há memória. E como há recorrências no universo, há, portanto, memória cósmica.

Essas recorrências de forma no espaço e no tempo constituem respectivamente as "matérias" físicas e as "leis" físicas. Assim, matérias e leis são apenas formas memorizadas em meio a tantas e tantas formas evanescentes, provisórias, únicas.

Mas essa memória cósmica presente e imanente em toda parte, constituída de todas essas formas memorizadas, não basta para que haja noosfera. Ela é absolutamente necessária à noosfera como substrato, adubo, húmus nutritivo, mas, como a metáfora nos ajudará a entender, o adubo não produz árvore sem semente, isto é, sem um germe cujo processo de consumação produza a planta, alimentando-se das substâncias do adubo, entre outras coisas.

Essa semente é a consciência.

Consciência: com-ciência, saber com... Saber que se sabe.

Consciência de saber o que se sabe, ou seja, do que foi memorizado.

Consciência de poder criar novos saberes inéditos a partir desses saberes "naturais" primitivos.

Consciência de poder utilizar esses saberes no espaço e no tempo para influir no cosmo e torná-lo mais habitável, mais vivível (pelo menos na teoria. Na prática, a consciência humana é, antes de mais nada, uma inconsciência de vigarista e saqueador!).

Assim aparece a "lei" que diz que o surgimento da noosfera é também o surgimento da consciência. O que permite este resumo surpreendente: a era noética é a era da conscientização humana.

A consciência

Em seu sentido mais profundo, a consciência não se confunde com a "consciência moral" que evocamos quando estamos com a "consciência pesada" ou "em paz com a nossa consciência". A conscientização pode, sem dúvida, nos fazer tomar consciência de certos valores ou regras de comportamento e, assim, tornar-se ética, mas ela não se reduz a isso.

Definir a consciência?

Lalande desconversa... e não diz nada:

> Intuição (mais ou menos completa, mais ou menos clara) que tem o espírito de seus estados e de seus atos. Essa definição só pode ser aproximativa, sendo o ato da consciência [...] um dos dados fundamentais do pensamento, que não podemos converter em elementos mais simples.

Portanto, a consciência é uma propriedade emergente e holística irredutível a mecanismos neurobiológicos, como desejava a terrivelmente mecanicista "escola de neurobiologia",[1] última herdeira até o momento do "homem máquina" cartesiano. A consciência não é redutível a nada. É uma propriedade emergente radicalmente nova, saída diretamente de um circuito de complexificação em alguma parte do cérebro humano. É claro que está potencialmente presente – em estado latente – em toda parte, desde sempre. Podemos falar com tranquilidade de consciência cósmica, como falamos de alma do mundo. Podemos ir mais além, como fazem muitas escolas de pensamento taoistas, hinduístas ou budistas, e dizer que essa consciência universal engloba e integra (ao mesmo tempo que supera) as consciências latentes presentes, como a memória, em toda parcela de existente e as consciências em desenvolvimento de todos os seres pensantes que povoam o mundo.

Podemos perceber desse modo que a distância entre a ideia de consciência cósmica ou universal e o conceito de noosfera é pequena. Não seria errado identificá-los no que diz respeito a sua essência. Já quanto à forma, referem-se a mundos culturais tão distantes que é inútil forçar uma aproximação.

A organização da noosfera

No nível mais fundamental, a noosfera é, em primeiro lugar, o conjunto de todas as formas memorizadas, seja qual for seu código ou suporte: ela sintetiza todos os cérebros biológicos ou eletrônicos, conectados ou não, mas também todas as memórias e consciências latentes que habitam todas as camadas da organização cósmica. Mesmo a memória da colmeia ou da verdura encontra lugar nela. A dos cristais e dos materiais residuais também. Isso também ocorre com as memórias coletivas ou geológicas.

É claro que a noosfera é antes de mais nada esse conjunto cósmico de memórias disseminadas. Mas não é só isso! A noosfera é também, e talvez sobretudo, um processo, uma dinâmica de interconexão e de estruturação

---

1 Ler, por exemplo: *La conscience expliquée*, de Daniel Dennett (Paris: Odile Jacob, 1993).

dessas memórias. É um processo de geração de propriedades emergentes *entre* todos esses ingredientes de memória. É essencialmente criatividade.

Correndo o risco de parecer provocativo, eu diria que a noosfera é tipicamente um processo alquímico. Uma alquimia noética. Uma alquimia cujo atanor poderia ser o cérebro humano, e cuja indispensável pedra filosofal poderia ser o desejo de consumação criativa. A metáfora é rica... Merecia ser aprofundada.

Outra metáfora que é tirada exatamente dos capítulos anteriores: a noosfera é como um *cassoulet* de memórias, tão rico de sentidos e de sabores, mas tão pouco redutível a seus ingredientes-memórias de base. Essa observação ganha toda a sua importância quando compreendemos que a organização dos dados em uma base de dados de computador é a organização mais simplista, mais analítica e mais hierárquica que a noosfera pode assumir.

O cérebro humano é infinitamente mais rico em tipos de relações.

Mas ainda há montes de estruturas muito mais complexas, muito menos lineares para inventar. A noosfera ainda está em seus primeiros balbucios de bebê...

Interconexão

Com o que foi exposto anteriormente, o fundamento essencial da noosfera é o conjunto de todos os processos de interconexão entre memórias, em todos os níveis, em todas as escalas. Quando o praticante de meditação zen diz que vai além do pensamento conceitual para se conectar com o real em sua nudez imediata, ele está descrevendo simplesmente a ressonância entre uma consciência local e a consciência cósmica, a conexão com a noosfera tomada como um todo. Todos os místicos, desde sempre, em toda parte, buscam apenas isso!

Sem ir tão longe, todos os pesquisadores, todos os artistas, todos os criadores sabem muito bem que a obra nasce da aproximação de dois ou três ingredientes até então estranhos uns aos outros: "reunir o que estava espalhado". É sempre uma questão de interconexão!

Um teste simples?

Sem antecipar o capítulo dedicado à criatividade, tente desenhar um extraterrestre, o mais distante possível do gênero humano.

Pronto?

Observe com atenção: você reuniu partes conhecidas em uma estrutura nova. O que você imaginou é uma nova montagem de elementos conhecidos. Você criou propriedades emergentes, mas tirando material de sua memória.

Não querendo fazer teologia, devemos insistir: a criação *ex nihilo* é impossível.

O homem só pode combinar o conhecido...

Interconexão, portanto...

Mas interconexão evolutiva: a noosfera está viva!

A memória se renova: obsolescência e criação se alternam nela. Arquiteturas e combinatórias se enriquecem e desmoronam incessantemente. A história das ciências, dos sistemas filosóficos e das escolas estéticas são uma prova evidente disso. Verdade ontem, engano amanhã.

Newton morreu, viva Einstein.

Platão morreu, viva Nietzsche.

Rubens morreu, viva Van Gogh.

Lully morreu, viva Debussy.

E Einstein, Nietzsche, Van Gogh e Debussy também nos deixaram...

Viva o amanhã.

Interconexões

Toda construção é matéria de inter-relação. A noosfera não escapa desse princípio.

Mas é preciso que fique bem claro que essas inter-relações são quase sempre muito mais que simples justaposições: o todo é mais que a soma das partes. Esse é nosso princípio holístico básico, onipresente em nossa abordagem da complexificação cósmica e de tudo que emana dela, inclusive a noosfera.

Todas essas formas memorizadas[2] que povoam a noosfera, todas essas ideias, no sentido mais amplo do termo, não são tijolos elementares que

---

2 Daqui em diante, substituiremos a pesada expressão "forma memorizada" pela palavra "ideia", segundo sua acepção etimológica grega de *eidos*, que significa justamente "forma". Mas devemos tomar cuidado para não tomar a palavra em sentido platônico

"basta" juntar para construir arquiteturas grandiosas. As interações entre essas ideias são muito mais da ordem da ressonância e da interferência ondulatória que da montagem corpuscular.

Esse ponto é capital e voltaremos a ele no Capítulo "O pensamento noético", dedicado em especial à metalógica e à metáfora, bem como ao pensamento complexo. Por enquanto, basta compreender que essas interferências criativas entre ideias estão muito mais ligadas ao simbolismo poético que à lógica aristotélica.

A montagem lógica das ideias não gera nenhuma propriedade emergente: trata-se de um processo simples, analítico, mecânico. O raciocínio: "todos os homens são mortais; Sócrates é um homem, logo Sócrates é mortal" é um percurso horizontal, isto é, as ideias se encadeiam no mesmo plano (aliás, como em todo raciocínio lógico) e não é gerado nada que não esteja previamente incluído nas três ideias utilizadas. Não há nada acrescentar: nem glosa nem hermenêutica.

Já a montagem metafórica ou simbólica das ideias é completamente diferente: gera imagens de um nível de complexidade, de sentido e de riqueza muito superior ao das ideias iniciais. Por exemplo, quando Baudelaire escreve:[3]

> A Natureza é um templo onde vivos pilares
> Proferem às vezes confusas palavras:
> O homem passa através de florestas de símbolos
> Que o observam com olhares familiares.[*]

Poderíamos escrever volumes inteiros de exegese sobre isso!

As palavras, os conceitos, as rimas entram em ressonância e constroem edifícios de sentidos, imagens e ideias novas, que ultrapassam em muito o conteúdo semântico estrito das ideias utilizadas.

---

e idealisto. As ideias que povoam a noosfera são entidades vivas mutantes, que são tudo, menos ideias essenciais, imutáveis, eternas e preexistentes a tudo.

[3] BAUDELAIRE, C. Correspondances. In: *Les fleurs du mal et autres poèmes*. Paris: GF-Flammarion, 1964. [Ed. bras.: *As flores do mal*. Porto Alegre: Sulina, 2008.]

[*] "La Nature est un temple où de vivants piliers/ Laissent parfois sortir de confuses paroles;/ L'homme y passe à travers des forêts de symboles/ Qui l'observent avec des regards familiers." (N. T.).

Já podemos pressentir que as interconexões entre ideias no interior da noosfera também se organizam em diversos níveis de complexidade. Bem abaixo na escala, encontramos as interconexões simples, mecânicas, lógicas, que associam conceitos isolados em construções regulares e normatizadas.[4] É nesse nível que se situam os discursos científicos e filosóficos clássicos. Bem mais acima (em complexidade, mas não necessariamente em qualidade), evoluem arquiteturas de interconexões mais complexas, de natureza metafórica, analógica, simbólica ou poética, que sugerem mundos além de qualquer raciocínio. Encontramos aí os discursos de tipo profético (o Nietzsche de *Zaratustra* ou o Teilhard do *Hino do universo*) ou místico (Mestre Eckart ou Shankara ou o Zohar).

É claro que nada nos impede de sonhar com níveis de complexidade noética muito mais altos e ainda por inventar... Para dizer o indizível e pensar o impensável.

Assim, a noosfera se apresenta como um imenso tecido de associações de ideias de complexidades, de naturezas, de profundidades e de pertinências diversas.

Certas zonas muito exploradas são particularmente densas, formando ilhotas compactas organizadíssimas. Outras parecem desertos pouco visitados, áridos e secos, mas cheios do petróleo ou do oásis de amanhã. Grandes cidades frequentadíssimas até pouco tempo atrás estão abandonadas e em ruínas: são as cidades-fantasmas do pensamento. Quem ainda se preocupa, com exceção de alguns arqueólogos noéticos, com o sistema astronômico de Ptolomeu ou com as disputas escolásticas da Idade Média?

Devemos nos impregnar dessa metáfora de uma noosfera vista como um mundo povoado de ideias, todas mais ou menos ligadas entre si (pelas formas mais elementares da memória cósmica, pelo menos), que constroem aqui e ali conjuntos complexos, mais ou menos organizados, mais ou menos estruturados, mais ou menos efêmeros.

Nesse sentido, podemos comparar o mundo das ideias com o mundo dos homens: megalópoles, cidades, vilarejos e campos, regiões povoadas, regiões de cultura, regiões de pioneiros e de descobridores, regiões opulentas e burguesas, regiões áridas, regiões na moda... Zonas conectadas

---

4 Essas normas, aliás, são totalmente convencionais e arbitrárias, como demonstraram à vontade os maiores lógicos do século XX: Russell, Wittgenstein, Carnap e outros.

aqui por rodovias enormes, ali por trilhas quase desconhecidas. Poderíamos traçar um mapa!

Devemos também, e sobretudo, nos impregnar profundamente da ideia de que esse mundo das ideias está vivo e em evolução, com nascimentos e mortes, com modas e ruínas. Um mundo que se move, transforma-se e prolifera nos espaços infinitos do imaterial.

Uma estranha logística

A noosfera é esse mundo das ideias[5] que emana diretamente das sociosferas e que se enraíza nelas.

A sociosfera humana alimenta a noosfera: existe uma relação de tipo "logístico" entre elas. A noosfera não é um mundo isolado, suspenso fora de tudo, e esse é um ponto essencial: nada de idealismo; nada de dualismo ontológico entre matéria e espírito, entre vida e pensamento, entre real e ideia.

Sem cérebros humanos para pensar, não existe noosfera. Nesse sentido, o homem é realmente o portador da noosfera. É o adubo em que se enraíza a árvore (a floresta, eu deveria dizer) noética. Voltaremos nos capítulos seguintes a esse ponto delicado e a todas as suas implicações antropológicas, éticas e metodológicas. Aqui, basta ressaltar um ponto: a noosfera se alimenta da sociosfera, exatamente como a sociosfera (nossas sociedades humanas) se alimenta da biosfera (a natureza), que se alimenta da litosfera (os minerais, a água, o ar...) etc.

Poderíamos falar de macroecologia para descrever todas as interações, relações e trocas mútuas entre essas diversas camadas do real.

De certo modo, cada camada está a serviço daquelas camadas que a envolvem. Isso é verdade em geral e, em particular, para a sociosfera humana, que se encontra a serviço da biosfera (a natureza) e, ao mesmo tempo, da noosfera (o conhecimento).

Em suma, a humanidade é uma ponte, uma passagem, um vau entre duas margens, dois mundos, dois graus da mesma escala de complexida-

---

5 Alguns estudiosos tentaram usar a palavra "ideosfera" para designá-la, provavelmente para "cartesianizar" e laicizar essa palavra um pouco "mística" de Teilhard de Chardin.

de. Existe aí uma curiosa e fundamental inversão de valores, uma oscilação copernicana, uma revolução noética: a humanidade, que se acreditava o centro, o cume e a meta do universo, agora se vê na condição de passarela a serviço da natureza e do conhecimento.

A serviço da natureza: sua vocação ecológica. A serviço do conhecimento: sua vocação noética. Meeiro guardião da natureza e instrumento logístico do conhecimento.

O homem deve descer do pedestal ilusório que ele mesmo inventou e construiu para ele.

A humanidade se instrumentaliza a serviço do que a supera: a natureza e o conhecimento.

A serviço da natureza para preservar e favorecer a vida em todas as suas formas.

A serviço do conhecimento para memorizar e criar todas as ideias, todas as metáforas[6] possíveis.

A proliferação da noosfera

Todas as ideias são possíveis? Todas as metáforas são possíveis? Então não há nenhum critério de pré-seleção que possa desentocar as "boas" ideias e as "boas" metáforas e economizar o tempo e a energia desperdiçados com as más?

Correndo o risco de frustrar os idealistas, os adoradores do belo, do bom, do verdadeiro e do sagrado, esse critério felizmente não pode existir. O mundo das ideias, como o mundo *tout court* e o universo inteiro, inventa-se e se cria todos os dias por tentativa e erro.

As ideias, da forma mais elementar à metáfora mais complexa, aparecem, desenvolvem-se, perpetuam-se e desaparecem, exatamente como as espécies animais na biosfera. Há um gosto de darwinismo por trás disso... Mas um darwinismo enriquecido, ampliado, mais positivo.

Uma vez criadas, as ideias se propagam de cérebro em cérebro, de memória em memória, de consciência em consciência. Essa propagação é mais

---

6 Como veremos mais adiante, a palavra "metáfora" é a mais adequada para falar em geral de qualquer reunião de ideias. Por metáfora, devemos entender qualquer conjunto estruturado de signos carregados de sentido.

ou menos rápida: até pouco tempo atrás, uma ideia levava décadas para ser conhecida por todas as pessoas envolvidas; hoje, leva alguns microssegundos. Aliás, essa velocidade de propagação das ideias é o parâmetro crucial para medir o surgimento da noosfera e o ingresso na era noética: foi preciso que a tecnologia (as TICs) permitisse a circulação mundial de dados quase à velocidade da luz para que o processo noético se pusesse em marcha. As tecnologias anteriores não alcançavam nem de perto as velocidades de propagação necessárias para ultrapassar o efeito de limiar. Hoje, isso já aconteceu, o que nos permite datar a entrada na era noética no fim da década de 1980, quando a massificação da internet (símbolo da era noética nascente) coincide com a queda do Muro de Berlim (símbolo da era "moderna" agonizante).

Uma vez criadas ou descobertas, as ideias se propagam, viajam de cérebro em cérebro, enriquecendo a cada passo a memória que a acolhe e enriquecendo-se a cada vez com novos laços e sentidos. Mas o fenômeno vai além da mera propagação: há proliferação. Uma ideia fecunda gera outras ideias enquanto se propaga e é apropriada pelos cérebros que a recebem. Associa-se a outras ideias para fazer surgir novos agregados, mais ricos e mais complexos.

Mas a ideia inicial precisa ser fecunda (seja qual for o critério de fecundidade que possamos imaginar). Se for, ela vai fecundar e gerar ideias novas, mais ricas, que também vão se propagar para se enriquecer e se realizar. Se não, ou melhor, se não for percebida como fecunda pelas consciências que a acolhem, ela vai periclitar e não vai proliferar.

Essa é a nova versão do darwinismo noético.

Quantas ideias geniais foram rapidamente esquecidas e reinventadas lustros mais tarde?

Quantas ideias nocivas e abandonadas não proliferaram em meio ao entusiasmo de uma época, de um lugar, de um movimento ou de um grupo?

O nazismo foi uma ideia. A Europa unida é outra.

Bastaram seis anos para que a primeira cobrisse o mundo de fogo e sangue.

A segunda precisou de cinquenta anos para dar à luz um projeto de constituição europeia.

Foram precisos mais de dois mil anos para que Nietzsche refundasse a filosofia do devir que Heráclito de Éfeso, dito o Obscuro, formulou contra tudo e contra todos, antes de ser sufocado pelas pesadas e cadavéricas filosofias do ser de Platão e de Aristóteles, depois de Parmênides. Contudo, essa filosofia do devir será a única a sobreviver no terceiro milênio.

O princípio de fecundidade ou, se preferir, de proliferação é o próprio fundamento da vida e da propagação das ideias na noosfera. Uma ideia só sobrevive e se perpetua se for suficientemente fecunda para proliferar e gerar outras ideias, que vão enriquecê-la e fortalecê-la enquanto se propaga. Esse princípio, aliás, pode ser decomposto de várias maneiras, às vezes surpreendentes. Assim, uma ideia falsa pode ser extremamente fecunda por causa do efeito de espelho que induz. E uma ideia insignificante, por causa do efeito de bola de neve que a engole, pode ser o germe inicial de uma proliferação, mas não deixar nem rastro.

É preciso voltar aqui ao princípio sistêmico básico que diz que todo sistema complexo (e a noosfera é um sistema imenso) tende a se consumar plenamente, isto é, realizar todas as suas potencialidades, no encontro permanente com as oportunidades oferecidas por seu ambiente. Esse princípio, expresso por Aristóteles, chama-se enteléquia. Aplicado à noosfera, permite afirmar com clareza que esta tende, em toda parte, sempre, a testar todas as combinatórias potenciais de ideias em todas as metáforas imagináveis. Uma vez criadas essas ideias e metáforas, a sorte está lançada! Começa a propagação nas mentes: as mais fecundas proliferam; as outras vacilam ou vegetam.

Do valor das ideias

Essa propensão à proliferação é exatamente o parâmetro de medida do valor de uma ideia. Por trás dessa evidência está um dos maiores paradoxos da era noética, cujas consequências, como veremos no Capítulo "O homem noético", são imensas.

De fato, quanto mais compartilhada, e gratuita, mais valor tem uma ideia!

Eu explico: quanto maior for o número de cérebros que a ideia percorre, maior será a probabilidade de que ela prolifere e se enriqueça; portanto, quanto mais for compartilhada, maiores serão sua propensão a proliferar e seu valor. Além disso, a velocidade de propagação – portanto, de compartilhamento – de uma ideia é maior se o acesso a ela for gratuito: toda a "guerra" entre a Linux e a Microsoft, toda a corrida aos padrões e às normas técnicas e comerciais (em especial em relação à tecnologia GSM), toda a circulação paralela de cópias piratas de CDs, DVDs e softwares têm origem nesse princípio de proliferação na e pela gratuidade.

Compartilhamento e gratuidade como fundamento do valor noético. Ou seja, o exato oposto dos princípios básicos da economia e do comércio clássicos.

Esta observação simples, mas cheia de bom senso, não deve ser esquecida: quando dou um objeto que possuo, eu não o possuo mais; quando dou a outra pessoa uma informação que possuo, nós dois a possuímos integralmente.

Isso se opõe formalmente a todas as equações de conservação e a todas as regras da aritmética: dividindo a informação, nós a multiplicamos!

Uma ideia compartilhada por duas pessoas dá duas ideias. Demolição da matemática.

Compreendemos logo que estamos entrando em uma lógica completamente diferente (uma metalógica). Falaremos dela no próximo capítulo.

À guisa de resumo

A palavra "ideia" parece mais adequada que "noema", "símbolo" ou "conceito" para designar os seres imateriais elementares que povoam a noosfera.

Mas antes devemos desarmar qualquer perversão idealista: se a noosfera é definida como o mundo das ideias, dos *eidoi*, que são as formas, não se trata de modo nenhum do mundo das Ideias de Platão, mas de seu contrário radical.

As ideias noéticas não são nem imutáveis, nem absolutas, nem *a priori* o que são as ideias platônicas. Não são imutáveis, porque são vivas: nascem, vivem e morrem ao capricho dos paradigmas ou simplesmente das interpretações sucessivas que recebem a cada visita. Não são absolutas, porque só sobrevivem em relação a outras ideias, no interior de sistemas e redes complexas e evolutivas, segundo conexões que estabelecem ou perdem. Não são *a priori*, porque surgem aos poucos, como emanações sucessivas do processo pensante, do processo noético criador de ideias.

Para evitar as ciladas do analitismo cartesiano, pouco adequado quando tentamos explorar o complexo, o adjetivo "elementar", empregado anteriormente, deve ser utilizado com cuidado. A ideia é o ser noético "elementar", do mesmo modo que a célula é o ser biótico "elementar". Não é um átomo indivisível, um tijolo original e simples, com existência e propriedades próprias. Toda ideia é complexa desde o início.

A ideia é um nó noético, um ponto de cristalização provisório que só ganha sentido e significação em suas múltiplas conexões com outras ideias, mais ou menos como as palavras em um dicionário só são compreensíveis por meio de definições que utilizam outras palavras, que por sua vez... Cada ideia é nó noético, portanto.

As ideias são vivas, e esse ponto é essencial. Nascem, crescem, amadurecem, envelhecem e morrem. Geram e proliferam... Ou permanecem estéreis. Associam-se em múltiplas comunidades ideais, chamadas "teoria" ou "metáfora" ou "liturgia" ou "sistema" ou "paradigma" ou *weltanschauung* ou "manifesto" ou "ideologia" ou "movimento" etc.

Cada uma tem sua genealogia, como frisou Nietzsche. Travam batalhas de escolas, disputas e controvérsias, mas também conhecem grandes reconciliações sintéticas em sua ascensão permanente rumo a cada vez mais abstração e complexidade.

Têm suas pertenças: nacionais, segundo a língua, ou categoriais, segundo o campo,[7] e dessas pertenças nascem separações quase racistas, hibridações e mestiçagens às vezes monstruosas, mas, na maioria das vezes, fecundas.

Devemos tomar cuidado para não confundir a ideia com sua expressão. Conforme a linguagem[8] ou o suporte[9] escolhidos, a ideia terá múltiplas expressões tangíveis.

Por meio das múltiplas técnicas de tradução de uma língua para outra, e de transcrição de um suporte para outro, torna-se claro que a ideia como ser noético é independente da roupagem. Ou seja, a mesma ideia pode revestir expressões variadas, e cada expressão pode levar a múltiplas leituras e interpretações, portanto, a conexões novas com outras ideias, infinitamente.

---

[7] Tradicionalmente distinguimos os campos científicos, filosóficos, artísticos, religiosos etc. Pessoalmente, acho que essas distinções, herdeiras do racionalismo e do aristotelismo do Renascimento, têm pouco sentido.

[8] Palavras inglesas ou italianas, ideogramas chineses, desenhos, equações, melodias, traços coloridos, séries de octetos binários, símbolos religiosos etc.

[9] Folha de papel, tela de linho, fita magnética, filme fotossensível, ar atmosférico, pedra, metal etc.

Na verdade, a passagem da "camada" sociosférica para a "camada" noosférica é justamente a passagem da ideia dissimulada nas roupagens das linguagens e nos envoltórios dos suportes para a *ideia nua*: passagem do fonema para o noema, da aparência para o real, do símbolo para a hermenêutica, da letra para o espírito etc.

A ideia liberta-se assim de suas expressões e começa uma vida autônoma, independente do cérebro que a criou.

Aliás, poderíamos dizer que a noosfera é o espaço de autonomia das ideias, livres de seus ouropéis sociosféricos.

Assim, a noosfera torna-se o lugar do espírito vivo.

Mas o que é uma ideia? Lalande escreveu:

> Ideia:
> a) "Ideia" no sentido platônico da palavra (nesse sentido, escreve-se sempre com inicial maiúscula). A esse sentido platônico pode-se vincular o uso da palavra ideia por Kant.
> b) Conceito como ato ou objeto de pensamento, não como termo lógico.
> c) A partir do século XVII: todo objeto de pensamento enquanto pensado, opondo-se com isso:
>   1) quer, como fenômeno intelectual, ao sentimento e à ação;
>   2) quer, como representação individual, à verdade e, de modo geral, ao modo de existência, seja ele qual for, que possa ter esse objeto, independentemente do espírito que o pensa no momento.[10]

E, de "conceito", diz: "A ideia no sentido B, como abstrata e geral, ou, pelo menos, suscetível de generalização".

Lamennais afirmava: "A manifestação sensível da ideia [...] é o objeto da arte".

Duas dimensões da ideia já parecem claras: a ideia é um produto do pensamento (conforme Lalande) e a ideia é um ser imaterial (conforme Lamennais).

Como vimos, as ideias nascem dos processos de pensamento, são seus rastros. Aliás, é preciso dizer que a noosfera é *antes de mais nada* o lugar

---

10 LALANDE, A. *Vocabulaire technique et critique de la philosophie*. 5.ed. Paris: PUF, 1999. [Ed. bras.: *Vocabulário técnico e crítico da filosofia*. 3.ed. São Paulo: Martins Fontes, 1999.]

dos processos noéticos[11] e, subsidiariamente, o lugar das ideias, já que estas são apenas rastros daqueles. A noosfera é o lugar de uma dinâmica, de uma fermentação criativa permanente, que se alimenta das vivências brutas que vêm das camadas inferiores e, ao mesmo tempo, das operações de associação e de estruturação aplicadas às próprias ideias.

Essas operações são de múltiplas naturezas, e seu estudo é justamente o objeto da noética, que assim incorpora os estudos neurobiológicos e as técnicas de criatividade.

A ideia como ser imaterial é efetivamente abstrata, desmaterializada, informacional, mas isso não significa de modo nenhum que devamos naufragar nos velhos dualismos que separavam ontologicamente a matéria e o espírito; não se trata disso, pois não pode haver ideia sem suporte para exprimi-la e memorizá-la ou sem cérebro para pensá-la e criá-la. A noosfera está assentada sobre o mundo material, enraizada nele como a árvore no solo; tira dele seu "alimento" nos cérebros humanos, esses sistemas neurobiológicos empanturrados de moléculas, átomos e energia, repletos de arquétipos e pressupostos adquiridos.

O espírito é matéria espiritualizada, como diria Teilhard de Chardin, matéria em via de se espiritualizar, uma etapa no processo cósmico de complexificação. Mas não há aí nenhuma separação do mundo em dois mundos perfeitamente distintos. Esse ponto é capital, pois se opõe de maneira radical a qualquer platonismo, a qualquer idealismo: ainda que haja salto de complexidade e passagem para um modo de ser totalmente outro, há continuidade ontológica no âmago do ser.

O espírito emana da matéria como a matéria emana da energia, sem que haja ruptura.

Muito mais que isso, metafisicamente, toda a história da complexificação cósmica indica que o surgimento de cada nova camada, de cada novo salto de complexidade, de cada novo grau na escala cósmica só faz ativar potencialidades já presentes, mas latentes.

Foi preciso que a sociosfera elaborasse linguagens desenvolvidas o suficiente para que aparecesse o embrião da noosfera, o embrião do espírito. Mas o espírito já estava intensamente presente na energia, na matéria e na vida que permitiram a ele se atualizar.

---

11 Aliás, ao que parece, qualificá-la de estudo dos processos de criação de ideias é uma definição bastante boa (mas restritiva) de noética.

Terceira parte: A revolução noética

Nossa vida é limitada, o conhecimento é ilimitado.

Tchuang-Tsé (século IV a.C.)

Algumas palavras introdutórias

A revolução noética está em marcha, diante de nossos olhos. Mas muito poucos a distinguem. Muitos preferem ignorá-la. Eterna história do avestruz e da areia...

A revolução noética, no fundo, nada mais é do que a passagem, o salto, a ponte entre a sociosfera humana e a noosfera terrestre. Passagem possibilitada enfim pelo surgimento súbito e explosivo das tecnologias da informação e da comunicação (TIC).

Como vimos, nessa passagem, a existência humana, tanto no nível individual quanto no coletivo, ganha novo sentido. Ou melhor, ganha sentido. As perspectivas e as responsabilidades são imensas. O homem saberá assumi-las? Ou preferirá bancar o avestruz e oferecer o traseiro às botas da evolução?

A vida segue e seguirá seu caminho, com ou sem o homem. Se ele aceitar o desafio noético, permanecerá na corrida cósmica. Se recusar, será excluído, ficará no cais e desaparecerá. Toda a aposta humana está aí.

A revolução noética não é nem política nem econômica, ainda que ponha o político e o econômico em seus devidos lugares, isto é, na periferia da atividade humana, que tem mais que fazer do que editar leis e ganhar dinheiro.

Essa revolução é essencialmente conceitual, com imensos prolongamentos filosóficos, éticos e metafísicos. Gera um *weltanschauung* radicalmente novo e diferente.

Uma revolução na visão do homem, de seu lugar e de seu papel no universo.

Uma revolução do olhar, em suma.

O homem noético

Não podes esperar, se não buscares o inesperado.

Heráclito de Éfeso (século VI a.C.)

Lugar e papel do homem na Terra

Sem cérebros humanos para pensar não existe noosfera. Nesse sentido, o homem é de fato seu portador. Mas é preciso observar uma inversão curiosa e fundamental dos valores: a humanidade, que se julgava o centro, o cume e a meta do universo, volta ao estado de passarela a serviço da natureza e do conhecimento. A serviço da natureza, para preservar e favorecer a vida em todas as suas formas. A serviço do conhecimento, para memorizar e criar todas as ideias, todas as metáforas possíveis.

Uma história do Ocidente

Talvez já nas cidades gregas,[1] mas com toda certeza com o advento do Império Romano, o Ocidente começou a se considerar o umbigo do mundo.

Ao fazer do homem o cume, a meta e o centro da criação, o cristianismo radicalizou essa tendência. A sociosfera humana tornava-se sua própria finalidade. Nascia o humanismo. O homem era enfim medida de todas as coisas. Era antropocêntrico, isto é, egocêntrico e centrado no próprio umbigo. A partir daí, ele, soberano, deu-se o direito de dominar tudo,

---

1 Muito depois do período ainda agrário dos pré-socráticos.

explorar tudo, pilhar tudo, mulheres e crianças inclusive. O varão ocidental, viril e guerreiro, tornava-se o rei do mundo, o rei dos mundos. E como Deus foi banido para além do mundo com o bondoso auxílio de Platão e de Aristóteles, nesse outro mundo das essências e das ideias puras nada mais podia impedir esse homem de se apropriar de tudo e reduzir tudo a ele mesmo.

Contudo, o livro judeu do Gênesis diz claramente: "E YHWH Eloim tomará o homem e o colocará no jardim do Éden para servi-lo e protegê-lo".[2]

Curioso desvio... Servir e proteger tornaram-se pilhar e saquear.

Enquanto o homem era pouco numeroso na Terra, esses saques não tinham muitas consequências: a natureza, como boa mãe, reparava a si mesma sem grandes problemas, em um tempo bastante curto, e não mostrava nada disso ao pilantra voluntarioso e destruidor.

Então o homem acreditou que esses saques não eram realmente saques e que a exploração da natureza como recurso infinito e autorregenerador não era problema. A biosfera estava a serviço da sociosfera. O homem podia impunemente subordinar tudo a seu bel-prazer.

As coisas estavam nesse pé até a chegada da era industrial, da sociedade de consumo e da explosão demográfica.

Vieram os primeiros sinais da fragilidade natural: *smog* londrino, morte dos rios, primeiras desertificações mediterrâneas, erosões de grandes terras agrícolas em decorrência do intenso desflorestamento (o exemplo da Espanha é flagrante: cortes maciços de madeira para construir a "Invencível Armada", por orgulho desmesurado do catolicíssimo rei Fernando).

Mas isso sem contar com a onda colonial: o que não podemos destruir aqui, destruímos lá, não é? Além disso, a mão de obra local é gratuita e pode ser escravizada sem muita dificuldade. Por que se privar dela, então?

Durante quatro séculos, o movimento colonial e neocolonial permitiu ao Ocidente manter o ritmo demente de industrialização e de superconsumo, mas espalhou a lepra para toda a Terra.

Na verdade, o que hoje chamamos de "globalização" é apenas a conclusão de um velho movimento de ocidentalização do mundo, uma "ocidentalização" reduzida na década de 1950 a uma "americanização" pura e simples.

---

2 Gn 2,15.

E agora: tudo vai mal

Nossa época, pela primeira vez na história humana, compreende que o homem, se não mudar radicalmente, será a única causa da própria extinção.

Não no apocalipse nuclear incansavelmente martelado na época da Guerra Fria, mas em um apocalipse ecológico bem mais nocivo, bem mais lento, bem mais doloroso: a morte ecológica da humanidade será lenta, medonha, atroz.

Diante dessa ameaça apocalíptica, ainda não é tarde demais, mas já está mais do que na hora de reagir.

Duas estratégias são possíveis.

O ecologismo superficial,[3] que continua a defender a exploração da natureza pelo homem, mas de maneira moderada e inteligente.

A ecologia profunda,[4] que inverte a proposta básica e a posição do homem, afirmando que é o homem que está a serviço da vida e da natureza, e não o contrário.

É evidente que essa inversão fundamental e o movimento que a defende estão em harmonia com a revolução noética. O ecologismo amaneirado não passa de um *ersatz* em plena continuidade com a era "moderna" e industrial, humanista e ideológica.

O problema não é, ou não é mais, o homem ou a humanidade: o problema é a vida. A vida como um todo, a biosfera como um todo, a Terra como um todo, isto é, como um sistema hipercomplexo, inextricavelmente integrado, em tudo está em tudo, em que tudo é causa e efeito de tudo, em que tudo interage com tudo, segundo processos ainda desconhecidos ou até incognoscíveis.

O homem "moderno" brincou de aprendiz de feiticeiro... E agora queima as asas no fogo que ele mesmo acendeu, como incendiário infantil e caprichoso que é.

O problema é a vida: o homem é só um instrumento, um subproduto, um avatar dela.

Sem biosfera, nada de sociosfera, logo nada de noosfera.

---

3 O ecologismo superficial é defendido em geral pelos movimentos ecológicos militantes.
4 A ecologia profunda está mais em voga nos países anglo-saxões com o nome de *deep ecology*.

Destruir a vida, como faz o Ocidente, é destruir o futuro, é destruir o papel e o sentido da existência do homem e da humanidade.

O humano só tem sentido e justificação na Terra como portador e ator de uma missão, de uma vocação que supera infinitamente o humano: trazer à tona a noosfera a partir da sociosfera. Fora dessa missão, a humanidade não tem justificação, sentido ou valor. E essa missão é impossível sem uma biosfera sadia, forte e diversificada para sustentá-la, nutri-la e animá-la.

A tomada de consciência "ecológica" contemporânea, apesar às vezes de suas puerilidades, apesar não raro de seus sentimentalismos inoportunos, apesar quase sempre de seu discurso ideologicamente reciclador, é salutar, mas amplamente insuficiente.

A consciência ainda está longe do ato. A revolução ecológica, como componente da revolução noética, deve ser acelerada, estimulada, amplificada com urgência: cada dia que passa é irreversivelmente destruidor.

Inversão para cima

A revolução ecológica – que está apenas começando – constitui uma inversão para baixo: não é mais a natureza que está a serviço do homem, é o homem que está a serviço da vida. A revolução noética – no sentido estrito do termo – constitui uma inversão para cima: não é mais o pensamento que está a serviço do homem, mas o homem que está a serviço do espírito.

Em ambos os casos, nos dois sentidos, devemos romper a prisão autista em que o homem se trancou. Devemos romper o antropocentrismo tão característico da "modernidade" como reação contra o teocentrismo medieval. Devemos romper o humanismo, que é a ética diretamente emanada desse antropocentrismo egoísta.

A sociosfera humana recolheu-se em si mesma, reduzindo tudo a ela e a seus delírios.

Fechou-se em uma esquizofrenia mortal, em que o homem recusa o real, suas coerções e suas exigências para se afogar em seu próprio mundo imaginário.

Paralelamente, como sói acontecer, trancou-se em uma paranoia que a faz encarar o mundo, a natureza e o real como inimigos, como fonte opaca de medos e perigos, quase sempre imaginários.

Já é tempo – porque existe urgência e, ao mesmo tempo, oportunidade – de romper esse círculo vicioso patológico: a sociosfera humana deve sair de sua reclusão nela mesma e ousar se desenvolver no real, em todas as "camadas" do real: para baixo, na biosfera (movimento ecológico), *e* para cima, na noosfera (movimento noético).

Esse é o preço da sobrevivência, o preço do desabrochar.

Ressaltamos o "e" anterior...

Os movimentos ecológico e noético são indissociavelmente complementares e indispensavelmente recíprocos. Com efeito, o homem é o elo entre a biosfera e a noosfera, a ponte entre a vida e o espírito. Todo elo só tem sentido se preso aos outros dois elos que une. Toda ponte só tem sentido se assentada nas duas margens opostas do rio. Uma humanidade puramente ecológica seria regressão, um retorno à natureza e à animalidade que só faria atrofiar suas potencialidades mentais. Uma humanidade puramente noética correria perigo, porque sem vida para animá-lo e alimentá-lo, o espírito se esclerosaria em delírios inúteis, antes de ruir sobre si mesmo.

A equação humana é simples: no homem, não há vida sem espírito e não há espírito sem vida.

Não há ecologia sem noética, e não há noética sem ecologia.

A busca de sentido

A "modernidade" – de forma insidiosa, mas muito lógica – instaurou aos poucos uma ordem desencantada e dessacralizada.

Acaso e necessidade...

Materialismo e hedonismo...

Individualismo e egoísmo...

Cocooning e consumo...

Como medida de todas as coisas, o homem não valoriza mais nada, exceto a si mesmo.

Todo o resto é instrumentalizado. Só restam objetos para comprar, possuir, consumir.

Em um mundo em que tudo é objeto, o homem se julga o único sujeito, mas não tem projeto.

Ter, ser e nenhum vir a ser. A "modernidade" matou o vir a ser, trocou o ser pelo parecer e naufragou no ter. E sobrou uma angústia enorme nas almas.

Temos de procurar em outro lugar a origem profunda da onipresença da droga, do alcoolismo, do *show business*, dos *reality shows*, da imprensa de celebridades, da TV real, do sensacionalismo, do *star system* e de todas as fugas do real que não têm outras funções senão fazer esquecer, por um momento, o vazio abissal das existências sem objetivo e sem sentido?

Quando não há mais projeto, só resta o sujeito ou o objeto.

Psicanálise ou consumismo. Culto de eu ou do *gadget*. *Ersatz* de vida...! Não há o que lamentar.

Foi preciso passar pelo homem para sair do mito e entrar no real além do homem. O humanismo foi essa passagem necessária: o homem precisou se tornar egocêntrico para se livrar de seus demônios e de seus medos imaginários.

Mas o tempo passou: o homem deve se superar, se não quiser se suicidar.

Deve encontrar um sentido, um significado, uma direção, uma justificação para sua existência, um sentido que vá além dele.

A humanidade não é um projeto de por si, mas deve fundar um projeto que a supere, do contrário, afundará ainda mais na autonecrose. O desafio é claro, mas não sem perigo.

Toda revolução incuba a própria perversão, que a recuperará, desviará, desnaturará e acabará impondo uma ordem que é o exato oposto de sua vocação inicial.

A Revolução de 1789 teve seu Robespierre. Os mencheviques tiveram seus bolcheviques. Maio de 68 teve seus esquerdistas. A ecologia tem seus ecologistas. A noética terá seus mestres-pensadores e seus mestres-censores.[5]

Propor ao homem um projeto que vá além dele é sempre um caminho de duas mãos.

Super-homem ou sobre-humano

Essas duas mãos são as duas acepções da ideia de super-homem em Nietzsche. Para o próprio Nietzsche e para nós: buscar o superior ao ho-

---

[5] Para retomar o título do livro truculento de Elisabeth Lévy: *Les maîtres censeurs*. Paris: Lattès, 2002.

mem. Para a irmã de Nietzsche e seus cúmplices nazistas: buscar o homem superior. A nuance é mais do que jogo de palavras.

A humanidade está carente de sentido. Deu a volta completa de seu umbigo. Quebrou muitos de seus brinquedos: a Terra e a natureza sangram por toda parte. Chegou a hora de deixar a infância despreocupada e se tornar adulta. Chegou a hora de se abrir para o mundo e para o real, e de abandonar as fantasias arrogantes de onipotência e dominação universal.

Porque é disso mesmo que se trata: de uma fantasia de onipotência!

O homem infantil se diz "guerreiro", sempre à procura de alguma conquista, de algum combate, de alguma ofensiva, perpetuamente fantasiado de Zorro, de G. I. Joe ou de mosqueteiro do rei. Mas o arsenal está gasto e tornou-se singularmente ridículo.

Toda a estrutura íntima do Ocidente, até em suas mais íntimas fibras familiares, foi construída sobre esse estereótipo guerreiro do herói vitorioso e triunfante. Competição, concorrência, dominação e apropriação vêm em primeiro lugar.

Darwin cometeu um imenso erro ao transpor para a natureza inteira o princípio vitoriano de dominação e competição. A natureza inventou muitos outros processos de regulação, além da mera lei do mais forte: comensalismo, mutualismo e simbiose são infinitamente mais frequentes e mais férteis do que a luta pela vida, que é, na realidade, o último recurso, depois de esgotados todos os outros.

Basta observar os milhões de micróbios em ação no nosso intestino para compreender isso.

A relação entre predador e presa é apenas um dos muitos tipos em ação no vivente. Mas o homem, cego do próprio desejo de dominação, até pouco tempo atrás só queria ver a si mesmo.

O homem parece ainda não ter compreendido que o único triunfo que vale a pena é a vitória sobre o próprio ego. É típico das criancinhas e dos adultos infantis considerar a si mesmo o centro do mundo: eu, eu, eu... Há, evidentemente, uma relação forte entre essa hipertrofia do ego e o gosto pela competição e pela dominação.

O homem moderno é ainda espantosamente egoísta.

O noético não será mais. Porque vai ter entrado na idade adulta e desistido, enfim, de se fantasiar de Zorro.

A entrada na era noética será o fim dos guerreiros.

Um de seus valores fundamentais será a paz.

A paz

Muitas vezes, falar de paz parece bobagem.

A história aí está para desencorajar as utopias pacifistas. Mas não é de pacifismo que se trata e sim de paz. Dessa paz fecunda e profunda, completamente interior, que torna as agressões absurdas e os agressores ridículos.

Não há nada de angelismo nisso.

Todos os que, como eu, praticaram longa e pacientemente as artes marciais, sabem que a força desencoraja a violência. Trata-se muito mais de força interior do que de força física.

A era noética será uma era de paz, de pacificação individual, de pacificação interior. Pacificação pela consumação de si pela consumação de sua vocação. Pacificação pela pulverização do ego no respeito de si mesmo. Pacificação pela extinção dos medos, desses perigos imaginários que povoam nossos subconscientes doentes.

A paz não resulta jamais de um decreto coletivo. É apenas a consequência das pacificações individuais. Por que um homem ou uma mulher instalados em sua força e em sua paz interiores procurariam briga com alguém?

Jardinagem

Assim, vemos despontar o fim do mito guerreiro.

Fim de carreira para todos os John Wayne do imaginário infantil. A hora não é mais de combate. De nenhum combate.

Diante do mito guerreiro, anuncia-se outro mito fundador: o do jardineiro.

Não se trata mais de conquistar, mas de cultivar. A metáfora é radicalmente outra.

Para mudar de vida, não mude de marca de relógio, mude de metáfora.

O olho do martelo só vê pregos.

O olho do guerreiro só vê combates.

O olho do jardineiro só vê plantas, árvores, flores para cuidar, regar, enxertar, proteger, adubar, capinar, cultivar.

A era noética será uma era de cultura, nos dois sentidos da palavra. Dois imensos jardins para cultivar: o da biosfera e o da noosfera. Jardinagens ecológica e noética.

Mas devemos tomar cuidado com as enormes consequências da mudança de metáfora fundadora: guerreamos para nós mesmos, para nos fortalecer, apoderar, apropriar, glorificar, mas nunca jardinamos para nós mesmos.

Diz um bonito provérbio provençal: quem planta uma árvore jamais se aproveita de sua sombra.

Jardinamos para o jardim, não para nós mesmos. Cultivamos a biosfera para a vida, não para nós mesmos. Cultivamos a noosfera para o espírito, não para nós mesmos.

Uma bela história de talhadores de pedra, ocorrida provavelmente nos séculos XII ou XIII, conta o seguinte: um cavaleiro errava por uma estrada, quando se viu em um canteiro de obras. Ao primeiro talhador de pedras que encontrou, perguntou o que fazia. "Ganho meu salário", respondeu ele. Ao segundo, a mesma pergunta. "Faço meu trabalho!", foi a resposta. Do último, a mesma interrogação recebeu a confissão: "Construo uma catedral!". Esse já pertencia à era noética.

Ética noética

Há duas maneiras de abordar as questões da ética e da moral.[6]

A primeira, a mais frequente, coloca seus valores *a priori*: a ideia de bem à maneira de Platão, os imperativos categóricos à maneira de Kant etc... A segunda é pragmática: é bem o que é sentido como o melhor, aqui e agora. Absolutismo lá, relativismo cá. Idealismo lá, realismo cá. Para a primeira, os valores éticos são absolutos preexistentes ao mundo, imutáveis, eternos etc. Para a segunda, esses valores são códigos de comportamento ligados a um lugar, a uma cultura, a uma época.

---

6 A distinção entre ética e moral, embora indispensável, nem sempre é muito clara de um autor para outro. Seguimos aqui Lalande, que considera a ética a teoria de que a moral, sempre prática, procede. A moral está para a ética, assim como a técnica está para a ciência.

É escusado dizer que aderimos radicalmente a essa segunda abordagem: em matéria de ética, como em tudo, não existe nenhum absoluto. Tudo deve ser recriado, reinventado, construído o tempo todo.

A ética e todas as morais que dela derivam são apenas convenções humanas, mais ou menos pertinentes, mais ou menos eficientes, cuja única razão de ser é tornar a existência o menos dura possível para alguns ou para todos.

A ética e a moral são como a boa educação e a etiqueta, a cortesia e a galanteria: puras convenções locais e contingentes.

Niilismo

Todo "valor", todo "absoluto" são humanos, portanto, relativos a um aqui e agora, portanto, mortais. Estamos vivendo a morte de todos os valores. O terrorismo islâmico ou de Estado é só uma de suas numerosas ilustrações. O hedonismo e o parasitismo social ambientes também. Não há mais valores, como Nietzsche anunciou há um século. E é impossível o retorno aos "valores". É impossível remitificar, reabsolutizar alguma coisa que foi dessacralizada ou relativizada. Entramos na era do niilismo. Ousemos a palavra, ainda que provoque medo – porque é incompreendida e deturpada.[7]

Cinco séculos talvez de razão crítica e mais seguramente de catástrofes políticas e sociais levaram a melhor contra os ídolos humanos, fossem religiosos ou laicos. O ídolo "pátria" morreu nas trincheiras do Yser. O ídolo "raça" morreu em Auschwitz. O ídolo "igualdade" morreu no *gulag*. A lista é imensa, inesgotável.

Triunfo absoluto do ceticismo filosófico: o homem mostrou sua incomensurável capacidade de saquear, pilhar e sujar em nome dos ideais mais elevados.

---

7 Há duas vertentes do niilismo destruidor do tecido social e cultural. Niilismo brando, confundido com o egoísmo usufruidor e consumista na busca desenfreada de prazeres imediatos e dinheiro fácil, ou com o cinismo demagógico e o clientelismo banalizado das instituições de poder. Niilismo duro, expresso por torturas, atentados, assassinatos gratuitos e destruição cegas, islamitas em Manhattan e na Argélia, russos na Chechênia, palestinos em Israel, mafiosos na Colômbia, hutus em Ruanda e tantos outros mundo afora.

A conclusão pragmática impõe-se: todos os ideais são nefastos na prática, na vivência, no real da história e da carne das vítimas.

Já que não há mais valores possíveis, já que todo ídolo gera necessariamente intolerância e violência (duras ou brandas, mas sempre reais), já que a idolatria, em todas as suas formas, é indigna do ser humano em seu desenvolvimento rumo ao homem consumado em plenitude, então estamos condenados ao niilismo. Porque no centro dessa palavra mal conhecida o que se diz é: não há nada (*nihil* em latim) que possa ser absoluto, imutável, definitivo, eterno. Tudo é relativo, porque tudo é movimento, transformação, mudança, metamorfose, fluidez e flutuação incessantes.

Citamos Flaubert, em *Bouvard e Pécuchet* (o grifo é meu: "nada é", *nihil est*): "Já que a existência do mundo nada mais é que passagem contínua da vida para a morte e da morte para a vida, longe de tudo ser, *nada é*, mas tudo vem a ser".

Escolher entre ego e todo

Quando todas as referências humanas se tornam ilusórias, enganosas, vazias ou vãs, restam duas últimas balizas: o ego e o todo. A "ultimidade" interior do ego e a "ultimidade" exterior do todo.

Já que todos os valores que deveriam sufocar meu ego – e suas vontades, fantasias e pulsões – são ilusões, artifícios, produtos de outros egos que se deram bem, então que meu ego seja minha única baliza.

"Sou a verdade porque sou eu, e quem quer que se oponha a mim deve ser subjugado ou destruído." Essa é a filosofia simples, mas terrivelmente eficaz, de todos os terroristas, seja qual for a ideologia ou a teologia que reivindiquem. Aliás, essas referências fictícias são apenas fachada, mudam na primeira oportunidade, com facilidade e sem medo de cair em contradição. "O que sou é belo, porque o sou; o que digo é verdade, porque o digo; o que faço é bom, porque o faço." Golpe certeiro! E os outros? "Eles não são eu, então não contam, exceto se me adulam e se submetem!" Simples e eficaz.

Esse niilismo egocêntrico é forçosamente violento, porque os outros não têm intenção de se submeter e só deixam uma saída ao ego delirante: a destruição!

É a lógica incontornável, agressiva, infame e sangrenta da Al Qaeda, do Hamas, do Hezbollah, de Putin, de Castro, como tempos atrás foi de Carlos, de Che Guevara, de Hitler, de Lenin, de Stalin, de Mao e de todos os outros psicopatas que maltrataram ou ainda maltratam, alguns com o consentimento e o tapete vermelho de nossas angélicas democracias.

Essa é também a lógica – atenuada e edulcorada, mas real – de nossos Estados, que se arrogam o monopólio da violência e da moral, da pertença e da nacionalidade.

Mas existe uma saída. O niilismo que concebe e compreende que o ego, a humanidade, a Terra, o universo formam um todo indivisível, uma unidade orgânica em que tudo está em tudo, em que tudo depende de tudo, em que tudo evolui com tudo rumo a uma plenitude sempre maior. E esse todo varre em seu infinito todas as canduras, todas as ingenuidades, todos os "valores" humanos.

Niilismo da transcendência contra niilismo da violência. Niilismo cosmocêntrico contra niilismo egocêntrico.

A era das ideologias passou: nunca mais haverá credibilidade em nenhum "valor", em nenhum "ideal", seja ele qual for. Cada um terá os seus: cada um criará seus próprios deuses "a sua imagem e semelhança", cada um construirá sua vida com os tijolos ou a palha que encontrar em suas entranhas, cada um terá seus pontos de referência relativos, assim como cada um tem seus próprios *hobbies*, mas não haverá pontos de referência comuns ou valores universais.

Entramos em uma era associal: a sociedade foi só uma etapa no processo de autonomização, realização e individuação da pessoa humana, e essa etapa passou.

Portanto, para além dos marcos individuais e relativos – portanto, variáveis no espaço e no tempo –, só haverá dois olhares possíveis, como dissemos: o ego ou o todo, a violência (dura ou branda) ou a transcendência.

Moral de ontem: impasse do humanismo

Ainda hoje a ética dominante é a ética humanista: o homem é a medida de todas as coisas! O que é bom para o homem é o bem. O que é ruim para o homem é o mal. Pelo menos para alguns: a colonização e a evangelização da África negra eram o bem, porque eram boas para o homem branco. Agora, como obrigam os "direitos humanos", esse mesmo colonialismo é malvisto... Enquanto George W. Bush americaniza o Afeganistão e o Iraque, à espera do próximo.

Toda ética humanista depende, em primeiro lugar, da ideia que temos do homem. Se for nacional, teremos uma moral patriótica. Se for "branca", teremos uma moral colonial. Se for "ariana", teremos uma moral exterminadora. Se for universal, teremos uma moral dos "direitos universais do homem". Diga-me que homem crês/queres ser, eu te direi qual é a tua moral.

Parafraseando Sacha Guitry: "Egoísta é a pessoa que não liga para *mim*", poderíamos dizer: imoral é a pessoa que *me* prejudica.

É fácil perceber que a ética humanista não pode ir muito longe: existem tantas visões do homem... Quanto homens. A moral humanista é necessariamente uma moral egoísta. Os últimos cinco séculos de história e de política internacional mostram isso à sociedade. Ainda há pouco, quando os Estados Unidos se recusaram a assinar a convenção do Rio para a redução da poluição e do consumo de energia, alegando que isso prejudicaria o conforto do americano médio... Dane-se o planeta... Danem-se as gerações futuras... Dane-se a vida.

Toda moral humanista, porque está confinada por definição em um antropocentrismo autista, porque está fechada em si mesma em uma sociosfera fechada em si mesma, está condenada a andar em círculos na argúcia sem fim da serpente que morde a própria cauda. Seus valores são como os códigos jurídicos que deveriam colocá-los em prática: armações artificiais e arbitrárias que não se baseiam em nada, a não ser na visão disparatada e míope que montes de lamentáveis homúnculos egocêntricos têm de si mesmos e de sua felicidade.

As morais humanistas são impasses.

O marasmo ético de nossas cidades, de nossos subúrbios, de nossas empresas, de nossas instituições, de nossos comércios é prova quotidiana e viva disso. Vivemos um mundo desmoralizado, nos dois sentidos da palavra. E pode ter certeza de que não estou me unindo ao grupo dos nostálgicos dos "bons e velhos tempos", dos tempos em que existiam "valores": pois que fiquem com seus valores, sua hipocrisia, seu "pequeno-burguesismo", sua pudicícia, suas carolices, sua fé cega, seu patriotismo, seu puritanismo e por aí vai... Não é disso que se trata. Não se trata de substituir uma moral humanista deliquescente por uma moral humanista regenerada.

Trata-se de erradicar toda forma de moral humanista. O homem não é mais – nunca foi, exceto em sua imaginação – a medida de todas as coisas. O homem não é mais o cume, o centro e a meta do que quer que seja. O homem está a serviço do que o supera e é no que o supera devemos buscar os fundamentos da nova ética que desponta.

Uma nova ética: a ética da vocação

Uma ética humana sólida só pode se fundar com referência ao que vai além do homem.

Esse é o único meio de escapar dos impasses das morais humanistas.

As velhas morais também se referiam ao que superava o homem: Deus. Mas esse Deus era apenas a projeção idealizada do mesmo homem na tela dos céus.

Esse Deus fez o homem a sua imagem... "E o homem deu o troco", acrescentou Voltaire. E suas morais como ele: o teocentrismo não é nada mais do que uma forma edulcorada, desmaterializada de antropocentrismo. Esse Deus é, em primeiro lugar, seu clero. E esse clero são homens, nada além de homens. E a moral deles, sob a capa divina, é terrivelmente igual a eles. Tão terrivelmente quanto Torquemada ou Khomeini...

Como vimos, o homem só tem sentido e justificação a serviço de suas duas missões essenciais: favorecer a vida na biosfera e criar o espírito na noosfera.

Essa é sua vocação e sua missão. Esse é o padrão pelo qual se mede toda a sua ética.

Uma ética da missão, portanto... Uma ética da missão para além das morais humanistas. Uma ética simples, que supera o homem e, ao superá-lo, enobrece e dá sentido a ele. O bem? O que contribui para a consumação da missão. O mal? O que se opõe a ela. Viver para consumar a vida e o espírito. Tudo mais está subordinado a isso, porque é insignificante.

As morais hedonistas do humanismo moribundo só buscavam o prazer em nome da felicidade. Mas diante da ideia de missão, prazer e felicidade perdem todo o sentido. São noções egotistas e egoístas, sem alcance, sem valor, sem nobreza. Só a consumação tem sentido.

Essa consumação cuja plenitude traz alegria, uma alegria profunda, rica, imensa, muito acima de qualquer prazer ou felicidade artificial que o homem se mata para inventar para escapar do nada, do vazio interior. A alegria do trabalho bem feito. A alegria da obra em andamento. A alegria do criador ao criar. A alegria do andarilho ao caminhar.

Pouco importa quem faz; só o que é feito importa. A humanidade inteira tem uma missão.

A humanidade inteira carregará as consequências de sua (in)execução. Não há nenhum mérito pessoal nisso. Não há nenhuma retribuição, além da alegria e do sentido; nenhuma punição, além da amargura e do vazio. Nem paraíso, nem inferno. A vasta corrente do fluxo cósmico arrasta tudo com ela. Quem se opõe a ele se exaure e se afoga. Quem entra nele se aplaca e se exalta.

É o que o taoismo chama de *wu wei*, o não agir.

Cada qual tem sua obra a realizar, e essa obra é o centro vivo de toda ética pessoal. Realizar sua obra a serviço da vida e do espírito. E tudo está dito.

Faça tudo que puder, aqui e agora, para que sua obra a serviço da vida e do espírito se consuma. Essa é a nova ética, a nova moral.

Simplista? Não! Para se convencer, basta aplicá-la.

Simples? Sim! Como tudo que é profundo, essencial, forte.

A pergunta difícil: conhecer a própria vocação. O que devo fazer na Terra? Qual é minha missão? Responde o sistêmico: todo sistema complexo (inclusive você e eu) tem como vocação desenvolver todas as suas potencialidades no encontro com as oportunidades de cada aqui e agora. Que seja! Mas mesmo assim...

Quais são essas potencialidades? O primeiro trabalho de construção, desenvolvimento e consumação de si mesmo pela obra é justamente essa busca das potencialidades que estão escondidas em nós. Esse é o ponto delicado. É o "conhece a ti mesmo e conhecerás os deuses" de Sócrates, mas sem o "umbiguismo" e o narcisismo.

Todas as tradições espirituais inventaram métodos para atingir as potencialidades (inatas ou adquiridas) que jazem em cada um de nós, despertá-las, ativá-las e desenvolvê-las. Técnicas recentes de criatividade, de pensamento lateral (de Bono) e de despertar de si mesmo também são úteis. Mas cabe a cada um de nós fazer seu caminho: não há receita, truques ou atalhos. O caminho está por fazer. E é iniciático, no sentido pleno da palavra.

Uma moral ecológica: a frugalidade

A ética noética implica uma moral da consumação da vida na biosfera.

O homem tem a missão de ser o meeiro da natureza, o guardião da vida. Ora, de dois mil anos para cá, ele vem agindo mal, fazendo exatamente o contrário. E agora começa a pagar o preço.

Para realizar essa missão e recuperar o que ainda pode ser recuperado, temos de aplicar em tudo, em toda parte e sempre um princípio simples, mas que vai mudar nosso dia a dia de maneira radical, de tão contrário que é aos nossos hábitos. É o princípio da frugalidade.

Construir mais, destruindo menos: *grosso modo*, esse é o princípio da frugalidade. Menos lixo, menos desperdício, menos caprichos, menos consumo, é também mais ou menos isso. Exploremos...

Frugalidade é substituir a economia de consumo pela economia... da economia. Economizar em tudo, em toda parte, sempre. Nem mesquinharia, nem ascetismo, nem austeridade, simplesmente frugalidade. Acabar com todos os supérfluos, todas as gastanças. Não reciclar, mas dispensar o que não tem utilidade.

O princípio de frugalidade se aplica a tudo. Ao que comemos e ao que bebemos. Mas também ao lazer, ao deslocamento, à comunicação, às férias, ao turismo, às roupas, à decoração... A todas as nossas compras. Aplica-se também às empresas, em que todos os supérfluos geram encargos extras que acabam pesando no fim do processo. Aplica-se, enfim, aos poderes públicos e a suas grandes obras inúteis, às "mamatas" de funcionários e burocratas, aos orçamentos gastos com clientelismo, incompetência e ineficiência inatas. Aplica-se ao tempo e ao espaço, que são e serão cada vez mais gêneros extremamente preciosos. Não perder tempo, nem deixar que seja roubado pelos inúmeros cronofágicos que nos assediam sem parar. Não estragar os espaços: ser o mais pequenino possível para permitir que todas as outras formas de vida também se desenvolvam. Aprender a ser humilde e a partilhar, de certo modo.

Não se pode explicar a frugalidade: nós a vivemos e, ao vivê-la, aprendemos. É também uma forma de aprendizado da autenticidade. Não estou falando do "retorno aos valores verdadeiros" dos nostálgicos de todo tipo. Estou falando de coisas simples: lembrar que toda vez que comemos carne ou legumes, comemos uma vida que tivemos de matar... E que não há motivo para remorso... Mas que é imperioso prestar homenagem ao que matamos, consumindo com cuidado e sem desperdício.

De certa maneira, o princípio da frugalidade é o princípio do respeito. Não coisificar nada. Saber, ter plena consciência de que a vida é uma só e que somos apenas uma ínfima parte dela. E que a vida é em si mesma e por si mesma o supremo valor.

Tirar o mínimo dela. Plantar três árvores sempre que cortarmos um galho.

Uma moral noética: o dever

A moral noética é uma moral da obra consumada. Recusa qualquer estatuto de sangue ou de hierarquia: cada homem só vale pelo que faz! É pela obra que se mede o artesão, não pela patente, pelo nome ou pelos diplomas. E a obra, aqui, é a contribuição de cada um ao surgimento da noosfera. Cada um contribui com o que sabe, o que descobre, o que cria. E essa contribuição pessoal é que funda o valor e a dignidade do indivíduo. Nada mais.

Não se trata de modo algum de edificar uma meritocracia estrita ou hierarquizar os homens em artesãos do pensamento, mais ou menos bons: seria desvio, seria perversão. Trata-se ainda menos de excluir quem quer que seja com base em suas fraquezas intelectuais ou criativas. Mas trata-se claramente de substituir as morais humanizantes do direito por uma moral noética do dever.

Precisaríamos de uma "declaração universal dos deveres do homem". Todos os deveres decorreriam natural e automaticamente do dever cumprido.

Dever de contribuir ao máximo de suas forças e de seus talentos para o surgimento da noosfera, para o enriquecimento das culturas humanas em todas as suas dimensões científicas, artísticas, filosóficas e espirituais.

Dever de contribuir, de todos e de cada um, para essa vocação humana. Não se trata de comparar as contribuições, mas de cada um contribuir com o máximo de seus talentos.

Como comparar um físico, um escultor e um sábio? Absurdo!

No plano coletivo, a moral noética aplica-se tanto aos grupos (empresas, instituições, poderes públicos, organismos diversos) como aos indivíduos. O grupo que não contribui para o enriquecimento da noosfera e/ou da biosfera desaparece; o grupo que destrói a vida ou o espírito é destruído. O dever individual torna-se também dever coletivo. Devemos estender e reforçar o princípio do "quem polui paga". Vale também, com o mais extremo rigor, para os destruidores de saberes, para os retentores de informações, para os monopolizadores de patentes,[8] para os vendedores de normas, para os castradores de criação, para os assassinos de ideias.

Não esqueçamos: quanto mais compartilhado, e gratuito, mais valor tem o conhecimento.

O conhecimento não pertence a ninguém, nem mesmo a seu "autor" oficial. Ele apenas exprime uma ideia que é tendência, uma ideia que é fruto de uma genealogia não raro longa, uma ideia que nasce de um encontro com outra ideia trazida por alguma outra pessoa...

Na noética também não existe criação *ex nihilo*. Toda ideia nova não passa de uma combinação de ideias anteriores que não pertencem a ninguém.

A noção de "propriedade intelectual" é uma aberração total: faz parte do velho paradigma jurídico baseado na propriedade e na raridade.

No terreno noético, as ideias devem se propagar e proliferar de maneira livre e gratuita. Não por contração ideológica, mas por necessidade vital de criação contínua. Tudo que freia o fluxo e o enriquecimento das ideias é terrivelmente nocivo à noosfera; a noção de "propriedade intelectual" faz parte dessa família.

É fácil compreender – antes de voltarmos a tratar desse ponto nos capítulos seguintes – que, se não há divórcio, pelo menos há uma grande distância entre o econômico (clássico) e o noético.

Com efeito, já que tudo deve ser subordinado à consumação noética e medido por sua régua, o econômico não escapará desse processo e será, em suma, noeticamente "moralizado".

O dinheiro voltará a ser o que nunca deveria ter deixado de ser: um simples meio entre outros a serviço da consumação humana.

Simetricamente, como veremos, o mesmo acontecerá com o político.

---

8 Devemos ressaltar aqui a boa notícia: a pretensão da Monsanto de monopolizar sequências de DNA, ao mesmo tempo monstruosa, ridícula e absurda, foi indeferida.

O terceiro milênio do sentido

Mas isso não é só discurso teórico e filosofia de botequim? Já existem correntes concretas, portadoras desses novos modos de vida?
Exploremos...
Desde sempre, primitivamente, por ser um animal pensante e consciente, o homem tenta dar sentido à existência e ao mundo, ao sofrimento e à morte, ao medo e ao amor, ainda que seja só para viver um pouco menos mal.

Nesse começo de terceiro milênio, no Ocidente, mas também em outras paragens, os caminhos que haviam forjado a modernidade se fecharam. Hoje sabemos que esses caminhos eram becos sem saída, porque chegamos a um impasse.

Nem as *ciências* brandas ou duras e suas filhas técnicas, nem as *religiões* instituídas e suas seitas dogmáticas, nem as *ideologias* e suas políticas partidárias poderão dar ao homem de amanhã o sentido de que ele precisa.

Todas essas infelizes tentativas de resposta a sua busca desenfreada e imemorial vieram de fora e esgotaram os possíveis.

Sabemos agora que não há ordem mecanicista e determinista que possa livrar o homem da responsabilidade por seu destino. As ciências não respondem a nenhum "por que" fundamental e os "paraísos artificiais" da técnica não passam de amargos *ersatz* e *gadgets* hedonistas, que às vezes levam à euforia, mas já não iludem quase ninguém.

Sabemos agora que não há ordem transcendente e imutável que possa salvar o homem em um "outro mundo" resolutamente distinto deste mundo. Se existe um Deus pessoal, ou é decididamente imperfeito, sofredor e ignorante das coisas deste mundo, ou é definitivamente sádico, cruel e psicopata. As religiões instituídas são múmias, fósseis dogmáticos e arcaicos de tradições espirituais esquecidas ou perdidas. O imenso sucesso, às vezes barroco, das espiritualidades do Extremo Oriente é a melhor prova disso.

Sabemos agora que não há ordem ética ou política absoluta, por mais louváveis que sejam a ocidentalíssima tentativa de "declaração dos direitos do homem" e as falaciosíssimas ilusões que se escondem nas palavras "democracia" e "justiça". Todas as ideologias, sejam totalitárias ou social-liberais, estão mortas ou moribundas porque julgaram poder dissolver os indivíduos no molde absurdo do cidadão. O mundo descobre que a sociedade é um mal (provisoriamente) necessário no caminho da consumação do indivíduo humano livre e responsável por si mesmo. Descobrimos, enfim, que o homem não é um animal social. Todos os regimes que tentaram nos fazer acreditar nisso, semearam apenas morte e sofrimento, entre eles ou entre outros, pela violência ou pela miséria, pela guerra ou pelo dinheiro.

É forçoso concluir que é inútil procurar nos caminhos da exterioridade o alimento da busca do sentido. Não virá nada de fora, da ciência, de Deus ou do Estado. Se há um sentido, está em cada um e em nenhum outro lugar, e não é necessariamente o mesmo para todos (ao diabo, portanto, as ilusões normativas igualitárias).

Malraux ou outros previram que este terceiro milênio que se inaugura será religioso ou espiritual. O referido é verdade, e dou fé.

Os *"cultural creatives"*

Pesquisas recentes (em especial as de Paul Ray, do Institute of Noetic Sciences de Sausalito, nos Estados Unidos e também na Europa, a pedido da Comissão Europeia) mostram que pelo menos um terço de nossos contemporâneos americanos e europeus não é "nem de esquerda, nem de direita, mas para frente".

Essa tendência, chamada pelos sociólogos americanos de *cultural creatives*, passou para o outro lado, mudou de paradigma, abandonou de vez as referências e os valores cartesianos materialistas e está construindo um novo paradigma, claramente holístico, que abre espaço para a interioridade, a espiritualidade, a frugalidade, a simplicidade, a ecologia (sem nenhum ecologismo ideológico), a criatividade, a fraternidade, a qualidade de vida, a sensibilidade, a boa saúde, a durabilidade etc.

Não se trata de uma nova utopia social ou política, já que implica só a própria pessoa, que se compromete livremente com seus próprios caminhos interiores, longe de qualquer sociedade e de qualquer política. Não se trata de institucionalizar novas normas de vida social, já que se trata de viver de maneira plena e livre para além (e não contra) qualquer norma social. Não se trata de "seita", já que cabe a cada um percorrer seu próprio caminho espiritual pessoal, único e incomunicável, para além de qualquer religião ou seita. É criar nosso próprio Deus, para que esse Deus nos crie. Em suma, não é combater as ciências, as religiões ou os Estados, mas superá-los, já que o essencial, o sentido, está claramente além deles.

Como os séculos passados mostraram bastante bem, as revoluções apenas substituem uma tirania velha por uma nova. Por isso, não podemos falar de "revolução em andamento". O que estamos vivendo é uma mudança de prioridade.

A ciência, a religião ou o Estado, até pouco tempo atrás centrais, mestres e pilotos de todas as vidas individuais, agora se veem marginalizados, na periferia distante de nossas vidas pessoais, com tão pouco impacto ou importância quanto um cartão de crédito ou uma apólice de seguros: úteis, mas muito pouco apaixonantes.

De algum tempo para cá, para muitos, o essencial está em outro lugar!

Isso pode nos deixar um pouco mais otimistas quanto à sobrevivência do gênero humano na Terra, porque – como no caso dos dinossauros – não evoluir é se condenar à extinção.

Valores femininos

A magnífica Françoise Giroud julgava, como toda razão, que o movimento de libertação feminina fracassou em ampla medida, porque libertou o masculino na mulher, mas não libertou o feminino no homem. Onde o movimento fracassou, a noética deverá ser bem-sucedida.

Como vimos, a era noética pede um novo mito fundador. Fim da era do guerreiro-herói. Propusemos em seu lugar a metáfora do jardineiro. Vimos também uma lista dos novos valores que estão surgindo: interioridade, espiritualidade, frugalidade, simplicidade, ecologia, criatividade, fraternidade, qualidade de vida, sensibilidade, boa saúde, durabilidade etc. Todos esses valores são tipicamente femininos!

Vejamos um a um.

Interioridade...

Todos vivemos em duas dimensões. A primeira, vertical, visa à consumação de si mesmo em profundidade e elevação: desenvolve-se na intimidade do lar, lugar tão tradicional da mulher. A segunda, horizontal, visa o encontro com o outro: ocorre no mercado, lugar tradicional do homem.

O mundo "moderno", no desejo de conquistar tudo, de se apoderar de tudo, naturalmente privilegiou a exterioridade, deixando a "oração" para as carolas. Só que, hoje, não existe mais nada para conquistar, e a própria conquista levou a um grande empobrecimento, um grande vazio interior. A hora não é mais dos conquistadores, para desgosto de José-Maria de Heredia. Ou melhor, se a hora não é de conquista, pelo menos é de descobrimento de continentes interiores, com suas infinitas variedades. O entusiasmo, às vezes um pouco infantil ou até estúpido, pelas "técnicas" orientais de meditação e de relaxamento é uma das facetas dessa tendência à interioridade.

Espiritualidade...

Em linha reta com esse debruçar na interioridade vem o interesse crescente pelas espiritualidades. Mais uma tendência feminina... Desde Hildegarda de Bingen.

Interesse que na maioria das vezes é preciso distinguir nitidamente de um eventual compromisso militante com uma religião instituída. É, antes de mais nada, uma busca espiritual pessoal, às vezes sincretista, não raro marginal, às vezes exótica, mas sempre interior. Heterodoxa, muitas vezes; herética, às vezes. Uma espiritualidade *à la carte*, da qual as seitas despersonalizantes e alienantes são apenas a face obscura. Mais iniciática do que extática, mais mística do que dogmática. De busca e não de revelação. Criativa e ativa, não submissa e passiva. Esotérica e não exotérica. Afastada dos cleros institucionais, mas próxima dos mestres espirituais autênticos[9] (e, às vezes, vítima de falsos profetas).

É natural que essa tendência espiritual participe da revolução noética, porque procede claramente da espiritualização da matéria na noosfera, para retomar a frase de Teilhard de Chardin. A frase atribuída a André Malraux, que dizia que "o século XXI será religioso ou não será" ganha aqui toda a sua dimensão.

---

9 Que algumas vezes são membros autênticos dos cleros institucionais.

Frugalidade...

Voltamos a ela por alguns instantes para ressaltar que o princípio da frugalidade deve ser aplicado imperativamente em todas as nossas relações com a biosfera,[10] mas não apenas nelas.

Ele deve ser percebido, concebido e vivido em todos os registros da existência, em todas as nossas relações com nós mesmos, com os outros e com o mundo.

O mundo noético será um mundo de silêncio e tranquilidade. Um mundo de reserva e de pudor, distante de todo espetáculo e exuberância. Um mundo dionisíaco por dentro e estoico por fora. O princípio da frugalidade decorre dessa aspiração profunda a mais interioridade e menos exterioridade. O homem noético de hoje está cansado do barulho, do fingimento, do sensacionalismo, das quinquilharias, das bijuterias, da agitação, da efervescência, da futilidade, da artificialidade. Aspira a muito mais autenticidade.

"Deus e as árvores" poderia ser seu *slogan*...

Simplicidade...

Pode parecer curioso, ou até paradoxal, falar de simplicidade em um contexto filosófico baseado na noção de complexidade. Mas não é nada disso.

O simples é o contrário do complicado. O complexo é muitas vezes árduo, mas jamais complicado! A simplicidade é uma declinação dos princípios da frugalidade e da interioridade.

Alan Watts,[11] em seu raro *Matérias para reflexão*, abriu meus olhos para a ideia de simplicidade como valor de vida. Assim como a frugalidade, e em um campo tão vasto quanto ela, a simplicidade é a caça incondicional a todos os supérfluos, a todos os artifícios, a todas as inautenticidades.

---

10 Esse é o quadro do que chamamos de moral ecológica como dimensão essencial da ética noética.
11 Alan Watts foi um dos grandes introdutores das filosofias budistas na Califórnia, na década de 1960.

Ecologia...

Mais uma vez, insistimos, ecologia não é ecologismo. É um modo de vida, não uma militância ideológica ou política. Afirmar que a ecologia "deve" ser de esquerda é tão absurdo quanto pretender que a gastronomia seja "obrigatoriamente" de direita.

Esquerda e direita são conceitos totalmente superados, que se referem a conceitos (classes sociais, capitalismo, socialismo, comunismo, proletariado, burguesia etc.) e a ideologias do século XIX e da era industrial, hoje obsoletos. A era noética vai erradicá-los. "Viver ecologicamente" vai muito além do que pensa a maioria das pessoas, com vimos antes sobre a "moral ecológica".

De forma simples e concreta, há mil pequenas coisas que podemos fazer que, por mais anódinas que pareçam, acabam tendo o efeito de uma bola de neve e de uma mancha de óleo: comer produtos locais e da estação, evitar ao máximo se deslocar, não comprar produtos com embalagens caras e sofisticadas, preferir os produtos frescos dos pequenos produtores aos produtos industrializados, usar tudo que comprar e não se deixar levar pela moda, pela propaganda ou pelos *gadgets*, plantar árvores em toda parte, o tempo todo, boicotar os jornais e as revistas e buscar informação na internet, limitar em tudo o consumo de energia, cultivar, se não um jardim, pelo menos alguns vasos, em tudo respeitar a vida em todas as suas formas. Mais um valor feminino. Não há romantismo ou angelismo nisso: o que está em jogo é o futuro da humanidade e da vida na Terra.

Criatividade...

Nutrir e alimentar a noosfera é, em primeiro lugar, criar ideias (no sentido mais amplo, já definido, da palavra): criar receitas de cozinha ou obras de arte, objetos comuns ou teorias científicas, piadas ou poemas, sistemas filosóficos ou palavras de sabedoria, desenhinhos ou grandes afrescos, palavras cruzadas ou *softwares*, jogos de vídeo ou sinfonias, empresas ou vasos de ervas aromáticas, estruturas gerenciais ou contos infantis...

Não devemos acreditar que a criatividade pertence só aos gênios. Todos, cada um em sua esfera, cada um com seus talentos e suas vocações, são potencialmente criativos. Muitos não sabem disso. Muitos também são modestos, tímidos ou isolados demais e guardam suas obras para si mesmos.

Aqui, um ponto é essencial: a entrada na era noética deve multiplicar por todos os meios o enriquecimento permanente da noosfera e, portanto, ser acompanhada de meios gratuitos poderosos de difusão de ideias, obras e trabalhos do maior número de pessoas. Não há necessidade de censores, comitê de leitura ou processos de seleção ou aceitação: o princípio de proliferação fará a triagem naturalmente.

Hoje, quantos milhões de manuscritos mofam em gavetas? Quantas sinfonias ou canções desbotam em caixas de papelão? Que imenso desperdício! É urgente a criação de uma imensa biblioteca virtual mundial (bem organizada, bem estruturada, com um poderoso motor de busca...) que ofereça gratuitamente e a todos o depósito e o acesso a todas as obras inéditas em todos os campos (desde que a obra seja digitalizada). A humanidade teria aí o embrião de uma noosfera concreta, viva, prolífica.

Fraternidade...

Gostaria de escrever amor, em vez de fraternidade. Para meus propósitos, essas duas palavras se equivalem.

Valor feminino por excelência, não é pieguice ou sentimentalismo. Não são sentimentos, estados amorosos ou fraternos, mas um modo de vida, uma vontade de caminhar juntos na mesma direção, cada um em seu próprio caminho. "O amor não é olhar nos olhos, mas olhar juntos na mesma direção", dizia Antoine de Saint-Exupéry. É, portanto, viver um projeto comum.

E essa fraternidade, esse amor, devem, como a sociosfera, sair do antropocentrismo ambiente. São "irmã águia e irmã serpente" de Zaratustra. É o "irmão sol" de Francisco de Assis. É essa comunhão universal de tudo que vive, de tudo que participa dessa vida cósmica comum, desse projeto cósmico de consumação.

O homem, cada homem, é irmão de tudo ou não é irmão de nada: não há meio-termo possível.

Nesse sentido, o taoismo, o hinduísmo (sobretudo o dos upanixades) e o jainismo foram longe, assim como alguns sufis e místicos cristãos (como "Il Poverello" ou Mestre Eckhart), embora de maneira mais marginal.

A ideia central nessa perspectiva de fraternidade e de amor é a comunhão viva de todos os seres vivos dentro do projeto de vida universal, cada um com sua partitura na sinfonia comum.

Qualidade de vida...

A era "moderna" era fundamentalmente quantitativa. Além dos números, das equações, da matemática, não havia salvação, ciência, seriedade ou profissionalismo.

Como manda a civilização do objeto, as coisas são contadas porque são inertes, identificáveis, atribuíveis, apropriáveis. Mas quando abandonamos o objeto para ir ao encontro do sujeito... E então superá-lo no projeto, não há mais aritmética possível. O olhar se torna qualitativo. Mais do que a qualidade de vida, é o qualitativo em todas as dimensões da vida que a partir de agora suplanta o quantitativo de ontem.

Falávamos de riqueza, agora falamos de felicidade.
Falávamos de produtividade, agora falamos de criatividade.
Falávamos de contabilidade, agora falamos de durabilidade.
Falávamos de lucro financeiro, agora falamos de patrimônio imaterial.
Falávamos de objeto, agora falamos de projeto.
O vir a ser supera o ter.
O tempo assume novas estruturas: a vida nunca mais será pautada como antes.

O espaço também será estruturado de maneira diferente: ocuparemos o espaço segundo modos de vida profundamente renovados (em especial, a ruptura entre a cidade e campo se acentuará).

A necessidade legítima de segurança gerou um mundo securitário, cheio de violência policial (branda ou brutal) e de assassinatos generalizados (evidentes ou insidiosos).

Esse mundo desmorona sob o peso dos próprios mecanismos paranoicos e convida a todas as libertações.

Não pode haver qualidade de vida sem que primeiro haja liberdade.

Não essa liberdade infantil que confina com o capricho permanente. Não! Estou falando de uma liberdade adulta e responsável, em que cada um se reapropria de sua própria vida, respeitando o mundo que o rodeia.

Porque se torna cada vez mais complexo, o mundo também se torna cada vez mais imprevisível: abandona o modelo do sistema astronômico estável e regular e supera o sistema meteorológico turbulento e caótico.

Os modelos quantitativos sempre fracassam na tentativa de enquadrar a complexidade. Ela não se reduz jamais à justaposição aritmética e linear de suas partes. As abordagens qualitativas devem necessariamente superá-las, como veremos no próximo capítulo.

Sensibilidade...

Sensibilidade não é sentimentalismo. É antes a capacidade, o talento de entrar em ressonância com os seres e as coisas para além do pensamento conceitual e discursivo.

Não se trata de analisar, mas de compreender, no sentido etimológico de tomar consigo, de estar em simpatia, ou melhor, em sintonia com o que nos rodeia.

A sensibilidade, qualidade feminina por excelência e compartilhada por poetas e artistas, mas também por enamorados de todo tipo, abre-se para o outro de modo global, indistinto.

Essa parte tão maltratada pelo paradigma "moderno", e que muitas vezes se atrofiou, obedece tipicamente ao cérebro direito. Chegou a hora de reativá-la, reabilitá-la: a vida é quente, jamais fria. A vida é apaixonante e apaixonada.

A sensibilidade decide quase sempre, a razão só intervém depois do fato consumado, para tentar justificar *a posteriori*, para tentar racionalizar o que muitas vezes não é racionalizável.

Dizem que o homem propõe e a mulher dispõe. Reformulemos: a razão (o cérebro esquerdo) identifica o que é possível, mas a sensibilidade (o cérebro direito) escolhe o que é desejável. Depois de tanto tempo sem explorá-las, nos esquecemos de que a sensibilidade, a intuição e a sintonia, assim como a racionalidade, também podem ser aprendidas, mobilizadas, praticadas, desenvolvidas, treinadas; também têm suas técnicas e seus aprendizados; também definham se não tivermos o cuidado de cultivá-las.

Temos dois meios cérebros, cada um com suas capacidades e potencialidades. Por que desenvolver só um, quando o outro oferece tantos caminhos novos para o conhecimento?

Boa saúde...

Gozar de boa saúde. Ser saudável. Primeira prioridade da mãe de família. Mas a saúde vai muito além da mera ausência de doença. Também é preciso estar bem com o próprio corpo, com o próprio coração, com o próprio espírito e com a própria alma... E com o que nos rodeia. Gerir e otimizar o bem-estar em nós, ao redor de nós.

Já vemos despontar em toda parte técnicas que vão nesse sentido: *feng shui*, desenvolvimento pessoal, *team building*, vocações e planos de vida, *fitness*, massagens clássicas ou exóticas, tantrismo erótico, meditações e iogas, retiros e voltas às origens espirituais, dietas estruturadas, artes marciais (sem competição nem quebra-quebra), *tai chi chuan*, *trekkings* no deserto ou nas montanhas (sem façanhas esportivas, simplesmente para andar por lá, tomar novos ares, sozinho consigo mesmo), práticas artísticas, oficinas de criatividade etc.

Em suma, reaprender essa "arte de viver bem" que a modernidade nos tirou, de tanto nos coisificar e nos submeter aos falsos imperativos de uma vida produtiva e mecânica.

Durabilidade...

A mulher sempre soube que são necessários nove meses de paciência para gerar um filhote de homem. Conhece a paciência e a espera. Sua relação com o tempo é radicalmente diferente da praticada pelo varão, sobretudo se pertence à "modernidade".

As mulheres têm aí uma mensagem a passar, uma lição a dar. O tempo! A duração!

Como o jardineiro, que sabe que não verá em toda a sua majestade a árvore que saiu da semente que ele plantou.

Os novos gerentes também sabem muito bem disso. Há dois grandes métodos de administração de empresas: aquele que se submete à tirania dos lucros dos acionistas e dos *quarterly reports*, e obedece apenas ao curto prazo, à rentabilidade imediata, à obsessão de um único indicador, isto é, a cotação das ações na Bolsa; e aquele que tem visão prospectiva, que se preocupa unicamente em enriquecer os patrimônios tangíveis e intangíveis, financeiros e humanos, criativos e cognitivos da empresa. O curto prazo ou o longo prazo. O lucro ou a mais-valia. A tesouraria ou o *goodwill*.

Por ter montado, administrado, reestruturado, reerguido empresas durante mais de vinte anos, sei que o lucro não pode nem deve jamais ser uma meta. É uma consequência natural de um conceito inteligente e criativo, de um projeto compartilhado, de um ofício dominado, de uma clientela satisfeita, de um pessoal entusiasta, de um gerenciamento carismático.

O que é verdade para a empresa é verdade para a vida de cada um de nós: somos todos a nossa própria empresa de existência, somos todos o nosso próprio fundo de comércio, somos todos o nosso próprio projeto de vida.

E então? Corrida ao lucro imediato ou construção paciente de um patrimônio? Corrida ao gozo ou construção de uma plenitude? Prazer rápido ou alegria duradoura?

A resposta dominante na era noética será a resposta feminina da duração, do patrimônio (e estamos falando essencialmente de patrimônios não financeiros, que se enriquecem na noosfera), da construção, a especulação capitalista não terá aí nenhum papel relevante... Nem os superlucros.

Superação do econômico e do político

Colocando o problema

Regulação econômica e política

Todo sistema, seja qual for sua natureza ou finalidade, só sobrevive e prospera quando se apoia em processos de regulação (no sentido cibernético, não no sentido jurídico) que lhe permitem preservar sua coerência e saúde globais, apesar das pressões e dos impactos do ambiente.

Na qualidade de sistemas, nossas sociedades humanas não escapam desse princípio. Há muito, dois mecanismos vêm participando de sua regulação. De um lado, há os efeitos da concorrência e a lei dos mercados, a "mão invisível" de Adam Smith, um processo natural que deveria eliminar automaticamente os desvios nocivos. De outro, há as leis e os regulamentos ditados pelo Estado, um processo artificial que, via burocracia, deveria impor as modalidades e os procedimentos, convencionais e comuns, do bom funcionamento da sociedade.

Esses dois "reguladores" se opõem um ao outro: um liberta; o outro coage.

Esta é a tese politicamente correta: a boa saúde da sociedade humana nasce de um bom equilíbrio entre essas duas fontes de regulação. Estado em excesso mata os mercados e esclerosa o tecido social, como foi e ainda é o caso nos regimes comunistas e socialistas e nas ditaduras da África e do Oriente Médio. Mercado em excesso desagrega o Estado, instaura a anarquia e leva a uma apropriação mafiosa da sociedade, como na Rússia e na maior parte dos países do Leste Europeu

Essa tese politicamente correta, em doses variadas, é a regra de fato na Europa Ocidental e na América do Norte. É ao redor dela que gira todo o jogo eleitoral: os centristas são mais liberais e defensores do "menos Estado"; os conservadores, os socialistas e os ecologistas são mais coercitivos (com matizes) e partidários do "mais Estado".

Minha tese não é politicamente correta.

Afirmo que as nossas sociedades deram um considerável salto de complexidade logo após a Segunda Guerra Mundial, em razão do crescimento demográfico, do aumento da expectativa de vida, do surgimento das tecnologias da informação, da internacionalização completa dos mercados; há infinitamente mais atores em cena e as interações entre eles são cada vez mais frequentes e fortes, o que é de fato uma definição da complexidade. E que, diante desse salto de complexidade, os velhos sistemas de regulação pelo mercado e pelo Estado se tornaram caducos, obsoletos, ineficientes.

Eu explico.

O funcionamento dos aparelhos de Estado baseia-se nos seguintes princípios maiores:

- centralização: um só Estado, detentor de todo poder civil e de todo patrimônio comum, centro único de elaboração e de aplicação da lei; esse é o princípio da soberania;
- hierarquia: as instituições de poder são piramidais e procedurais, portanto, burocráticas (no sentido técnico de Mintzberg e no sentido pejorativo comum), esse é o princípio do controle democrático;

- padronização: uma só lei, a mesma para todos; os mesmos procedimentos para todos; o mesmo estatuto para todos, esse é o princípio da igualdade.

Tais princípios estão ligados a uma visão mecanicista das sociedades humanas, visão satisfatória quando esses sistemas societais permaneciam suficientemente simples, o que não é mais o caso.

Hoje, diante da proliferação informacional, a centralização provoca gargalos administrativos e judiciários que asfixiam o dia a dia: os tribunais estão sempre abarrotados, as leis são sempre obsoletas, as ações políticas só tratam das urgências na moda, a inflação procedimental acumula toneladas de informações, cuja maioria nunca serve para nada.

Hoje, diante da aceleração do ritmo de vida e dos acontecimentos, as estruturas hierárquicas, pela lentidão, pela rigidez, pelo peso, são intrinsecamente incapazes de reagir com a rapidez e a eficácia mínimas necessárias: os aparelhos funcionais não conseguem e não conseguirão nunca responder de maneira adequada a um ambiente tempestuoso, instável, turbulento, em constante mutação.

Hoje, diante da explosão do número de exemplos possíveis, todos os casos se tornam casos particulares e não há mais nenhuma regra única, padrão e igualitária que se sustente: o homem da rua, o cidadão, o contribuinte médio são visões mentais, abstrações que não existem na realidade; o "não roubarás" do Sinai não significa mais nada quando se fala de objetos imateriais infinita e gratuitamente duplicáveis; o trabalho à distância e a informática nômade aboliram a noção de lugar e horário de trabalho; a globalização fez ruir a noção de nacionalidade, pertença territorial e identidade civil.

Em suma, o Estado, em sua natureza profunda, é uma ferramenta de regulação obsoleta: as empresas que enfrentam o mesmo mundo complexo sabem muito bem que a centralização, a burocracia e a padronização são princípios de organização superados, que levam à falência.

Restam, pois, os mercados... A "mão invisível" de Adam Smith pode tomar o lugar dos Estados condenados a desaparecer? Pode garantir e assumir naturalmente os grandes equilíbrios necessários ao desenvolvimento das sociedades humanas? Mais uma vez, a resposta poderia ser positiva se essas sociedades tivessem permanecido simples. Infelizmente, o nível de complexidade real atingido por elas paralisa a mão invisível, tanto quanto os Estados. A razão é trivial: todo processo de regulação exige um tempo de reação que é a duração do ciclo de *feedback*. Ora, os mercados reais (mesmo os mercados financeiros e as bolsas de valores, como sabemos desde 2002) tem uma reação muito mais lenta do que a propagação das ondas de acontecimentos. Essa defasagem, acentuada de modo irreversível pelas tecnologias da informação, faz que a imensa maioria do pelotão dê meia-volta, enquanto alguns sobreviventes histéricos se matam para conservar uma dianteira que logo perderão em uma corrida absurda para lugar nenhum.

Em meu doutorado, verificamos que os efeitos de um acidente simulado de carro se propagam a uma velocidade de cerca de 300 km/h, ou seja, mais de três vezes a velocidade média dos veículos: o engarrafamento monstro está garantido, e não há meio natural possível para evitá-lo, porque nenhum motorista tem o tempo material para escapar do acontecimento imprevisível.

Com os mercados acontece exatamente a mesma coisa: quando se conhece o fato, já é tarde demais para reagir, não há mais nenhuma regulamentação global possível, os atores estão condenados a aguentar e correr cada vez mais rápido, por nada.

Portanto, minha tese é a seguinte: as sociedades humanas de ontem eram governadas no início por dois polos reguladores, o Estado e o mercado. Esses dois polos, tese e antítese de todas as ideologias políticas dos séculos XIX e XX, acabaram se juntando em um compromisso social-democrata, tanto na Europa Ocidental quanto na América do Norte, com matizes importantes aqui e ali. Mas esse compromisso aconteceu justo em um momento em que tanto Estados quanto mercados perdiam a capacidade de regular um mundo cada vez mais complexo, cada vez mais frenético, cada vez mais impermanente e turbulento, cada vez mais imaterial, em suma, cada vez mais incontrolável.

Parodiando ironicamente o camarada Lenin, hoje a questão central e urgente continua sendo: "Que fazer?".

Nem Estado nem mercado!

O que sobra então para saciar o apetite regulatório?

Já que nem o político nem o econômico estão mais aptos a pilotar o desabrochar humano, já que os compromissos entre eles se tornaram ridículos, quando não letalmente paralisantes, já que a complexificação é irreversível e o mundo e a vida dos homens devem mudar profundamente, qual é o "ponto fixo seguro", como diziam Descartes e Galileu, sobre o qual podemos reconstruir essa casa humana que está desmoronando diante de nossos olhos? Como superar o econômico e o político para pôr *ambos* a serviço da realização humana? Como transformar os Estados e os mercados em servos e não em senhores? Como libertar o homem de sua servidão, de sua escravidão social?

É urgente e indispensável reconhecer de maneira profunda, incontornável e irremediável que nem o Estado nem o mercado podem ser os fiadores da regulação das sociedades humanas e que, portanto, a paz e a alegria, individuais e coletivas, devem ser buscadas com urgência por meios outros que não o econômico e o político.

A era industrial que agora deixamos estava interessada no espaço: efeitos de grande magnitude, grandezas de escala, conquistas de territórios e de mercados, localizações e deslocalizações etc.

A era noética (a sociedade do conhecimento e da informação) em que entramos, porque cria e fabrica conceitos e produtos desmaterializados que circulam à velocidade da luz, está bem menos preocupada com a problemática espacial: o lugar importa pouco, o nômade suplanta o sedentário; em compensação, ela se interessa pelo tempo, que se tornou a dimensão estratégica de suas atividades.

Ora, o tempo é um problema...

O tempo econômico

O tempo está singularmente ausente das equações das teorias econômicas.

Os estudiosos da mecânica diriam que elas exprimem equilíbrios estáticos, e flertam com a cinética quando estudam suas flutuações e estabilidades, mas não dizem nada a respeito de sua dinâmica, trajetórias e inércias, ressonâncias e forças; em suma, elas são galileanas e não ainda newtonianas...

Essa ausência do tempo nos modelos de base cria um impasse na ruptura evidente entre, de um lado, a velocidade de propagação dos eventos e das mutações que as redes de telecomunicação transmitem à velocidade da luz através das fibras ópticas e, de outro, o tempo de reação dos mercados e das empresas a esses eventos. Há poucos setores ou mercados fluidos, a maioria é mais ou menos inercial e viscosa (viscosidade tanto maior quanto mais pregnantes as morosidades sociais e administrativas).

Paradoxalmente, em muitas profissões, as cópias circulam mais rápido do que os originais. Os vírus proliferam a maior velocidade do que os antivírus. Os softwares e as tecnologias são quase sempre ultrapassados e substituídos antes de atingir a maturidade e o limite de retorno do investimento, o que corta pela raiz o fundamento mesmo das teorias financeiras de investimento. O CD, o uso da internet e o telefone celular subverteram o planeta em menos de dois anos, rompendo assim de modo irrevogável todas as tradições do marketing clássico. Softwares básicos gratuitos, como o Linux, ganham destaque e ameaçam substituir, dizem alguns, os gigantes pagos, como a Microsoft. Jornais gratuitos, como o *Métro*, paradoxalmente tão criticados pelos sindicatos de esquerda, levantam dúvidas sobre a gestão clássica dos jornais, endemicamente no vermelho.

O fenômeno da gratuidade é fundamental para a nova economia: o gratuito prolifera muito mais rápido do que o pago e, assim, ganha a corrida à norma, à referência, ao padrão. Também aqui, é o tempo que domina o jogo: a gratuidade permite ganhar tempo, portanto, audiência, portanto, a notoriedade, que, por sua vez, atrairá os orçamentos e os capitais necessários por meio de todos os subprodutos relacionados.

Adam Smith, Ricardo, Samuelson, Hayek e outros devem estar se revirando em seus túmulos acadêmicos.

O tempo político

Toda a vida política de nossas sociedades é cadenciada pela frequência artificial das datas eleitorais, com um tempo forte a cada quatro ou cinco anos, conforme o país.

Ora, as medidas políticas de fundo e as "grandes realizações" societais são canteiros de obras que duram no tempo (muitas vezes uma geração – ou seja, 25 anos – no caso dos mais importantes, como educação, ecologia ou seguridade social); portanto, estão escandalosamente fora dos horizontes políticos.

Este é um dos paradoxos principais da democracia: exigir (com razão) mandatos curtos para que a avaliação e a sanção populares sejam regulares e frequentes e, com isso, castrar os políticos em relação às problemáticas mais profundas e mais vitais.

Em sua prática quotidiana, se não em seu discurso, os políticos estão condenados ao meio termo, porque não têm acesso ao longo prazo e, além disso, são ineptos no curto prazo.

Com efeito, o sistema político está sujeito à força inercial das próprias instituições, que, de tanto dever (querer?) governar tudo, travam e oferecem tempos de resposta aos eventos cada vez mais longos: de seis a nove meses para um simples pagamento público, de dois a cinco anos para um simples processo etc.

Encurralado entre uma reatividade fechada em estruturas e processos obsoletos e uma proatividade politicamente pouco desejável, o político afunda.

Daí o descompromisso "cidadão" da imensa maioria, que sabe (e tem toda razão) que o político e suas instituições estão em total defasagem temporal em relação à verdadeira vida vivida todos os dias (aquela que muda o tempo todo, não tem pontos de referência e é amplamente imprevisível).

A impotência política desacreditou enormemente o "poder", a ponto de durante muito tempo só lhe deixar a demagogia como ferramenta de "legitimação".

O caos temporal

Tanto do ponto de vista econômico quanto do político, entramos em uma era em que a velocidade de propagação dos acontecimentos se tornou muito superior à velocidade de evolução dos sistemas humanos (sociedades, empresas ou instituições), e os ritmos desses acontecimentos se tornaram bem mais trepidantes do que nossos ciclos naturais ou "normais" de funcionamento. Em suma, nossas estruturas sociais e mentais são inadequadas e superadas pelos acontecimentos.

Tudo se passa como se miríades de *microfenômenos* frenéticos e intangíveis matassem lentamente nossos *macrossistemas* um tanto obesos (movem-se muito lentamente), um tanto zarolhos (não veem ou veem tarde demais o que deveriam ver) e um tanto idiotas (não compreendem muita coisa da imensa mutação que se desenrola sem eles, e apesar deles).

Nosso mundo parece condenado a uma infernal, perpétua e desesperada fuga adiante, cada vez mais veloz, cada vez mais forte, cada vez mais inesperada, cada vez mais imprevisível...

Sempiterna corrida de perseguição, em que o eventual subjuga o essencial, em que os pelotões e os líderes se sucedem sem cessar em um critério sem critérios, em uma Volta da França ou de outro lugar que corre em círculos, em que os velocistas e os vencedores de ontem morrem de exaustão e são destronados pela chacota da "garotada", que depois de amanhã estarão aposentados.

O frenesi e a efervescência, porém, nunca foram e nunca poderão ser critérios de qualidade – em todos os sentidos do termo.

No entanto, vemos surgir palavras novas, como, por exemplo, essa "durabilidade" que sonha com o duradouro no desvanecimento globalizado... Enquanto esperam sua deriva e sua recuperação por aqueles que só pensam nelas.

Esse mundo que corre contra o relógio se desnorteia em vão, enquanto corre atrás de sua sombra, atrás de suas fantasias tão fantásticas quanto aquelas – ainda ontem motivadoras – de pátria, raça, espaço vital, *limpieza del sangre* etc.

Para além do tempo

É preciso insistir: a evolução tecnológica rumo à velocidade e à instantaneidade torna irreversivelmente caduca a maioria de nossas estruturas societais, políticas, econômicas e empresariais.

O mundo de amanhã não será nunca mais um longo rio tranquilo, estável, seguro, equilibrado, canalizado, regulado, controlado; o mundo de amanhã será uma miríade de pequenas torrentes tumultuosas, imprevisíveis, perigosas, intermitentes, efêmeras, que convergem todas para o grande mar.

Mas, isso posto, a verdadeira questão não é combater ou escapar dessa mutação profunda da estrutura íntima do tempo vivido por todos e cada um.

Não é esse o problema.

O problema é fundar nossa existência para além desse tumulto existencial, escolher entre as torrentes um modo de vida que seja pacífico e sereno, alegre e tranquilo: nos reapropriar de nosso tempo (esse será o maior luxo de amanhã) e saber claramente que essa reapropriação tem um preço, às vezes alto.

E essa escolha é pessoal, absolutamente pessoal.

Refazer o mundo?

Assim, por razões diversas e, em especial, por estruturação do tempo, nem o econômico nem o político, antes os pilares do equilíbrio e da regulação da sociedade, estão mais aptos a representar seus antigos papéis. Então...?

O mundo dos homens é imperfeito, provisório, insatisfatório.

Todos os utopistas, todos os revolucionários, todos os românticos vêm há muito tentando transformá-lo... Não apenas sem sucesso, mas com frequência provocando o pior: o sofrimento, a dor, a tortura das carnes e das almas, as prisões, a violência, a miséria e a morte.

Já não se trata de refazer o mundo. Não se trata de rematar o mundo dos homens – que, por ser intermediário, só pode ser imperfeito ontologicamente –, mas de superá-lo.

Superá-lo... Nem negá-lo, nem renegá-lo, nem fugir dele.

Trata-se de construir um novo mundo, não no lugar do mundo humano, mas acima dele. Como a árvore cresce da terra, sobre a terra, mas fora da terra.

Trata-se de induzir um surgimento novo. Fazer germinar outro mundo a partir deste mundo, nem contra ele, nem nele, nem para ele, mas para além dele.

A noosfera surge e emana da sociosfera, superando-a, levantando voo em outros espaços, segundo outras estruturas, segundo novas modalidades.

Nem corte, nem cesura, nem ruptura. Continuidade absoluta na diferença absoluta.

Não se trata de reinventar o mundo, mas de inventar novos espaços e novos tempos. O tempo deve ser reinventado desde o fundo de suas fibras. Não deve mais ser vivido como o jugo em que se padece o escoar da vida não vivida. Deve ser querido como um dom divino, prenhe de todos os possíveis, rico de todas as energias, repleto de todas as oportunidades ainda por aproveitar.

Os homens em geral, mas também cada indivíduo em particular, são confrontados com esta pergunta existencial fundamental: onde acontece a "verdadeira" vida?

Na sociedade dos homens ou para além dela?

Onde devemos aplicar nossas energias, nossa paixão, nosso amor: no mundo humano (no ramerrão das convenções, das torpezas, das mesquinharias, dos heroísmos, das grandezas e das pequenezas) ou além dele, nos mundos sobre-humanos (na noosfera e nos espaços noéticos)?

E digo para além, e não contra ou fora de...

Não se trata, repito, de negar ou fugir, mas de superar.

Vamos voltar à metáfora da árvore...

A árvore cresce na *e* fora da terra. Alimenta-se dela (e devolve o húmus, a sombra, o magnetismo, os lugares de nidificação), mas realiza-se fora dela.

Tem na terra, alimentadas e amamentadas por ela, as raízes, que são preciosas e vitais, mas tem também o tronco, os galhos, as folhas, as flores e os frutos que saem dela radicalmente para construir uma vida além dela... Uma vida diferente, sem ruptura nem descontinuidade, mas outra, apesar de tudo.

Passar para o outro lado desse espelho que devolve ao homem apenas sua própria e pobre imagem.

Abandonar a ilusão e as convenções do mundo artificial que o homem impôs e se impôs e entrar no real que o transcende e ultrapassa e não tem nada a ver com seus artifícios, seus confortos, seus "ideais".

Passar para o outro lado... E descobrir, enfim, quão fictícia, autocentrada, egocentrada e antropocentrada é a esfera humana. Livrar-se do humano sem negar o homem e fazer-se o instrumento da criação de novos mundos para além do humano, no sobre-humano.

Considerações políticas

Acerca dos mitos políticos "modernos"

A era moderna agonizante arrasta com ela em sua ruína seus próprios mitos fundadores, formalizados há pouco tempo pelas "Luzes" e levados ao paroxismo ao longo dos séculos XIX e XX: o progresso, a razão, a justiça, a igualdade...

O progresso

Foi tanto técnico quanto social. Fundou uma crença em um suposto poder infinito de conhecimento e de sabedoria da inteligência humana. Uma crença em uma lógica incrível: o homem se tornaria automaticamente bom e sábio, assim que se libertasse do suplício, da angústia, do sofrimento, da ignorância. Lindo teorema, jamais demonstrado, sempre desmentido: o progresso técnico e/ou social não teve nenhum efeito ético ou terapêutico sobre a vilania humana. Ao contrário, em muitos casos o tempo liberado pelo "progresso" gerou tédio, neurose, melancolia, angústia, depressão, embrutecimento televisivo ou futebolístico, degradação no álcool ou nas drogas.

O "progresso" social levou em toda parte ao assistencialismo generalizado, premissa, sem dúvida, de uma humanidade amorfa e parasitária, incapaz de cuidar de si mesma e de se assumir, e que deixa para os outros o cuidado de governar sua existência como bem entenderem.

Com algumas poucas exceções importantes – como os eletrodomésticos e a pílula, que desalienaram a mulher, ou o microcomputador, que pode libertar o espírito –, o "progresso" técnico gerou sobretudo um acúmulo de horrores belicosos, adornado de um acúmulo de *gadgets* tolos.

A razão

A racionalidade triunfante não só dessacralizou o mundo e desencantou o homem, mas também desertificou tudo.

Dos meios (dinheiro, objetos, prazer), ela fez fins, e dos fins (o sentido, o amor, a morte), ela fez tabus.

Como Átila, conquistou o mundo da vida, a galope, pelo fogo e pelo sangue, deixando atrás dela só cinzas e deserto. Ali, a relva da alegria não voltou a crescer.

As florestas de símbolos (Baudelaire) e de metáforas (Bachelard) foram cientificamente saqueadas por ela a fim de estabelecer sua supremacia mineral.

A racionalidade é incapaz de vida! Porque a vida é plenamente complexa e irredutível e a razão só pode ser linear e redutora.

A razão produziu as racionalizações mecânicas da não vida econômica, as elucubrações sem fim e sem efeito da não vida jurídica, o racionalismo cientificista da não vida intelectual. Empobreceu as linguagens e os léxicos. Evacuou a poesia e a metáfora, o pensamento analógico e simbólico.

Como se não fosse evidente que o essencial do homem nunca é racional. Como se ele não fosse em primeiro lugar um animal emocional. Como se as grandes decisões da existência (escolher um parceiro, gerar um filho, habitar um lugar, definir uma profissão) não fossem essencialmente efeitos de uma paixão que a razão ignora.

A justiça

Seja do ângulo moral, social ou jurídico, a justiça é uma dama que não funda nada, a não ser os preconceitos do aqui e agora. Não existe direito natural. Não existem valores absolutos. Não existem imperativos categóricos. Só existem sistemas humanos, demasiado humanos, que se autojustificam inventando para si mesmos bases metafísicas ou éticas perfeitamente artificiais e fictícias. Em suma, é justo o que convém ao príncipe. Resta saber quem é o "verdadeiro" príncipe. O povo ou o clã? O partido ou o sindicato? A Igreja ou o jornal?

A bela declaração dos direitos do homem e do cidadão é apenas a expressão das preocupações de vida dos burgueses cristãos da Paris de 1789. Seu rebento, a atual declaração universal dos direitos do homem, é apenas uma reprise, ainda igualmente cristã, mas com pretensão universal, como manda a hegemonia ocidental.

A justiça naufragou há muito tempo no juridismo: leis demais matam a lei, regras demais matam a regra. Recorremos cada vez mais aos tribunais não para obter justiça, mas para ganhar tempo ou dinheiro, a propósito de qualquer coisa. Um cliente vigarista que se recusa a honrar sua assinatura, argumentando que um processo e uma apelação significam anos de trégua, limita-se a imitar o Estado vigarista que, desprezando a presunção de inocência, devolve o ônus da prova aos contribuintes. Não estamos muito longe do "matem todos, Deus reconhecerá os seus".

A igualdade

A igualdade de princípio, em toda parte, sempre, é igualitarismo de fato. Tendência jacobina à uniformização. Efeito perverso da razão redutora e simplificadora.

Hoje sabemos que os homens e as mulheres não são nem iguais, nem desiguais, nem de fato, nem de direito: são irredutivelmente diferentes em seu ser, em suas aspirações, em seus talentos, em suas necessidades. E essas diferenças, essa biodiversidade, constituem a verdadeira riqueza humana, que é preciso preservar a todo custo contra a uniformização igualitária.

Sem tensão, sem diferença de potencial, não há movimento. A uniformidade entrópica é o outro nome da morte.

A democracia que a igualdade implica é condenada, na prática, a ser apenas demagogia, seguida de seu cortejo de prebendas, nepotismo e clientelismos.

O "a mesma coisa para todos" é evidentemente muito mais simples do que o "a cada um segundo seus méritos ou necessidades". Mas essa simplificação estatística naufraga no simplismo criminoso, assim que desemboca no nivelamento por baixo e na ditadura da mediocridade.

Como não ver que a escola pública, laica e "gratuita" é uma imensa máquina estatal de fabricar desempregados? Como não ver que a minoria que escapa dessa sorte é precisamente a das famílias cujos pais remediam a escola, despertando os gostos, os talentos, a criatividade e a cultura dos filhos? Onde está a igualdade aí? A grande maioria dos que se formam nas universidades são eles mesmos filhos de universitários. Igualdade?

Sem mais epilogar sobre o mito democrático (o tabu dos tabus), vou me contentar em repetir um humorista: à direita, a democracia é "cala a boca"; à esquerda, é "deixa falar"... Ou vice-versa, segundo os temas, os temperamentos ou as sensibilidades.

Como vemos, esses mitos estão moribundos. Desceram de sua idealidade e, de tanto roçar na realidade, viraram farrapo. Diante dessa constatação, temos duas escolhas: negar o fracasso e teimar nostalgicamente em querer recuperar o que está perdido, ressuscitar o que morreu, ou vestir luto, fechar o capítulo e construir o novo.

E, no entanto, são essas palavras, esses mitos que continuamos a recitar, ruminar e brandir como estandartes.

Efeito de matilha?

Efeito de matilha: motor político e midiático

Os etólogos conhecem bem o efeito de matilha, assim como aqueles que, como eu, têm a sorte de conviver com muitos cães e costumam observá-los: por uma razão qualquer, na maioria das vezes imaginária (os cães enxergam muito mal e reagem de imediato a qualquer movimento de sombra ou de árvore), um cão sai latindo em disparada. Os outros vão logo atrás, apoiando o movimento do primeiro, que acelera. Mas também querem marcar presença e exageram, o que multiplica por dez o barulho, o tropel e a fúria dos cães, que, enquanto tiverem fôlego, já não obedecem mais.

Esse tipo de comportamento é próprio de muitos – de quase todos, que eu saiba – animais sociais. O *homo* aparentemente *sapiens* não escapa. Na verdade, encontramos no efeito de matilha as raízes profundas de fenômenos bem conhecidos, como o boato, o aliciamento ideológico (os exemplos nazistas e comunistas são flagrantes), os movimentos de moda ou os comportamentos de multidão (a tragédia do estádio de Heysel, por exemplo).

No fundo, o problema tem similaridades com a eletrônica: um sinal fraco, na maioria das vezes artificial ou imaginário, desencadeia um processo de amplificação em *loop* que, quando cresce até o efeito Larsen, pode explodir o sistema.

O efeito de matilha é especialmente sensível nas profissões ligadas à comunicação, em que jornalistas pouco profissionais ou pouco escrupulosos, estimulados pela avidez do furo, têm todos os trunfos para desencadear um fenômeno de bola de neve a partir de uma informação qualquer, desde que seja espetacular, escandalosa, sensacionalista ou sórdida. O nome disso é desinformação. Às vezes mesmo a imprensa séria, apesar do cuidado na verificação das fontes, tem dificuldade para resistir à tentação de surfar nesse tipo de onda. O sensacional vende mais do que o verdadeiro! Os meios de comunicação de massa americanos encontraram a solução há muito tempo: em vez de verificá-las e validá-las, citam suas fontes *in extenso*, mesmo as absurdas. "Segundo Fulano de Tal...". Fulano de Tal fica feliz da vida quando vê seu nome no pasquim. O jornal não se compromete. E a informação circula e incha com aqueles que querem ou precisam se alimentar dela. Toda a imprensa sensacionalista funciona nesse esquema.

Outro exemplo famoso: o dos corretores, cambistas, administradores de patrimônios ou outros especuladores por conta de terceiros. O mito do dinheiro fácil e dos ganhos colossais sem fazer esforço alimenta os processos especulativos; mas o medo do risco e do fracasso tende a levar à subcontratação de "profissionais que sabem" para esse tipo de gestão. O problema é que esses profissionais não sabem muita coisa, embora continuem indevidamente a fazer os outros acreditar que a economia (quer a macro, quer a micro) é uma ciência preditiva.

É claro que nem todos dizem isso – seria estelionato intelectual –, mas insinuam.

A economia, em geral, e a evolução das empresas, em particular, tornam-se dia a dia cada vez mais caóticas e menos previsíveis: entramos definitivamente na era da impermanência e da turbulência estruturais. Mas não adianta, porque continuamos a jogar com o dinheiro dos outros, com total impunidade, como se nada tivesse mudado, como se a mudança fosse apenas um epifenômeno, como se o ritmo das rupturas, das crises e das mutações fosse tão lento quanto há meio século, nos tempos da mui vitoriana City londrina.

No entanto, os exemplos abundam. O caso clássico é o escândalo da Bannings: ilustração ideal do efeito de matilha nas finanças.

A bela expressão popular "latir com os lobos" (outra forma de exprimir o efeito de matilha) também se aplica – e como! – à esfera política.

O processo é paralelo ao que gangrena certa mídia e certa imprensa: não se trata de aumentar a tiragem, mas de aumentar o eleitorado em um mundo propenso à angústia, à insegurança, ao viver mal, à depressão, ao assistencialismo generalizado (portanto, à fragilidade e à precariedade).

O mundo torna-se cada vez mais complexo e integrado. O poder real está cada vez mais distante das instituições políticas, que estão condenadas a "correr atrás", se quiserem sobreviver. As instâncias nacionais estão cada vez mais desconectadas e cada vez mais esvaziadas, perdidas entre os poderes estatutários supranacionais, que as subjugam, e os poderes comunitários locais (empresas, bairros, associações, seitas, bandos, máfias, redes), que elas controlam cada vez menos.

Diante dessa balbúrdia, nossos políticos (e nossas políticas) estão desamparados (ou desamparadas) e ficam tentados a adotar uma "solução milagrosa", seja qual for. Não importa o que se faz, desde que se faça alguma coisa. O poder só se mantém "legítimo" se permanecer no controle e nos holofotes. Não fazer nada (ou não dizer que faz, o que dá na mesma) é desaparecer.

Então, o efeito de matilha funciona a toda: sempre tem um rato de gabinete para "chocar" a ideia milagrosa ou uma panaceia qualquer que alguém se apressa em "vender" e os outros imitam como podem.

Tudo isso em detrimento do que os sistematólogos chamam de lei dos efeitos perversos: em um sistema complexo (e nossas sociedades são altamente complexas), toda ação local gera reações globais que vêm contrariar e compensar (logo inverter) seus efeitos.

Em matéria de política, toda ação local e específica está condenada a gerar efeitos inversos aos esperados (isso vale para a administração de empresas também). Mas não importa: nossos políticos continuam analíticos, e não globais, e o eleitorado conta mais com as ações do que com os efeitos. Então...

Um belo exemplo é o da prevenção nas estradas. Todas as seguradoras sabem que as três principais causas de acidentes são, na ordem, o álcool, os caminhões de carga e a incompetência dos motoristas (sobretudo entre 18 e 25 anos e depois dos 60). Então é aí que temos de agir! Mas acontece que esses alvos são muito delicados e eleitoralmente sensíveis...

Então, temos de encontrar rápido outro culpado: a velocidade! E todos, imprensa e políticos, denunciam e caem matando nos "barbeiros" assassinos. Esquecem que a imensa maioria desses barbeiros (muito reais, aliás) pertence às três categorias mencionadas. Mas não importa: é muito mais fácil e anônimo perseguir pelo radar o cidadão comum que transgride o insignificante limite de velocidade do que ficar na porta dos bares e dos restaurantes para pegar os alcoolizados (seria ruim para o comércio!).

Outro exemplo? A droga. Liberação total da fabricação e da comercialização de todas as drogas derrubaria na hora o poder das máfias (que não teriam mais o que vender a preços altíssimos) e o índice de delinquência urbana (os drogados não precisariam mais matar ou roubar para comprar uma dose, que estaria à venda nas farmácias a preços razoáveis). Por que essa liberação não acontece, então?

Em primeiro lugar, por motivos ideológicos ligados aos valores moribundos da moral cristã ainda dominante. Esse ponto não resiste aos imperativos da vida. Em segundo lugar, porque a liberação acarretaria um excesso temporário de consumo, que, por sua vez, provocaria um pico importante de mortes por *overdose*: o suicídio é sempre um pecado, portanto, um delito. Em terceiro e último lugar, porque a caça aos traficantes teria de ser substituída por uma análise profunda do mal-estar global dos jovens e dos menos jovens e por uma reestruturação total do sistema de educação, tanto na escola como em casa. Em vez de assumir tudo isso, é melhor manter o efeito de matilha da guerra ao pó branco e ao dinheiro sujo.

Como vemos, o efeito de matilha está em toda parte e governa setores inteiros da nossa vida coletiva: o homem ainda é terrivelmente animal, apesar de não admitir isso.

Para terminar, devemos ressaltar um ponto: meus cães e o estádio de Heysel mostram que o efeito de matilha é mais brutal e intenso quanto maior o nível de nervosismo ou tensão.

Ora, nosso mundo perturbado e desvairado nunca foi tão nervoso e tenso. O efeito de matilha pode contar com belos dias pela frente (os conflitos nos subúrbios são um exemplo típico).

Mas há uma resposta a tudo isso: a serenidade!

Li há pouco tempo, da pluma do jesuíta Edouard Boné:

> Em Big Sur, na costa californiana, os dirigentes das duzentas mais poderosas multinacionais do mundo, IBM, AT&T, General Electric, Sony, Matsushima, Siemens, Fiat e outras, reúnem-se no Esalem Institute para examinar como incorporar valores espirituais ao trabalho. A prestigiosa Harvard School of Business [...] analisa o papel da contemplação e do coração na eficácia do gerenciamento [...] Isso quer dizer que a busca da sabedoria não é uma expressão vazia...[12]

Para bom entendedor...

Dizem (sobre a esquerda... Antes de falar da direita)

Dizem que a esquerda, em geral, e o socialismo, em particular, representam a opinião e a defesa dos "trabalhadores", ou seja, do povo, dos operários. Nada mais enganoso. O "povo", que insiste em dizer que é "de esquerda", vota cada vez mais na extrema-direita. Ele nunca teve nada a ver com os "ideais" de esquerda: a única coisa que lhe interessa é aumentar cada vez mais seu poder de compra e sua segurança. Todo o resto não passa de palavrório. *Panem et circenses* faz mais sentido para ele do que justiça social ou defesa dos direitos humanos. O povo é populista, não socialista.

Dizem que a esquerda e o socialismo trazem o progresso, e que a miséria e o despotismo em todo o mundo só recuaram porque eles vêm avançando há séculos. A história nega formalmente e mostra o esquema clássico de conquista das "revoluções espontâneas" por parte dos partidos estruturados, que não são responsáveis por elas, mas aproveitam para tomar o poder. Os jacobinos roubaram a revolução de 1789. Marx roubou

---

12 BONÉ, E. *Dieu, hypothèse inutile?* Bruxelas: Racine, 1999, p.133.

a Internacional. Lenin e os bolcheviques roubaram a revolução de 1917. A Frente Popular roubou as reformas sociais do pós-1929. Mao roubou a China de Sun Yat-Sen e de Chiang Kai-Chek. A esquerda, sobretudo a comunista, roubou a resistência contra Hitler, da qual estava maciçamente ausente até... 1944.

A esquerda segue, nunca antecede. Mas como organização militante muito bem estruturada, ela sabe o que fazer para conquistar e se apropriar da luta e do martírio dos outros, dos que justamente são desorganizados, pouco hierarquizados e pouco estruturados.

Dizem que o socialismo está perto do "povo". Ele é, antes de mais nada, uma imensa máquina de clientelismo desenfreado, seu principal fundo comercial. O poder socialista é antes e sempre a república dos camaradas, das "intervenções", do toma lá dá cá, da troca de voto por sinecuras ou mamatas. Essa é a única forma possível de manter os votos do povo, que está pouco se lixando com a ideologia e só espera privilégios pessoais dos eleitos. Essa demagogia não é apanágio da esquerda: é a base fundamental de qualquer política democrática. Só que essa demagogia incontornável acontece em escala muito maior com os socialistas, porque eles têm pouco acesso aos centros do verdadeiro poder econômico, tradicionalmente de direita.

Dizem que o socialismo é um movimento popular. Nada mais distante da realidade. A zona de influência socialista, como a ecológica, é essencialmente o "lugar" de certos intelectuais sempre um pouco esnobes, mais ou menos utopistas, mais ou menos românticos ou mais ou menos cínicos, que conhecem do "povo" só o que eles mesmos dizem a seu respeito. Não foi Sartre, o grande burguês de Saint-Germain-des-Prés e do Café Flore, que escreveu que só pode haver intelectuais de esquerda? Mas essa esquerda é uma esquerda "caviar", uma esquerda das cidades e dos cafés da moda. De fato, que coragem, que força de convicção há em se dizer de esquerda com uma taça de champanhe e um *petit four* na mão, diante de um areópago de "bem-pensantes" burgueses e direitistas? Que generosidade há em assumir a causa dos "excluídos" de toda espécie, que são pranteados, mas não frequentados?

Dizem que há dois tipos inconfundíveis de socialismo: um seria democrático e corresponderia aos diversos partidos socialistas ou social-democratas; o outro seria autoritário e corresponderia às diversas zonas de influência marxistas, comunistas ou esquerdistas. Nada mais mentiroso! O socialismo, por essência, é totalitário, pois se baseia no princípio igualitário e, sendo a "igualdade" contra a natureza, o igualitarismo só pode se manter pela violência, primeiro verbal, depois legal, depois policial, depois ditatorial.

A esquerda pretende-se o último – e único – baluarte contra os inimigos da liberdade e da democracia. A história mostra abundantemente que um poder socialista, seja qual for, tem como única obsessão reduzir a liberdade, legislando com violência, restringindo a esfera privada, coletivizando e estatizando a torto e a direito, e aumentando, cada vez mais, a força e a potência policiais para disciplinar o povo indócil que ela diz encarnar.

Dizem que a esquerda é progressista. Eu, de minha parte, só vejo socialismos dogmáticos, ideologicamente autistas, cujos tentáculos travam combates de retaguarda em toda parte para a manter, custe o que custar, direitos adquiridos, instituições obsoletas, estatismos ineficazes e devastadores, serviços públicos decadentes e um providencialismo coletivo suicida, tanto econômica quanto social e moralmente.

Não vejo nesses "combates" senão resistências reacionárias à evolução real do mundo, das civilizações e dos valores. O progresso, o progressismo, jamais é reacionário, que eu saiba. O progresso é a marcha para a frente, é a aventura, o risco, e não a paralisia de um passado caduco, a obsessão securitária ou o imobilismo.

Dizem que o socialismo é a escola do realismo político, econômico e social. Só vejo nele uma mitologia religiosa ateia, alimentada por um martirológio, como sempre amplamente reinventado. Zola, romancista de sucesso, parisiense e burguês, e Michelet, historiador romântico que reinventou a Revolução Francesa, fizeram muito mais pelo socialismo e por seu imaginário do que todos os seus ideólogos e tribunos juntos.

Não é inútil ressaltar aqui o quanto o socialismo é a continuação laicizada e dessacralizada do idealismo platônico e evangélico, da apologia da pobreza e do ódio ao "rico", dos princípios de partilha e de caridade rebatizados como solidariedade estatizada. Nietzsche mostrou muito bem na *Genealogia da moral*: a ideologia socialista é a expressão edulcorada de uma moral de escravos, de uma moral de amargurados, de uma moral da desforra e do ódio à vida.

Dizem que a esquerda e o socialismo são o antídoto contra os fascismos e a extrema-direita. É esquecer um pouco rápido demais que o fascismo de Mussolini ou o nazismo de Hitler são movimentos socialistas, anticapitalistas, antiliberais, maciçamente sustentados pelas massas populares e operárias. É esquecer um pouco rápido que Hitler pensava e dizia em alto e bom som: "O partido nacional-socialista é socialmente de esquerda, mesmo que deva ser economicamente de direita", alusão ao financiamento do partido pela Krupp, pela Mercedes e pela Siemens, que tinham medo do bolchevismo que os rondava. É esquecer um pouco rápido demais que a gangrena populista que hoje domina a Europa de Le Pen, Fortuijn, Haider, Rossi e outros é, também ela, formada por partidos populares que se proclamam e são virulentamente anticapitalistas, antieconômicos, antiliberais e antiliberdade. É esquecer um pouco rápido demais as dezenas de milhões de mortos, assassinados pelos regimes comunistas, logo socialistas, em todas as partes do mundo de um século para cá – aliás, é sintomático, em nossas paragens amplamente social-democratizadas, que as recentes eleições francesas tenham, com razão, desprezado e amaldiçoado Le Pen, enquanto escancarava as portas para os discursos de um Hue, de uma Laguiller ou de um neo-Krivine, que são pares perfeitos do referido Le Pen em matéria de totalitarismos abjetos.

Se o populismo é apontado e legitimamente vaiado, por que o mesmo não acontece com as esferas de influência comunistas, no mínimo tão infames quanto ele? Resposta: porque os ambientes totalitários de esquerda são politicamente úteis, ou até indispensáveis, aos socialistas em suas esbórnias eleitorais. Demonizar a extrema-direita, ao mesmo tempo que se pactua com a extrema-esquerda: exercício perigoso, mas revelador, em que é muito difícil encontrar os valores morais de pureza e ideal que os socialistas dizem encarnar.

Dizem tudo isso. O tempo todo. Essa imensa maquinaria midiática – não acredito em maquinação – próxima da lavagem cerebral: o ultrassindicalismo das redes audiovisuais públicas, a ditadura dos *Guignols de l'Info*, o reino das caricaturas e das grosserias de desenhistas quase sempre de esquerda (obrigação de artista), cujos desenhos vemos mesmo quando não lemos o artigo, a fraseologia já pronta do politicamente correto e do pensamento único, necessariamente de esquerda, humanista e humanitário... Tudo isso me faz lembrar do Big Brother do *1984*, de Orwell. Um Big Brother difuso, insidioso, rastejante, mas presente, muito presente. E como!

Dizem – bis – (sobre a direita... Depois de falar da esquerda)

Como parece que a política só pode ser maniqueísta, já que mantemos a divisão artificial – mas tradicional – entre esquerda e direita, apesar de sua inanidade, e já que critiquei a esquerda anteriormente, tenho de criticar a direita também.

Por uma questão de simetria e de equidade...

A esquerda se diz progressista, porque seus ideólogos do século XIX reivindicavam o "progresso social" para o proletariado e para as "camadas laboriosas", como se dizia na época.

Comparada com ela, a direita não pode ser progressista: isso seria confusão de gêneros e *slogans* fundadores. Portanto, a direita é conservadora. Devemos entender com isso que ela visa conservar os privilégios das classes e das castas que acham que os detêm: o dinheiro dos burgueses e dos comerciantes, a terra dos camponeses, o corporativismo dos artesãos e das profissões liberais... Todos eleitores tradicionais de direita.

Não falo aqui dos movimentos populistas, ditos erroneamente de extrema-direita; já disse antes tudo de ruim que penso deles e toda a repulsa que provocam em mim.

Falo da direita republicana, da direita de poder às ordens dos meios ricos e endinheirados. Cada um com seu clientelismo, não é?

Dessa direita sempre um pouco cheia de empáfia, mesmo quando a moda vem de camiseta ou em mangas de camisa.

Dessa direita dos salões chiques e dos jantares fora, que frequenta a si mesma com assiduidade e avidez nos seletos clubes microcósmicos das grandes cidades.

Nos Estados Unidos, a direita (os republicanos em comparação com os democratas, mais de esquerda) é tradicionalmente fundamentalista, ou seja, puritana, evangélica, ultracapitalista e convencida de que garante a moral e a ordem no mundo. É clara, límpida, asseada, recém-barbeada, penteadinha e de camisa branca. Como vimos, já sabemos no que isso dá...

Na Europa, o retrato é bem menos tipificado. Como a esquerda, a direita é proteiforme, com diversas "sensibilidades" e "correntes".

Como a esquerda, visa à preservação dos direitos adquiridos: dos ricos, de certos funcionários públicos, das grandes empresas. É visceralmente estatista e intervencionista, não raro protecionista e nacionalista.

Pátria e Estado ainda são seus pilares: para ela, a Pátria-Nação é um patrimônio secular que o Estado, e só o Estado, tem a responsabilidade de gerir... Como bom pai de família.

Mentalidade fundamentalmente camponesa, arraigada no solo e na terra...

Ferrenho defensor do país natal, da língua natal, da religião natal...

E ai dos infiéis e dos sarracenos...

A direita conservadora (pleonasmo?) tem uma visão etnocêntrica do mundo: nós e os outros. E dos outros, mesmo dos amigos de vinte anos, é sempre bom desconfiar.

Há um grande temor da direita em relação ao mundo nestes tempos de globalização que ameaçam a integridade e a soberania nacionais, valores supremos das ideologias direitistas.

Dever de iconoclastia diante da idolatria

Quer à esquerda, quer à direita, a política contemporânea se apega a certas palavras ao redor das quais se bordam as ideologias e as fraseologias, os *slogans* e as vociferações. Essas palavras são perigosas, porque se parecem tanto com os ídolos que chegam a confundir.

"Deus morreu, nós o assassinamos", clamava Zaratustra. A arma do crime são nossos deuses humanos, demasiado humanos, nossos ídolos de araque. Em primeiro lugar, os ídolos de carne e de *strass*: de Zidane a Schumacher, de Johnny a Jeniffer, de Patrick Poivre d'Arvor a Lady Di. Mas sobretudo os ídolos abstratos.

Quanto mais estatizados somos, mais falamos de liberdade.

Quanto mais diferentes somos, mais falamos de igualdade.

Quanto mais egocêntricos somos, mais falamos de solidariedade.

Quanto mais manipulados somos, mais falamos de democracia.

Quanto mais decadentes somos, mais falamos de progresso.

Quanto mais enganados somos, mais falamos de verdade.

Quanto mais espoliados somos, mais falamos de justiça.

Quanto mais violentos somos, mais falamos de amor.

Como se a idealidade pudesse/devesse compensar a realidade. Como se a beleza das palavras pudesse/devesse mascarar a feiúra dos fatos.

Vivemos (mal) o fim de um ciclo da história e nos empanturramos de palavras cultas, palavras tabus, palavras totens. Palavras tão infladas que é preciso, como os deuses, colocá-las no alto dos céus do idealismo, porque aqui embaixo, à menor dificuldade ao longo do caminho dos homens, seu vazio interior explodiria. Devemos adorá-las, mas, acima de tudo, nunca tocá-las! Tabu!

Como se sabe, os bem-pensantes não querem pensar. Então temos de nos privar deles também. As milícias ideológicas zelam por isso. Os inquisidores do pensamento único já atiçam as brasas de suas fogueiras com anátemas, calúnias e malefícios hipócritas.

Morte aos heréticos. Ou, como nos velhos e bons tempos soviéticos, não há heréticos, não há dissidentes, somente doentes mentais, necessariamente espectadores de algum diabo peludo e sanguinário.

Não há deus sem diabo simétrico. E se você não estiver do lado dos deuses (o certo!), vai estar necessariamente do lado dos diabos (o errado!).

E você, em seu canto, não para de repetir, como uma ladainha, que não há deuses nem diabos. E insiste: todos esses deuses e todos esses diabos não existem, não passam de palavras, de fantasmas, de abstrações vazias, não passam de fugas da vida real, dessa vida de homem que é nossa única vocação.

De minha parte, não conheço o Homem com H maiúsculo, nem Estado com E maiúsculo, nem Verdade com V maiúsculo. Eu só conheço homens, indivíduos, pessoas que tentam viver do melhor modo que podem, com o que têm, com o que são. Só conheço o impulso íntimo que empurra cada um a se superar para se realizar, a sua maneira, em seu caminho. Nego toda legitimidade a todo discurso global que vise jogar essa infinita diversidade de caminhos individuais nas latas de lixo ideológicas das abstrações idealistas.

O povo não existe. A maioria não existe. O belga ou o francês médios não existem. Tudo que é estatístico é falso. Só há indivíduos, todos diferentes, todos desejosos de cumprir sua vida como bem entendem.

Denunciar a idolatria é vital porque a idolatria, em todas as suas formas, das mais grosseiras às mais traiçoeiras, é sempre submissão, alienação, desumanização e aviltamento.

São os ídolos que geram os ódios e as guerras. Eles se alimentam de vidas humanas moídas. São os ideais, e ninguém mais, que ensanguentam a terra há milênios.

Quantos não foram enviados ao matadouro dos campos de batalha em nome da vida?

Quantos não foram torturados em nome do amor?

Quantos não foram encarcerados em nome da liberdade?

Quantos não foram calados em nome da verdade?

Cada ídolo divide o mundo em dois: de um lado, estão seus adoradores; de outro, jazem os descrentes, os infiéis, com os quais deve travar batalhas em sempiternas cruzadas, em incessantes guerras santas.

Todo ídolo é mãe de maniqueísmo, fermento inesgotável de raiva missionária e de proselitismo militante.

Mas ai daquele que não pretende se deixar converter à força. Não terá alternativa, além do exílio ou da morte.

O ídolo não aceita a impureza: exige a *limpieza del sangre*. Não há lugar para o outro, para o contraditor, para aquele que diz "não!".

Conta o *midrash* que o pai de Abraão, Taré, era fabricante de ídolos em Harã. Um dia ele se ausentou, deixando a loja com o filho. Chegou um freguês querendo comprar um ídolo curandeiro. Abraão quebrou um diante do cliente atônito, dizendo: "Crês realmente que este pedaço de pau pode te curar?". Conhecemos a continuação... Abraão teve de sair de Harã e tomou o caminho para Canaã.

Estamos vivendo tempos de ruptura, e uma de suas dimensões é, e será ainda mais amanhã, a "crise dos valores".

O que ainda significam pátria, honra, sacrifício, caridade, dever...?

O que querem realmente dizer liberdade, dignidade, igualdade, solidariedade, democracia, direitos humanos, propriedade, Estado, justiça...?

Por "crise de valores", devemos entender que os ídolos de ontem também estão velhos, desbotados, obsoletos, mas ainda são tabus, ainda causam medo. Terão de ser derrubados. Serão necessários novos iconoclastas.

Mas, atenção, a ocasião é única. Mais do que substituir os ídolos mortos por novos ídolos, não está na hora de dispensar os ídolos, todos os ídolos, qualquer ídolo? Dispensar todas essas palavras, vazias e grandes demais, distantes demais do real, que é a única coisa que importa?

Não está na hora afinal de nos tornar adultos?

Não está na hora de cada um tomar as rédeas de sua vida e desautorizar todos os que querem governar tudo em nome de todos, ou seja, em nome de ninguém?

Não está na hora simplesmente de sermos nós mesmos, aqui e agora, sem intermediário entre nós e nós mesmos, sem autoridade por cima, sem barbárie por baixo? De sermos nós entre os outros, sem ritos ou protocolos, sem dependências? De sermos nós no meio do mundo, de braços abertos e ansiosos para nos realizar com o mundo e não contra ele?

Fim do político

Como vimos nas páginas precedentes, ora iradas, ora zombeteiras, mas sempre lúcidas, o político está morrendo.

A complexidade real da vida coletiva superou, e de longe, os simplismos ideológicos e burocráticos dos aparelhos de Estado e dos poderes políticos.

O político está morrendo não por rebelião da sociedade civil, mas porque a sociedade civil compreendeu perfeitamente que o único poder do político, hoje, é o poder de prejudicar (por meio da lei dos efeitos perversos, já mencionada).

Quanto menos política, melhor para todos. Como mostra a sociedade civil a cada eleição, com abstenções, desinteresse, baixos índices de votação, votos marginais ou extremos.

A noção de cidadania está sendo amplamente questionada. A noção de nacionalidade também começa a ser.

O cordão umbilical com a mãe-pátria foi rompido: o homem está se tornando adulto e começando a compreender que o assistencialismo não passa de cilada e alienação, que a bela democracia só funciona se se prostituir como demagogia, que chegou a hora de a pessoa humana tomar as rédeas de si mesma e reassumir o controle e a escolha de sua própria existência.

Como a missão reguladora do político não pode mais ser cumprida,[13] ele se tornou um suporte logístico periférico, que só interessa aos que vivem dele. A carteira de identidade se tornou um cartão de crédito como outro qualquer, dando direito a certos serviços, certos privilégios, certas vantagens. Chamamos isso de (des)serviços públicos.

As fronteiras, essas velhas e absurdas cicatrizes da história, caem menos em razão da mundialização do comércio do que do nomadismo generalizado, muito típico da sociedade noética.

A noosfera não tem pátria! Está acima e além de todas as pátrias.

Os Estados e as instituições de poder odeiam isso, eles, que gostariam tanto de pôr as garras de seus regulamentos na internet, por exemplo, re-

---

13 Não por incompetência dos homens (embora muitas vezes real...), mas por impossibilidade intrínseca.

correndo aos pretextos mais falaciosos que encontram. Como se a internet tivesse inventado a pedofilia, o estelionato ou o tráfico de drogas.

Não! Os desvios e as perversões estão no homem, e não nas tecnologias: como a água, eles sempre acham o caminho mais curto até os aficionados, sejam quais forem o nível e as ferramentas tecnológicas a sua disposição.

Repetimos: a noosfera é e deve continuar sendo um espaço de total liberdade de pensamento e criação. Nenhum poder emante da sociosfera pode se arrogar o direito de se intrometer nela.

Que o político se contente em administrar os cartões de crédito identitários e fornecer o melhor preço pelos serviços prometidos.

Na noosfera, só a imaginação está no poder. Nela, é proibido proibir. Maio de 68 realizado, de certa forma.

É evidente que essa referência ao Maio de 68 é uma piscadela de olhos, mas não tão gratuito e fortuito.

Antes que o movimento fosse apropriado pela esquerda, antes que servisse de álibi para as "jovens esquerdas", Maio de 68 era – via os transcendentalistas de Emerson e de Thoreau, via Walt Whitman, via a *beat generation* de Allen Ginsberg e de Jack Kerouac, via os movimentos estudantis e *hippies* de Berkeley e outros, via a gnose de Princeton[14] – herdeiro de uma seiva subterrânea que veio de longe – de Heráclito e dos mistérios dionisíacos, sem dúvida – e atravessou toda a história ocidental para se opor, embora terrivelmente minoritária e marginal, ao domínio da racionalidade mecânica sobre a existência humana.

Hoje, é evidente, essa seiva irriga em cheio a árvore noosférica, que já cresce com tanta força sob nossos pés. Ela é apolítica.

Considerações econômicas

Fim do deslumbramento

Vamos ter de acabar reconhecendo: as empresas já não interessam a muita gente, nem como patrimônio (como manda o desmoronamento da bolsa) nem como empreendimento.

---

14 Sobre a "gnose de Princeton", ler o livro de mesmo título, de Raymond Ruyer (Fayard, 1974). [Ed. bras.: *A gnose de Princeton*. São Paulo: Cultrix, 1989.]

Quanto a isso, o índice TEA (Total Entrepreneurial Activity) é categórico.

Esse confiável índice internacional mede a porcentagem de população ativa que se lança em um novo empreendimento. No mundo inteiro (exceto na Valônia e na Noruega), ele baixou: 10% nos Estados Unidos, mais de 30% na Europa, 65% no Japão.

A empresa não é mais o lugar da aventura humana que foi depois do fim da Segunda Guerra Mundial. Hoje, o econômico é visto globalmente como "alimentar", como uma administração que deve acompanhar, como um provedor de empregos não para fazer carreira, mas para ganhar o suficiente para fazer outra coisa.

Toda a história humana é também a história e a evolução dos lugares de aventura e de exaltação. Antes das empresas, e durante meio século, foram as colônias. Durante toda a segunda metade do século XIX, foram as chamadas ciências "duras". Antes delas, foram as ideologias revolucionárias e a abolição das monarquias. Etc.

Estaríamos na aurora de um meio século de novo deslumbramento?

Tudo leva a crer que sim: nem o político, nem o científico, nem o além-mar, nem o econômico fazem sucesso hoje; tudo isso continua a existir, a funcionar, mas de maneira periférica, marginal, subordinada.

Não é mais aí que se forjam os heróis e os ídolos. Em suma, a "verdadeira vida" está em outro lugar... Mesmo que ainda seja aqui que precisamos ganhar dinheiro.

Mas o que é essa "verdadeira vida"? Onde se escondem os heróis de amanhã?

Distingo duas veias. Há a veia e os combates ecológicos: Green Peace e companhia. Há a veia e as ações humanitárias: Médicos Sem Fronteiras e outros. Alguns dirão que há também a veia e o mercado de espetáculos: Johnny, Maradona, *Loft Story*, Copa Davis e outros *reality shows*, mas seria um erro, porque, desde sempre, o *panem et circenses*, os jogos esportivos e os espetáculos sempre foram o refúgio das multidões populares e dos sonhos adolescentes, não há nada de novo aí.

Ecologismo e humanitarismo, portanto.

A natureza e o homem! E o medonho dilema de que são os homens que destroem a natureza e que quanto menos homens, melhor para a natureza. Salvar a natureza e salvar homens são ações contraditórias e, no entanto, muitas vezes são os mesmos que levam adiante os dois projetos, os dois sonhos. Mas o que importa a contradição, se o essencial não está aí: o essencial está na rejeição e na recusa de certa civilização, de certa maneira de viver. Nem a natureza nem o homem podem ou querem ser considerados máquinas a ser exploradas, como um recurso a ser pilhado até a exaustão, como um objeto que se joga fora depois de usado.

A palavra de ordem é: realização de cada um em harmonia com tudo.

Esse ponto é capital, se quisermos compreender a atitude e o funcionamento dos que hoje têm entre 20 e 25 anos, ou seja, os líderes de amanhã. Eles rejeitam em bloco o econômico e o político, o materialismo e as ideologias, os estudos científicos e comerciais, porque só veem neles – com razão, a meu ver – ferramentas de exploração da vida para benefício de algumas cínicas instituições de poder, tanto privadas quanto públicas.

A "verdadeira vida" de amanhã não está no mesmo lugar, portanto.

Seus heróis não serão nem ricos nem poderosos, mais Lagaffe ou Snoopy do que Buck Danny ou Michel Vaillant, mais Gandhi ou Einstein do que Rockfeller ou Napoleão. O herói de amanhã é um criador, um criativo, mais artista do que cientista, mais escritor do que escultor, mais músico do que arquiteto. É um pesquisador: a aventura de amanhã é imaterial, entre conceitos e símbolos, entre metáforas e analogias. É um pesquisador, mas não como os dos laboratórios ou dos centros universitários: é pesquisador da interioridade, da personalidade, da individualidade, mais sábio do que erudito, mais oriental do que ocidental, mais feminino do que masculino, pesquisador da realização interior, pessoal, individual.

Cada um com sua "viagem"... Ele, as orquídeas; ele, os biafrenses. Ela, a favor dos bebês focas; ela, contra a prostituição infantil na Tailândia.

E a empresa nisso tudo?

Ela também é uma "viagem": a de um pouco mais de 3% da população ativa, ou seja, cerca de 1%, no máximo, da população total. Esses tiram sua satisfação daí. E os outros? Não estão nem aí, contanto que a empresa lhes dê os meios de "viajar", longe dela. Na melhor das hipóteses, farão um esforço para que o "batente" seja o menos cansativo e tedioso possível (são os "motivados", os "bons elementos"). Está na hora de tomar nota: a empresa só é e será estimulante para uma ínfima minoria; os outros a suportam com mais ou menos boa vontade.

A menos que...

A menos que se inverta o olhar e se veja que cada um é sua própria empresa (mais ou menos lucrativa), que cada um é seu próprio fundo de comércio (mais ou menos valorizável).

Não se trata mais de vender seus talentos e seus conhecimentos especializados, seu tempo e sua força de trabalho a quem lucrará com isso, mas desenvolvê-los e explorá-los para si mesmo, com os outros. E esse olhar muda tudo!

Muda tudo, mas só na teoria: para adotá-lo, devemos abrir mão de toda aspiração securitária, patamar que a imensa maioria de nossos contemporâneos não está pronta para transpor.

E então?

Então, a empresa e o econômico estão condenados a ser a aventura apenas para uns poucos e apenas uma maquinaria administrativa para todos os outros, exatamente como o político, aliás.

Uma terceira dimensão, que eu, como outros, chamamos de noética, está em via de captar os reservatórios de entusiasmo e paixão e servir de campo para as novas aventuras e para os novos heróis. Vamos ter de aprender a nos virar: o centro e o cume da atividade humana mudaram de natureza. Sem se tornar supérfluo, o que ontem era essencial agora é acessório.

O econômico e o político, a empresa e o Estado estão se tornando singularmente periféricos em relação à "verdadeira vida".

Talvez seja melhor assim.

Talvez seja pior.

Em todo caso, é inelutável.

Mas com a noosfera nascente, com a entrada na era noética, novas profissões estão surgindo.

As profissões do imaterial

Minha experiência de campo e os numerosos contatos que tenho com dirigentes de empresas mostram com muita clareza que as profissões emergentes, ditas "do imaterial", são amplamente desconhecidas, malvistas e incompreendidas. Parece útil, portanto, tentar dar alguns esclarecimentos sobre elas. É o que vou tentar fazer nessas poucas linhas.

O que é o imaterial? Seria truísmo escrever que o imaterial reúne todas as atividades que não têm como centro a matéria e suas transformações.

As atividades do imaterial têm como centro o cérebro humano e suas produções, quer cognitivas (o fato de dominar conhecimentos específicos), quer criativas (o fato de desenvolver talentos inovadores). Em suma, essas profissões geram, transformam e produzem informação em todas as formas possíveis, em todos os contextos possíveis, com todas as finalidades possíveis.

O que há de espantoso que as profissões do imaterial estejam se desenvolvendo como nunca, justamente no momento que as tecnologias da informação em geral e da informática em particular estão explodindo?

Em todos os tempos, em todas as indústrias humanas, material e imaterial, estiveram sempre associados. Para produzir uma chapa de ferro, para transformar tecido em roupa, para construir uma casa, o material nunca é suficiente; é preciso juntar também grandes doses de saber e de competência.

O que é novidade é o surgimento recente de ofícios em que a matéria e os materiais desempenham um papel secundário, quase insignificante. É o caso de um CD de música ou de um jornal *on-line*, de um relatório de especialista ou de um esboço de *designer*, de um conceito de publicitário etc.

É claro que a informação não pode existir realmente sem o suporte material que a recebe. Mas, ao contrário do oleiro, para quem o útil é a matéria formada, nesse caso o plástico do CD ou o papel do projeto não têm nenhum papel importante (aliás, podem ser substituídos com facilidade por qualquer outro suporte adequado).

Os ofícios do imaterial podem ser classificados em três grandes categorias.

1. Em primeiro lugar, as empresas de consultoria.

O centro dessas profissões é o domínio profundo dos modelos, não raro sofisticadíssimos, quase sempre especializados em problemáticas particulares e próprias de tal empresa de consultoria que o desenvolveu, enriqueceu, experimentou.

Esses modelos ligados ao trabalho de consultoria podem ser de diagnóstico (modelo de análise) ou de recomendação (modelos de simulação).

O *output* de uma empresa de consultoria é sempre um relatório (sejam quais forem a forma ou o suporte). O relatório deve fornecer ao cliente uma resposta precisa e documentada, séria e confiável, a uma pergunta que ele se faz sobre o presente ou os futuros possíveis.

É frequente ouvirmos – às vezes em tom indignado – que os contratos de consultoria são vendidos (caro) por seniores, mas executados por juniores. Nada mais normal, já que, quando contratamos uma consultoria, compramos, na verdade, o uso bem supervisionado de modelos complexos e validados. Pouco importa a idade ou a inexperiência daquele que colhe os dados para alimentar o modelo e recolher o produto. Uma boa inteligência e uma boa formação especializada nos modelos em questão bastam para produzir excelentes resultados. O modelo (eternamente retrabalhado, aprofundado, enriquecido) é o coração da empresa de consultoria, não a maestria técnica pessoal dos funcionários (embora os talentos, como em toda parte, sejam indispensáveis).

2. As empresas de criação, em seguida.

A finalidade de uma empresa de criação é criar, isto é, gerar informações novas, soluções originais, respostas inéditas. Seja ela de vocação científica (um laboratório de pesquisa ou uma *software house*, por exemplo) ou artística (um ateliê de moda ou uma agência de publicidade), o novo (que deve ser adequado) é sua finalidade central.

No centro dessas empresas abunda o talento imaginativo, multiplicado por um bom domínio técnico das ferramentas específicas do ofício em questão: ninguém se improvisa em desenvolvedor de software ou estilista.

No geral, as empresas de criação desenvolveram um estilo gerencial muito particular: não se "administram" pessoas criativas (portanto "vedetes") como se administram funcionários. A boa ideia, o bom conceito, a boa inspiração não são planificáveis nem podem ser circunscritos em um orçamento.

Reina nessas empresas um ambiente, uma efervescência e uma boemia muitas vezes simpáticos. Mas são extremamente sensíveis aos efeitos da moda ou aos esgotamentos de filão ou de talento. Não surpreende, portanto, que seu tempo de vida seja muitas vezes relativamente curto em relação às outras atividades econômicas.

Também estão sujeitas à grande rotatividade do pessoal central, porque as "vedetes" muitas vezes se vendem de bom grado a quem paga mais e "circulam" pela profissão.

3. As empresas de *expertise*, por último.

Aqui, não se trata mais de modelos ou de talentos imaginativos, mas de algo completamente diferente: a experiência de campo.

Para ser vendável, essa experiência deve ser muito rica, variada, acumulada com paciência e, por fim, estruturada em metodologias de intervenção *in situ*.

Não se trata mais de apresentar um relatório ou criar um conceito, mas de acompanhar um projeto real no campo real com gente real. Não se trata mais de fazer estudos geológicos ou desenhar plantas de imóveis, mas de construir a casa, sob a chuva e o vento, com os pés na lama e as mãos no cimento.

As empresas de *expertise* vendem *know-how* prático no tempo; vendem especialistas experientes, que já passaram por tantas situações barrocas e anormais que desenvolveram o talento e as metodologias capazes de encontrar saída para tudo (ou quase).

Esses *experts* podem ser técnicos ("especialistas" tecnólogos ou humanos, formadores de alto nível etc.) ou gerenciais ("gerentes de crise", "gerentes de mudança", "gerentes interinos" etc.).

Como vemos, essas três categorias profissionais diferem essencialmente tanto por seus métodos e ferramentas quanto pelo perfil de conhecimento, talento e experiência que seus participantes devem possuir.

Apesar disso, verificamos às vezes uma perigosa confusão de gêneros: consultores "puros" que querem acompanhar em campo a implantação de suas recomendações; peritos que, sem modelos específicos e sofisticados, querem realizar auditorias e recomendações "estratégicas"; criadores que querem bancar os peritos ou os consultores sem ter modelos adequados ou experiência de campo.

Vemos também (o que é mais aflitivo) muitos executivos, em geral vítimas de uma reestruturação qualquer, instalar-se por conta própria como "peritos" ou "consultores" sem saber quão pouco a carreira de executivo tem a ver com os prerrequisitos e as realidades (comerciais e relacionais, em especial) dessas profissões. Em geral, eles se vendem barato a sua *network*, que logo se esgota; em seguida, se não desaparecem, vivem a duras penas. Eles não têm talento, então? Têm, mas não os certos. Não têm experiência suficiente? Têm, mas não suficientemente variada e estruturada. Não têm *know-how* bastante? Têm, mas não aqueles de que o mercado precisa.

Conclusão: devemos insistir mais uma vez na ideia central de que as profissões do imaterial, da consultoria, da criação e da perícia são *profissões de pleno direito*. Não podem ser improvisados, confundidos ou misturados.

Contudo, sua colaboração é numerosa e frutífera, e não raro indispensável: o especialista segue o consultor e recorre ao criador, que, por sua vez, chama outro especialista ou outro consultor para lhe indicar o que é possível e assim por diante.

A revolução microeconômica

Um mundo novo está surgindo, e não será parecido com nada que conhecemos.

Não será uma evolução progressiva e lenta, por adaptações (ou guerras) sucessivas.

É uma revolução, de uma mudança radical de paradigma, da qual os sobressaltos da atualidade são apenas sinais ínfimos, quase insignificantes.

A economia industrial capitalista não está mais no centro do tabuleiro: torna-se periférica e arrasta com ela seus servos nas bolsas e nos bancos. Esse deslocamento reproduz, *mutatis mutandis*, aquele que, há dois séculos, marginalizou a agricultura e os que a serviam, ferreiros e ferradores.

O centro do mundo econômico migrou. Está em outro lugar. Induz comportamentos e processos radicalmente diferentes. Nem a empresa nem a gerência serão poupadas.

O tecido empresarial está se transformando de modo radical.

Ontem, as funções centrais da empresa eram a produção e a gestão: função de engenheiros e de contadores, funções racionalistas, objetivas, quantitativas, científicas, funções de medidas e de previsões, de números e de leis.

Hoje, essas funções estão se descentrando. O centro está em outro lugar. Ou melhor, os centros, porque são dois, distintos e separados, que desarticulam a empresa e o tecido empresarial em dois jogos distintos.

De um lado, há a função criadora, inventiva, inovadora: centro de conhecimento ativo, em que se preparam as novas tecnologias, os novos produtos, os novos modelos, os novos conceitos; ontem, era chamada de Pesquisa & Desenvolvimento. De outro lado, há a função comercial: centro de talento ativo, em que se trabalham os mercados, os clientes, os canais de distribuição, as mensagens, os folhetos de informação dos produtos, os preços; ontem, era chamada de Vendas.

Essas duas funções sempre existiram dentro da empresa, mas só muito raramente foram consideradas fundamentais, estratégicas, centrais. Hoje, são isso porque a aceleração dos ciclos de obsolescência dos produtos e a turbulência complexa dos mercados impõem que sejam assim, pura e simplesmente. Além disso, estão se separando e gerando dois mundos complementares, mas distintos, não raro conduzidos por empresas diferentes. A economia será cada vez mais bipolar: de um lado, a pesquisa; de outro, a comercialização. Entre elas, um pântano de funções subalternas que assumem a administração: produção, finanças, recursos humanos, logística e... gestão.

Pesquisa e comercialização: núcleo duro da dialética econômica por vir.

A exemplo da atual grande distribuição, a função de comercialização será abrigada pelas megaempresas, que necessitam de enormes recursos financeiros e humanos. Mas, ao lado delas, toda uma rede de pequenas e médias empresas (PMEs) garantirá a distribuição de produtos de ponta para nichos específicos (comércio eletrônico ou comércio de proximidade).

Com as empresas de comercialização urde-se – ou já se urde – um vasto tecido de PMEs de pesquisa, onde nascem os conceitos e as tecnologias de amanhã. E, ao redor delas, cria-se um outro tecido de empresas, agora de administração, que se responsabilizarão pelas funções periféricas, liberando assim o tempo e as energias dos criadores.

É fácil compreender que toda a economia de amanhã será definida entre dois tipos de talentos: o talento sedutor da venda e o talento criador da inovação.

Sedução e criação: esses são os dois campos curiosamente ausentes de todos os nossos cursos de formação. Mais ainda, como ambos estão ligados ao cérebro direito, amaldiçoado e martirizado há séculos por nossos sistemas de educação racionalistas e analíticos, não é difícil prever catastróficas penúrias para amanhã de manhã. A não ser que se tire a naftalina de uma palavra caída em desuso (como obrigam o igualitarismo e a demagogia): a economia emergente precisa de gênios, não de contínuos.

O problema não é mais aprender, conhecer e aplicar.

A defasagem é total entre a complexidade crescente do real e os modelos e receitas aprendidos nas escolas.

O futuro não se constrói, inventa-se.

Os tijolos do passado não são mais utilizáveis no edifício imaterial que se ergue.

Tanto na pesquisa quanto na comercialização, tanto na criação quanto na sedução, trata-se de imaterialidade: o objeto que transita de um ao outro até chegar ao usuário final não é mais do que o suporte (cada vez mais leve, cada vez mais anódino) de seus talentos e de seus valores agregados.

Mas em que isso pode afetar o açougueiro da esquina? Em tudo! Esse açougueiro só sobreviverá se se diferenciar radicalmente dos supermercados e das bandejinhas pré-embaladas. Para isso, vender carne é mais do que insuficiente. O essencial não está mais na carne (a dele também deve ser saudável, macia e saborosa como em toda parte), mas na inventividade e na originalidade dos cortes (pesquisa) e das apresentações (comercialização). No conhecimento especializado e no talento para descobrir as necessidades, as preocupações e os desejos da dona de casa e da família. Na arte de criação (comemos primeiro com os olhos...) e na força de sedução (onde a dona de casa prefere comprar embutidos).

Isso sempre foi assim, você vai dizer.

Em primeiro lugar, isso não é bem verdade: em minha infância, a aparência tinha muito pouca importância, só o conteúdo real importava (ainda me lembro da carne embrulhada em jornal). Hoje, o conteúdo deve ser perfeito, mas a aparência também e, talvez, antes de mais nada.

Em segundo lugar, ainda que fosse verdade, o que mudou foram as prioridades: a novidade (pesquisa) e o atrativo (comercialização) são agora critérios determinantes na hora da decisão de comprar.

E a razão para isso é simples: os processos produtivos, logísticos ou administrativos, sob pena de desaparecer quase de imediato, já são dominados de forma mais ou menos correta por toda a parte. Assim, exigência básica é satisfeita uniformemente; o problema não está mais aí. Esses processos não exigem nenhum gênio: bastam algumas receitas, algumas ferramentas, dinheiro, muito tempo e um pouco de energia. Qualquer escola fabrica bons engenheiros, bons contadores, bons psicólogos, bons funcionários, bons administradores, mas nenhuma produz bons vendedores ou gera bons criadores.

Esse é o coração do problema, porque é o coração do homem: o talento, o dom, o gênio, chame como quiser. É disso que o mundo precisa...

Que gerentes para amanhã?

Sabemos agora que, conforme seu estágio de vida, uma empresa requer diferentes tipos de gerentes.

Na fase de nascimento, o empreendedor é indispensável: carismático, sedutor, criativo, ágil, oportunista, aguerrido, inabalável, audacioso etc.

Na fase de crescimento, o estrategista sobe ao palco: visionário, arquitetador, prospectivo, criador de finalidades e de valores etc.

Na fase de maturidade, chega o gestor: rigoroso, minucioso, econômico, quantitativo, obcecado por otimização e lucro etc.

Na fase de declínio, o liquidador assume o comando: negociador, demolidor, reestruturador, cirúrgico, impassível etc.

Já que há uma mudança profunda de paradigma, deve haver uma mudança íntima dos gerentes! Que perfil os gerentes de amanhã devem ter?

Primeiras características: em um mundo perpetuamente turbulento, impermanente, imprevisível e instável, o tipo "empreendedor" se imporá cada vez mais, porque tudo deverá ser recriado o tempo todo, nada conseguirá chegar à maturidade (como já é o caso de muitos produtos ligados à informática, por exemplo). As qualidades dominantes do gerente de amanhã serão muito menos as do estrategista e do gestor (que ainda hoje teimam em ensinar em quase todas as escolas de administração) do que as de um criador aguerrido, sedutor e carismático (muito mais subjetivas e intangíveis), que não se aprendem nem nos livros nem nas salas de aula.

Criatividade e sedução, portanto!

Segundas características: uma vez que tudo mudará o tempo todo, cada vez mais rápido, teremos de cultivar, em paralelo, a vigilância e o desapego. Vigilância para estar sempre alerta, à espreita de qualquer palpitação dos mercados, dos clientes, dos colaboradores, das tecnologias... Desapego para conservar, no meio de toda essa briga de foice, a serenidade e a tranquilidade de espírito dos sábios: "Quem nada tem a perder tem tudo a ganhar".

Mais fácil de escrever do que de viver, apesar de Kipling ter avisado: "Se puderes ver destruída a obra de tua vida/ E sem dizer palavra começar a reconstruir/ Ou perder de uma vez o ganho de cem partidas...", serás gerente, meu filho.

Mais do que nunca, não haverá garantias para o homem: os sinos dobrarão pelos lucros circunstanciais. Muitos irão à falência, vítimas de um estresse crescente que não conseguirão superar, transcender. Tinham muito a perder...

Vigilância e desapego, portanto!

Terceiras características: nada que seja essencial poderá ser previsto (quem previu o Onze de Setembro? Quem antecipou o CD? Quem profetizou a queda do Muro de Berlim?). Teremos de aprender a viver no presente, na precariedade, na incerteza, com a oportunidade do aqui e agora como único horizonte. Não haverá mais pontos de referência, qualquer planejamento estará fadado ao fracasso. Tudo que se espera só raramente acontecerá; tudo que se teme provavelmente acontecerá; tudo que nem se suspeita com certeza acontecerá.

Então? Ir em frente. Ousar. Ter confiança em si mesmo. Ter fé em seu projeto de vida. Dar confiança aos que entrarem em seu barco.

Oportunismo e confiança, portanto!

Quartas características: tudo será cada vez mais complexo, ou seja, mais inextricável e menos racionalmente analisável, tão densos serão os componentes, as combinatórias e as relações recíprocas.

Nosso bom e velho método cartesiano, sempre à procura, em tudo, de uma racionalidade virginal, fracassará com frequência cada vez maior na tentativa de desenredar o novelo do real: a própria ciência reconhece e afirma isso (ver Prigogine, Reeves, Capra, Trinh Xuan Thuan etc.).

Mas há outros caminhos para o conhecimento, além da razão raciocinante, tão simplista e tão redutora. Não devemos negar a razão, portanto, mas superá-la, enfim reconciliando o cérebro esquerdo (da racionalidade analítica e redutora) e o cérebro direito (da sensibilidade intuitiva e globalizante).

Amanhã (e até hoje, se possível), as escolas de administração terão de se repensar a fim de transmitir um saber ser e um saber vir a ser, mais do que um saber fazer condenado desde o ovo à obsolescência imediata.

Não se trata mais de possuir saberes, mas de construir aptidões e desenvolver talentos.

Intuição e transracionalidade, então!

Quintas características: em um meio extremamente turbulento, toda estrutura rígida está condenada a quebrar. Do carvalho e do caniço do bom Jean de La Fontaine, só o caniço sobreviveu à tempestade.

O mesmo acontecerá com as empresas, que terão de se desfazer de toda rigidez, por mais apaziguadora e confortável que seja, se não quiserem se vestir de luto.

E, nessa rigidez, a rigidez hierárquica, dos poderes e dos títulos (mais um superbenefício...), logo desaparecerá: podemos até ser responsáveis ou gerentes provisórios de um projeto, mas é inconveniente querer ser "diretor" vitalício!

A autoridade, se não mostrar todos os dias que merece, não passa de usurpação institucionalizada de um poder ilegítimo. Adeus à carreira e ao escritório de três janelas...

As relações verticais de poder não conseguirão se manter na borrasca. Darão lugar às relações horizontais de cooperação, colaboração e cumplicidade, tais como se desenvolvem nos modelos de gestão em rede. Não haverá mais chefes, só talentos diferentes e complementares (inclusive o talento de gerente, ou seja, para coordenar, arbitrar e fazer convergir), que deverão aprender a cooperar em um projeto comum, visando a um objetivo comum.

Talento e cooperação, portanto!

O gerente de amanhã não será mais esse guerreiro cheio de certezas férreas, grande rompedor de concorrentes, grande conquistador de fatias de mercado, que carrega o grandioso estandarte dos orçamentos ambiciosos e dos planos trienais maravilhosos. Ele aplicará um princípio de encontro.

Não encontrar o outro na luta para apropriá-lo, vencê-lo, subjugá-lo, dominá-lo, pilhá-lo, explorá-lo e submetê-lo (o outro é um objeto), mas encontrá-lo em intercâmbio para comerciar, negociar, ponderar, equilibrar e igualar (o outro se torna sujeito). Encontrar em sinergia para sintetizar, transcender, superar, em simbiose, em comensalismo, em síntese (o outro traz um projeto).

Sempre a mesma tipologia: apropriação, troca, sinergia. As tribos bárbaras funcionavam com base na força de apropriação. As sociedades democráticas funcionam com base na equidade das trocas. A humanidade – e a empresa – de amanhã funcionará com base na capacidade sinérgica, no encontro do terceiro tipo, nas relações simbióticas.

Esse encontro do terceiro tipo implica paradoxalmente dois movimentos de aparência contraditória: a individuação e a fusão.

A individuação é uma tendência – já intensamente em ação – de aprofundamento do individual à margem ou até contra o social: o homem é antes de tudo um indivíduo, um "único", escrevia Max Steiner, um conglomerado complexo e absolutamente original de características físicas, intelectuais, afetivas e espirituais, completamente diferente de todos, radicalmente desigual em relação a todos. A individuação é também a manifestação desse desejo profundo – o mais profundo, talvez – de se realizar, de consumar sua vocação, de ir até o fundo de si mesmo, de testar todas as suas potencialidades.

Mas sem o encontro com o outro, como dissemos, não há consumação possível: a semente só se torna árvore pela água, pela terra, pelo ar e pelo fogo, pela chuva, pelo húmus, pelos ventos e pelo sol.

E as relações dos dois primeiros tipos, dominação em uma e troca na outra, só levam à violência dura aqui e hipócrita ali, portanto, ao sofrimento.

O mundo bárbaro da força e da dominação é corroído pelo medo e pelas guerras.

O mundo mercantil da troca e da igualdade está repleto de injustiças e frustrações.

Sendo assim, temos de começar a preparar o homem para o advento de um novo mundo, fundado sobre novas relações: encontros do terceiro tipo. Mundo por vir da fusão para além da apropriação, para além da socialização. Fusão, sinergia, simbiose do homem e de seus meios em todos os seus componentes.

Se o outro não é nem objeto nem sujeito, mas se o outro, todo outro, é, como eu, portador de um projeto que o supera, então do encontro nasce a convergência dos projetos individuais em um projeto comum, maior, mais vasto, mais rico.

Projeto de empresa. Projeto de sociedade. Projeto europeu. Projeto de humanidade.

Nosso mundo precisa imperiosamente de projetos que agrupem e unam.

Em matéria de sinergia e de simbiose, um mais um é bem mais do que dois.

Eis os primeiros traços de um retrato de gerente, muito diferente do comumente aceito.

Novos fundamentos econômicos

Além dessas considerações extraídas da experiência em empresas, chegou a hora de traçar as grandes linhas do que devemos chamar de o fim do econômico, pelo menos na acepção clássica do termo. Para isso, devemos retomar seus fundamentos.

Paul Samuelson, em seu tratado *Economia*, estudado com afinco por gerações de estudantes, descreve a economia como o conjunto das técnicas racionais que visa à gestão ótima do que é raro. Há nessa definição três palavras-chave essenciais que se prestam todas à discussão: racionalidade, raridade e ótimo.

Raridade

É evidente que, em uma economia de objeto material, como cada objeto de propriedade ou de troca é *in fine* único, a ideia de raridade se torna central em toda concepção econômica.

A mesa de madeira branca que possuo, sou o único a possuí-la. Enquanto a tenho, sou o único a tê-la; se a vendo ou a dou, não a tenho mais.

Ela é única e poderia, não sei por que razão (uma dedicatória de Paul McCartney escrita com pincel atômico preto, por exemplo), tornar-se um objeto de cobiça do mundo inteiro e ver seu valor de mercado crescer acima de qualquer limite razoável, porque, além de única, minha mesa de madeira se tornou insubstituível (obrigado, Paul).

Quanto mais raro, mais caro: é com base nesse princípio que se estabelece toda a economia clássica e, na esteira dela, todo o capitalismo especulador, que não só valoriza o que é raro e insubstituível, mas antecipa e aposta nas raridades de amanhã ou de depois de amanhã.

Quando voltamos ao mundo do conhecimento e da informação, esses princípios fundadores não se sustentam mais.

Ao contrário da torta de morangos, o informacional se partilha sem se dividir: quando entrego um dado a alguém, eu não o perco, mas conservo-o também integralmente para mim.

Esse ponto é capital e faz naufragar todos os princípios da economia clássica. O valor de uma informação não está em sua raridade, muito pelo contrário: está em sua proliferação, em seu amplo compartilhamento. Um jornal de pequena tiragem não vale nada. Um livro que vende dez exemplares é um fracasso. Um espetáculo sem espectadores pode ser genial, mas é insignificante, inexistente. Um novo software que não se adapte aos padrões da Microsoft, mesmo perfeito, está fadado ao fracasso (a IBM sabe muito bem disso com seu Operating System 2). Uma teoria científica que não é compartilhada pela comunidade científica não existe.

O valor de uma ideia é dado por essa proliferação.

E vimos que o grande fator que favorece a proliferação, portanto, o valor de uma ideia, é a gratuidade. A gratuidade como fundamento da nova economia!

Hoje, para ser recompensado, um criador de ideias não tem outra opção senão se abrigar nas noções de propriedade intelectual e direitos autorais. Isso não funciona. Cópias piratas de tudo circulam em toda parte e constituem o essencial da proliferação. Um jornal comprado por uma pessoa é lido por três a sete outras, conforme o país e as circunstâncias. O *download* de CDs de música via internet tornou-se uma atividade de pleno direito. Sem falar das fotocópias de livros ou das cópias ilegais de CDs, DVDs ou videocassetes.

O referido é verdade e dou fé! Todo frenesi jurídico-policial não adiantará de nada, porque é o princípio mesmo que está errado. A informação, a ideia e o conhecimento não podem ser tratados com os mesmos conceitos econômicos ou jurídicos que os objetos materiais. As noções de raridade e propriedade viram fumaça e desaparecem. Temos de inventar novos modos de compensar os criadores e os *experts*: esse é o ponto fundamental.

Não pagar mais segundo as vendas: não há venda quando há gratuidade (de direito ou de fato, com as cópias piratas). Não mais remunerá-los depois, como é de princípio com os direitos autorais. O artesão e os autônomos sempre foram remunerados pelo objeto, pelo resultado produzido. Há menos de um século, o assalariado passou a ser remunerado por hora, pelo tempo trabalhado segundo o contrato. Amanhã, nenhum desses dois modos de remuneração funcionará. Precisamos inventar outra coisa, outra lógica econômica que não esteja nem na troca de objetos nem na prestação de tempo.

Em matéria de criação e de conhecimento, o resultado é imprevisível e o tempo passado não tem significado. Portanto, devemos remunerar a criação ou o conhecimento especializado antes e fora do tempo, e financiar essa remuneração com base nos subprodutos gerados por essa criação e/ou esse conhecimento. É claro que, com isso, o circuito econômico se torna mais complexo, mais arriscado, mais indireto.

O importante amanhã não será mais o trabalho prestado ou efetuado, mas poder contar, dentro da organização, com talentos de criação e de conhecimento especializado (sejam ou não utilizados). Esses talentos serão cada vez mais raros e constituirão a verdadeira riqueza dos indivíduos e das organizações.

Como avaliá-los?

Como utilizá-los bem?

Como remunerá-los?

Como capturá-los e conservá-los?

São perguntas que devemos deixar em aberto aqui.

Mas uma coisa é certa: a economia dos talentos não tem nada em comum, nem em seus princípios nem em seus processos, com a economia dos objetos.

Otimização

Sim, mas em relação a quê? Em que unidade? Com que padrão?

Dizer que uma gestão é ótima, segundo os critérios clássicos, é dizer que o rendimento contábil entre receitas e despesas é máximo. Que seja.

Veremos mais adiante, de maneira muito concreta, as críticas que podemos fazer à noção classicamente central de lucro.

Lucro em relação a quê? Para quem? Quando?

A noção de otimização é muito relativa: depende de como se lê a realidade, da escala de tempo utilizada. O olhar estritamente financeiro torna-se cada vez menos pertinente em um mundo econômico em que o intangível, o imaterial e o qualitativo ganham uma importância cada vez maior.

O exemplo mais típico dessa problemática é o da avaliação do valor de uma empresa. Quanto vale uma empresa? Resposta clássica: o ativo líquido atualizado mais o *goodwill*. Mas o que vale uma empresa noética, em que não há quase nenhum ativo (escrivaninhas e computadores, no máximo) e o *goodwill* se baseia quase exclusivamente no talento, nos conhecimentos, no relacional, na visibilidade ou na credibilidade das pessoas que estão lá hoje, mas que podem não estar mais amanhã? É bem mais fácil comprar uma usina siderúrgica do que um gabinete de consultoria...

A noção de preço "ótimo", nessas circunstâncias, escapa de toda racionalidade.

Como gostava de dizer um de meus tios, gerente de uma loja de roupas para senhoras: "Minha senhora, não sei quanto vale este vestido, só sei por quanto vou vendê-lo". Subentenda-se: o valor do vestido depende essencialmente do bem-estar ou do sucesso que a dama terá ao vesti-lo, portanto, de todo um leque de fatores, um mais subjetivo e irracional que o outro.

Racionalidade

Paul Samuelson, assim como todos os economistas clássicos, insiste na ideia de que as teorias econômicas se baseiam todas na hipótese – não raro explícita – de que todos os atores econômicos decidem e agem de maneira racional, estando bem informados.

Essa hipótese jamais se verifica na prática.

Aliás, um prêmio Nobel de Economia foi concedido a quem provou que o sistema acionário funciona de maneira totalmente irracional, essencialmente com base em fofocas, boatos, reações inexplicáveis (compro porque estão vendendo, compro porque estão comprando ou vendo porque...)

Por que se contrata fulano e não beltrano? Por que se escolhe tal campanha de publicidade e não outra? Por que fazer tal hipótese orçamentária? Por que esse preço?

Qual é a parte do faro, do *feeling*, da intuição, do capricho, do ego ou da bajulação na maioria das decisões que deveriam ser racionais? Enorme!

Um publicitário famoso me contou que nunca teve problemas para renovar suas campanhas com um grande banco, simplesmente porque tratava de colocar anúncios bem visíveis ao longo do trajeto que o presidente do banco fazia para ir de casa até o escritório. Ego? Você disse "ego"?

Não faltam exemplos dessa completa irracionalidade dos chefes, que depois os escrevinhadores têm de justificar de forma racional para que todos (e sobretudo os acionistas) não se assustem.

Como vemos, a realidade econômica contemporânea não entra mais no quadro das hipóteses clássicas de Samuelson.

A economia noética não se baseia na raridade, na otimização ou na racionalidade.

O imaterial não se encaixa nesse quadro.

"Noeconomia"... Uma neoeconomia?

Classicamente, o que é a economia senão a otimização da relação entre um resultado buscado (muitas vezes quantitativo, mas não necessariamente) e os recursos (materiais, mas não exclusivamente) que ele mobiliza?

A diferença entre o valor desse resultado e o valor dos recursos consumidos é o valor agregado (ou perdido) do processo econômico. Esses valores podem ser expressos por diferentes unidades, não obrigatoriamente monetárias e contábeis.

A economia clássica está ligada à matéria, ao objeto, à coisa. Baseia-se nos princípios de raridade, penúria e concorrência. Sua unidade de valorização é exclusivamente monetária e contábil, o que, como ressaltamos, torna a avaliação das empresas cada vez mais impossível, já que o "extracontábil" (patrimônio humano, cognitivo, informacional, relacional etc.) torna-se cada dia mais estratégico e essencial... Menos quantificável... Mais volátil.

Já a noeconomia requer cada vez menos recursos materiais onerosos, mas cada vez mais talentos e conhecimentos especializados imateriais.

Produz conhecimento gratuitamente multiplicável e compartilhável ao infinito sem que ninguém seja lesado e sem que aquele que o detém perca uma migalha sequer. É, portanto, uma economia da não penúria: sua única raridade potencial é a dos talentos e dos conhecimentos especializados, que os sistemas educativos da sociosfera mal conseguem fornecer. Abordaremos esse ponto mais adiante.

É também uma economia da não concorrência, pois, ao contrário do espaço material e territorial que é, por essência, limitado e único, os espaços imateriais da criação e do conhecimento são ilimitados, desterritorializados e em número infinito: cada um pode encontrar ali todo o espaço que deseja, sem pisar em cima do vizinho. É, portanto, uma economia da cooperação, e não da competição.

É, enfim, uma economia em que o qualitativo supera o quantitativo sem negá-lo, e que vira as costas para a sociedade de consumo, construindo-se sobre princípios de durabilidade e de frugalidade.

Quanto mais desmaterializada, menos recursos materiais e, portanto, capitais uma atividade mobiliza. Truísmo? Talvez, mas que merece ser levado até suas últimas consequências.

Assim, se a necessidade de capitais desmorona com o surgimento das profissões do imaterial, todo o mercado de capitais – todos os produtos financeiros da economia clássica e todos os mecanismos especulativos que os acompanham – desmorona com ela. Os "tombos" regulares nas bolsas nos últimos anos são as inevitáveis premissas.

Assim também, se a noeconomia é bem mais uma economia de mobilização de talentos e conhecimentos especializados e bem menos de manipulação e transformação das matérias ponderáveis, o homem se torna o centro da empresa, porque é o centro da produção de valor.

A guerra secular entre o trabalho e o capital perde todo sentido (assim como as instituições que os representam, pelo que parece), porque a fonte do valor agregado não é mais o capital e o trabalho, mas o talento, a imaginação, a inspiração, a experiência, o conhecimento especializado, que "trabalham" (em termos de "número" de horas, pelo menos...) em razão inversa ao seu nível. Trata-se muito menos de remunerar o capital ou o trabalho do que de financiar o estímulo e a fidelização de talentos, o desenvolvimento e a captura de conhecimentos especializados. As noções de contrato de trabalho e salário, próprias da sociosfera, não têm mais vigência aqui.

Assim, por fim, as estruturas e as organizações empresariais virarão necessariamente as costas para os organogramas hierárquicos e as pirâmides conflituosas de poderes institucionalizados e concorrentes. Darão preferência ao funcionamento em redes flexíveis e variáveis e à cooperação entre aqueles que, em razão de seus talentos e conhecimentos especializados, "são autoridade", independentemente da instituição.

Quanto maior o fosso entre o mundo real e a visão do mundo, e maior a divergência entre o real e o paradigma, mais caros serão os esforços para "reconciliá-los" artificialmente.

Um exemplo: o paradigma clássico baseia-se, entre outras coisas, na ideia de que em tudo existem tijolos simples e imutáveis que, associados segundo leis simples e imutáveis, constroem tudo que existe. O todo se explica pelas partes.

Isso se chama analitismo e reducionismo.

Assim, a matéria "deve" ser constituída e explicada por partículas elementares que a física acreditava ter encontrado nos prótons, nos nêutrons e nos elétrons. O triunfo foi breve: em um século de pesquisas, o mundo das "partículas elementares" tornou-se tão complicado, tão exuberante, tão arbitrário que o bom senso concluiria pelo impasse, pelo erro.

Mas não adiantou: os superaceleradores de partículas, entre os quais o do Centro Europeu para a Pesquisa Nuclear, em Genebra, continuam a gastar somas exorbitantes na busca por essas quimeras. A física atual sabe pertinentemente que não existem partículas e nada é elementar, mas ninguém toma a salutar iniciativa de desistir – porque necessitamos de pontos de referência e de segurança, talvez.

A conclusão que se impõe é: teimar em um paradigma obsoleto é antieconômico.

É preciso ter a coragem de virar certas páginas, sem renegar nada e apesar da angústia da página em branco que convém escrever de novo.

O que esse exemplo mostra é o seguinte paradoxo: porque se torna obsoleta em seus princípios, em seus mecanismos e em seus valores, a economia clássica torna-se amplamente antieconômica.

O caos energético, a poluição industrial e doméstica do solo e da água, a destruição em massa do patrimônio biológico, a exploração exacerbada e imbecil dos recursos minerais não renováveis, acompanhados em toda parte da coisificação do homem, tanto no nível da produção quanto no do consumo, são fatores de custos imensos, profundamente antieconômicos, que a economia clássica subtrai com alegria de seu balanço.

O lucro (em todos os sentidos do termo, não só material e financeiro) é indispensável às empresas para financiar seu desenvolvimento e seu progresso, sua perenidade e sua qualidade, mas esse lucro é uma consequência, não uma meta. Consequência de um ofício bem dominado e de um trabalho bem feito. Fora isso, é estelionato e vigarice contra o cliente. Ou contra a humanidade.

O lucro só é lucro quando inclui todos os custos dissimulados, gerados pela visão curta de chefes irresponsáveis e pela falsidade de modelos classicamente aceitos.

A noeconomia não se opõe à economia clássica. Ela a supera, marginalizando-a pouco a pouco, levando-a para a periferia.

O sentido do lucro

Nossa época é de passagem entre duas eras: abandonamos a era "moderna", que nasceu contra o feudalismo nas cidades do Renascimento, e entramos em um novo ciclo, que chamei, como outros, de era noética.

Essa passagem traz uma mudança radical de paradigma, muito mais uma revolução do que uma evolução.

A sociedade da informação e do conhecimento em que estamos entrando baseia-se em fundamentos diferentes daqueles da sociedade industrial, materialista, racionalista e mecanicista que estamos deixando.

Esse salto é um salto de complexidade, um limiar que só podemos ultrapassar abandonando todas as nossas crenças, todas as nossas balizas, todos os nossos métodos antigos.

Consideremos brevemente alguns exemplos.

Nosso caro método cartesiano é mecanicista (todo efeito tem uma causa), analítico (o todo é a soma das partes e explica-se por elas), determinista (para a mesma causa, o mesmo efeito) e quantitativo (tudo se mede e as medidas são números). Ele permitiu incontáveis progressos e vitórias, mas a ciência recente (Prigogine ou Morin, por exemplo) mostrou de maneira clara que esse método só é operativo nos sistemas simples: não se aplica aos sistemas complexos, porque, ao decompor o todo em suas partes, perde o essencial: as inter-relações entre as partes. São necessários outros métodos, então: métodos sistêmicos, que são não cartesianos.

Todo o nosso direito baseia-se na noção de propriedade: o direito à propriedade é inalienável, propriedade de meus bens, de minha vida, de minha identidade, de meu estatuto etc. A noção de propriedade vem da noção de raridade: como todo objeto é único, se me pertence, não pertence a você, e vice-versa. Com a informação e o conhecimento, tudo muda: quando tenho uma ideia e a passo a alguém, eu não a perco; essa ideia, ao contrário, ganha tanto mais valor quanto mais compartilhada for. Daí os esforços imensos e inúteis de nosso direito para tentar fundar a noção e a proteção da "propriedade intelectual", ou seja, aplicar uma lógica de raridade e de penúria à informação, que é multiplicável ao infinito e de modo quase gratuito.

A observação quotidiana mostra sem dificuldade a aceleração dos processos de obsolescência. Isso é verdade para os produtos, cujos ciclos de vida diminuíram. Isso é verdade para as tecnologias, que se substituem antes de chegar à plena maturidade. Isso é verdade para os mercados, que se tornam cada vez mais instáveis e voláteis. Tudo está por inventar o tempo todo: a inovação perpétua tornou-se a rainha dos mundos.

Apesar disso, nossa boa e velha escola continua a ensinar saberes e receitas já prontos: a memória, a imitação, a repetição e os esquemas estereotipados ainda são os pilares de nossos arcaicos sistemas de educação, os do cérebro esquerdo contra o cérebro direito. Como se admirar da falta de talentos e conhecimentos especializados que começa a se generalizar?

Amanhã, o problema não será mais aprender saberes que mal se adquirem, já se tornam obsoletos, mas aprender a aprender, a pesquisar, a criar. O problema não será mais conhecer o conteúdo de determinados livros, mas conhecer o mapa de navegação de todos os livros e aprender a navegar por eles com segurança e confiabilidade.

Os parágrafos a seguir tratam da problemática do lucro pela óptica desse novo paradigma, pela óptica da era noética e da sociedade do conhecimento.

A razão de ser da empresa

A empresa é, antes de tudo, um lugar de criação e de desenvolvimento de um ofício, de um *know-how*, de um conjunto de conhecimentos que constituem seu patrimônio capital e, ao mesmo tempo, sua matéria-prima.

O valor agregado produzido por ela decorre de maneira direta e exclusiva do seguinte: o valor agregado pela empresa à matéria-prima é sempre de natureza imaterial, porque nasce do cérebro dos homens que realizam o encontro dos recursos com o fito de executar o processo produtivo e comercial de maneira ótima.

Quanto mais afastada dos setores primários é a atividade de uma empresa, mais seu valor agregado depende da criatividade e do conhecimento que ela injeta em seus produtos. Nas indústrias de alta tecnologia (secundário de ponta), o peso da matéria nos preços é mínimo. O que dizer então dos setores terciários (serviços), quaternários (talentos criativos) e quinquenários (*expertises* cognitivas)?

Cada empresa tem apenas uma vocação profunda: realizar-se plenamente no ofício que escolheu ou inventou para si. Essa realização só é possível em boa harmonia com o mundo a seu redor: clientes, fornecedores, funcionários, financiadores, meio etc. E tem uma condição prévia incontornável: reformular essa vocação como um projeto real de empresa, que possa mobilizar energias e vontades. Sem projeto, só há deserção e descompromisso.

Como vemos, a razão de ser da empresa é tudo, menos o lucro: o lucro é apenas a consequência natural da realização impecável de uma vocação empresarial.

Consequência, não objetivo!

E, depois, de que lucro estamos falando? Existem muitos outros lucros, além do mero lucro contábil da *bottom line*. Se estabelecermos que o lucro é o crescimento de patrimônio, como há muitos outros patrimônios na empresa, além do patrimônio financeiro dos acionistas, há muitas definições possíveis de lucro. Para o patrimônio cognitivo, há lucro cognitivo: crescimento dos conhecimentos e do *know-how*. Para o patrimônio humano, há o lucro humano: crescimento dos talentos e dos conhecimentos especializados. Para o patrimônio relacional, há o lucro relacional: crescimento das redes e de seus acessos. E assim por diante.

Devemos acrescentar que as empresas do imaterial (entenda-se: as empresas de criação e de conhecimento) são quase sempre muito pequenas (por que fazer grande e pesado, se não se espera um efeito de tamanho ou de economia de escala e se pode permanecer ágil, leve e livre?) e quase não precisam ser capitalizadas (esse tipo de empresa é uma associação de talentos e conhecimentos especializados para um projeto; necessita de poucos fundos, porque só o capital humano importa).

Podemos compreender então por que a noção clássica de lucro financeiro distribuído aos acionistas perde sentido: por essência, os patrimônios dessas empresas são voláteis e qualitativos, portanto, escapam de qualquer exploração capitalista.

Garantir a autonomia e a perenidade

Autonomia em relação a quê? Perenidade de quê?

Em um mundo em crescente turbulência, a impermanência e a oportunidade são a regra.

As empresas do imaterial são voláteis, como dissemos. Não são transmitidas, vendidas ou compradas. Não sobrevivem a seus fundadores e não se confundem com um projeto limitado no tempo e no espaço.

Isso significa que a empresa imaterial, como estrutura, está fadada a uma vida breve, da duração de um ciclo de mercado (raramente mais do que cinco a dez anos).

Portanto, não é a estrutura (o "invólucro", o "veículo") que tende à perenidade, mas os conhecimentos, as *expertises* e o *know-how* que foram desenvolvidos por ela; é isso que os associados levam com eles, na cabeça, sem precisar negociar duro as partes de cada um, porque cada um vai embora com tudo, sem lesar ninguém. Isso é quanto à perenidade.

"Autônomo" é uma palavra ambígua. Em sua origem grega, tem o sentido de: "que tem a própria lei"; em francês, tem a acepção de "livre" e "sozinho".

A empresa do imaterial deve imperativamente ser livre, porque a liberdade é o prerrequisito essencial da criação. Sem liberdade, não há espírito inovador e criativo. Toda coerção é castradora e esterilizante.

Isso explica por que muitas dessas empresas não têm acionistas e pertencem apenas aos que trabalham nelas. Poderia ser diferente? Como convencer alguém a apostar na inspiração ou no gênio de uns poucos? Como convencer esses talentosos especialistas a se submeter à ditadura de um acionista qualquer?

Em compensação, a empresa do imaterial não pode viver sozinha (o segundo sentido da palavra "autônomo"). Ao contrário, só pode se desenvolver em uma lógica de redes eficazes e flutuantes, de colaborações limitadas e efêmeras, de compartilhamento de informações e conhecimentos, ou seja, uma lógica de encontros incessantes de potencialidades e oportunidades, uma lógica de convívio e inclusão.

Lugar do lucro na estratégia

O lucro não tem nenhum espaço na estratégia!

Como dissemos, o lucro é consequência natural de uma boa estratégia de realização de uma vocação empreendedora e do desenvolvimento de um ofício e de um *know-how*.

Um bom encanador, por ter um *know-how* raro e valorizado, não tem problemas de "lucro"; em compensação, tem problemas de disponibilidade e de prioridades.

O único problema estratégico de uma empresa do imaterial é a notoriedade: as intervenções são caras, o retorno do investimento é dificilmente mensurável e tudo repousa em um produto raro no mundo da empresa, isto é, a confiança.

Quem lucra com o lucro?

Se for o lucro contábil, depois de reservado o necessário para financiar os investimentos planejados, ele vai *pro rata* para os sócios; é a regra básica trivial.

Em contrapartida, se for o essencial, isto é, os lucros imateriais, eles cabem a todos, porque o todo está na cabeça de cada um o tempo todo.

Há nisso um motor extraordinário de motivação, porque cada um, interessando-se pelas coisas, informando-se e aprendendo sem cessar, pode ir embora a qualquer momento com o lucro de todos sem lesar ninguém. Aliás, é por causa dessa motivação que os talentos de uma empresa permanecem e não dão ouvidos ao canto das sereias.

Em um mundo em que faltam talentos e conhecimentos especializados, a regra geral é tentar aliciá-los. Felizmente, desde Herzberg, todos os gerentes de recursos humanos sabem que o dinheiro é um fator de higiene, e não de motivação: os talentos só são fiéis a um projeto se encontram nele como crescer, aprender e divertir (*have fun*).

Filosofia transferível?

Quanto mais nos afastamos das indústrias pesadas de base (setores primário e secundário), mais o esquema é transferível a outras empresas.

Mas será que os gerentes estão dispostos a mudar a mentalidade, as crenças e os métodos de maneira tão radical?

Mas será que as escolas de comércio estão dispostas a trocar os modelos clássicos de gestão quantitativa e de organização hierárquica e planificada por esse novo paradigma?

Esses parecem ser os principais obstáculos à incontornável, irreversível e indispensável virada que está acontecendo diante de nossos olhos, queiramos ou não.

Cultivando o jardim

O mundo é um jardim, um jardim que devemos aprender a cultivar.

Assim, o mundo econômico, sobre o húmus rico ou pobre das tecnologias, sob o céu claro ou tempestuoso dos mercados, vê as empresas germinar, crescer, desabrochar e murchar como se fossem plantas. Árvores magníficas, que temos de cortar e podar com regularidade para estimular o crescimento e desenvolver os frutos e as folhas. Árvores podres, que temos de derrubar o quanto antes. Árvores ocas, que só se mantêm graças a custosas estacas. Árvores doentes, que devemos cortar na base e deixar crescer de novo. Arbustos, ora cheios de espinhos, ora cheios de flores. Árvores perenes, sempre verdes e cheias de folhas. Árvores efêmeras. Plantas modestas e podadas de tempos em tempos.

A metáfora é rica e cheia de sentido!

Como sempre, três escolas se opõem.

Aqui, o jardim à francesa, de traçado reto, ordenado de forma geométrica, cheio de simetrias e perspectivas, reserva os melhores lugares aos poderes de Estado, que se entroniza como jardineiro-chefe e confisca o espaço cultivável para impor seus gostos, seus valores e suas utopias.

Ali, o jardim à inglesa, exuberante de sábias e espessas desordens, cheio de misturas e mistérios, encantos e emulações.

Mais adiante, o jardim à japonesa, como nos templos de Kyoto: algumas velhas árvores retorcidas, areia e pedregulhos sabiamente limpos, uma ou duas pedras, uma fonte que escorre desde a eternidade, segundo regras seculares.

Três estilos. Três visões econômicas: europeia e social-democrata, anglo-saxônica e liberal, extremo-oriental e tradicional. Em suma, a arte dos jardins apenas reflete a alma dos povos que os cultivam.

Mas não basta essa simples constatação.

O jardim deve ser colocado em sua dimensão temporal.

Uma semente plantada hoje só se tornará uma árvore muito tempo depois. As "ervas daninhas" de hoje serão as plantas medicinais de amanhã. As "selvagens" de hoje, depois de enxertos e cruzamentos, serão florões. E isso, ninguém é capaz de prever: não está escrito, não há leis deterministas em vigor, nem como "mão invisível" nem como "plano quinquenal".

Nos negócios, como em tudo, a moral resume-se ao seguinte:

É bom tudo que vai no sentido da vida, tudo que constrói vida.

Fazer o bem: facilitar a plena consumação da vida.

E quando o homem, ou o que quer que seja, cria obstáculos ou perigos para a consumação da vida, impedi-los é um bem.

O homem não tem nenhum direito como tirano, seja qual for a tirania, sobre si mesmo, os outros, a natureza e o mundo!

A tirania é sempre um obstáculo à consumação da vida em todas as suas diferenças.

Cada empresa, assim como cada ser humano, é uma árvore única e rara que deve aprender a cultivar a si mesma, com paciência e atenção, competência e vontade.

Não existe e não pode existir jardineiro-chefe, porque só pode ser um tirano, por mais doce que seja seu sorriso ou por mais pertinente seja sua competência botânica.

Em compensação, podemos ter estações meteorológicas, fábricas de adubo e composteiras, reservas de defensivos agrícolas para cuidar e agrônomos para aconselhar, ensinar, advertir e propor.

Os nostálgicos dos jardins à francesa fingem não se lembrar de que as aleias e as fontes de Versalhes são apenas atrações para turistas, em geral gregários e às vezes ridículos, japoneses e americanos. Um jardim museu, de certa forma, que um exército de jardineiros do Estado se esfalfam para manter em bom estado.

A caça às ervas daninhas mata as esperanças de amanhã.

As grandes obras a base de escavadeiras talvez clareiem a perspectiva ideológica, mas derrubam tudo que encontram pela frente, grandes árvores e pequenos arbustos que levarão tempo para crescer de novo, se é que um dia crescerão.

Em um jardim como esse, o homem se impõe à natureza, reduzindo-a a uma usina de produzir vegetação, segundo seus pobres esquemas geométricos, simplistas e redutores.

Só algumas essências – as maiores, para que cantem mais alto a onipotência do rei jardineiro – são admitidas, empobrecendo o mundo de todos os seus possíveis e diminuindo de forma dramática a biodiversidade salvadora.

Mas o jardim à inglesa também tem limites: se é denso demais, as plantas sufocam umas às outras e as árvores, em vez de se espalhar em sombras e oferendas de frutos, fogem para o alto, Em uma competição imbecil por um pouco mais de luz.

Jamais se mede a beleza de um jardim pela quantidade de madeira que produz.

Um pomar não deve produzir muito, mas deve produzir bem e com sabor. Quando são demais, os frutos se condenam à insipidez e ao apodrecimento. Pura perda, desperdício e fedor.

Quanto ao jardim à japonesa, apesar do encanto meditativo e da serenidade radiosa, não passa de um estereótipo eternamente repetido, sem dinâmica própria, sem originalidade, sem vida. É mais uma natureza morta do que um hino vivo. Causa maravilha aos olhos do visitante em êxtase, mas não vai além disso.

Já o bonsai é um jogo paciente e uma arte delicada, mas é só mutilação. Nenhum vale as oliveiras de minha colina. Mesmo se entendidos como uma resposta à falta cruel de espaço no país do sol nascente, os jardins em miniatura, por mais fabulosamente bem-sucedidos que sejam, não passam de curiosidade.

Em todas as suas formas, o jardim à japonesa é sofisticado, sem dúvida, mas, acima de tudo, puramente artificial.

Por esses três estilos, desenvolvemos três concepções de ordem: ordem mecânica e geométrica no estilo francês; ordem orgânica e anárquica no estilo inglês; ordem caótica e sofisticada no estilo japonês.

Três estilos. Três concepções de ordem. Três tipos de economia. Três substratos culturais e ideológicos. Três visões do homem e de seu lugar na natureza.

De minha parte, prefiro a todos os jardins do mundo a floresta viva, em que a mão do homem se absteve de qualquer intervenção estruturante e ao qual ela se contenta em servir, facilitando seu pleno desenvolvimento.

O novo homem

Inventar uma nova sabedoria

Agora que a fé cega e ingênua na onipotência da razão e da ciência foi enfim denunciada de maneira concreta pelos impasses e perdas imensas que provocaram, chegou a hora de pensar em inventar uma nova sabedoria, não contra a ciência, como gostariam os nostálgicos dos "bons e velhos tempos" bucólicos, mas acima e para além da ciência.

Vivemos hoje em um mundo de abundância material. No entanto, essa abundância não consegue ocultar as imensas carências imateriais: estéticas, sociais, filosóficas, espirituais, religiosas. Quanto mais ricos nos tornamos, mais drogados, deprimidos e suicidas nos tornamos também. Paradoxo.

Ser "sábio" não é necessariamente ser "bem-comportado", submisso, obediente, correto (politicamente), bonzinho. Em nossos tempos de miséria ideológica e desagregação demagógica, ser "sábio" é ser, talvez, insubmisso e iconoclasta, incorreto e rebelde.

Sabedoria, durante muito tempo, foi também sinônimo de prudência, de cálculo sensatamente ponderado e de "razão" no sentido de ser razoável – o que não poderia ser o caso em nossos tempos de turbulência, que exigem audácias, mutações e riscos.

Por sabedoria, muitas vezes em sentido moral, entendia-se a defesa e a promoção de valores e ideais que deviam transcender a mesquinhez egoísta de nossas vidas estreitas: o "sábio" é então o arauto ou o herói de certa filosofia moral, se não de uma moral certa.

Mas, em geral, a sabedoria de amanhã não poderá se reduzir a uma ética, seja qual for seu conteúdo. A rigidez e a simplicidade dos valores "ideais" são incompatíveis com a turbulência e a complexidade dos mundos reais. Toda reflexão ética, seja qual for o comitê de "sábios" responsável por ela, só pode desembocar em princípios e regras que refletem as cegueiras, as ignorâncias e as carências dos que os proclamam com toda boa vontade.

De forma muito mais profunda, o que podem palavras, raciocínios e ideias diante das violências, do mal-estar ou do mal-viver de tantos contemporâneos nossos, de todas as classes?

O sofrimento do mal-estar, o sentimento terrível de estar à margem da vida, de sua própria vida, não pode se satisfazer muito tempo com sentenças, por mais judiciosas e profundas que sejam.

Todos esses sentidos antigos das palavras "sábio" e "sabedoria" me parecem obsoletos.

A sabedoria exigida por nosso mundo em putrefação é de natureza completamente diferente. A sabedoria que se espera não é nem uma resposta definitiva nem um comportamento exemplar: não pode se reduzir a nenhum estereótipo, por mais sublime que seja. É muito mais um método a ser seguido do que uma palavra a ser ouvida.

Trata-se de uma sabedoria com que cada um possa aprender a viver sua própria vida, para ir ao extremo de si mesmo, para desenvolver ao máximo todos os potenciais e talentos escondidos no fundo de si mesmo. Não se trata tanto de possuir "verdades" sábias, mas de praticar uma sabedoria de vida.

A sabedoria estoica ou epicurista deve ceder lugar a uma sabedoria taoista ou zen.

Sabedoria por nascer. Sabedoria por inventar. Não contra, mas para além das velhas filosofias.

Como uma maiêutica de um novo homem, de uma nova humanidade, de um novo "viver juntos", mas sobretudo de um novo "viver a si mesmo", longe dos *ersatz* artificiais e da embriaguez ilusória deste mundo de consumos desenfreados e de prazeres medíocres.

Um método de vida que não fecha nada, mas abre tudo, não rejeita nada, mas enobrece tudo, não odeia nada, mas se desprende de tudo.

Então nossa sabedoria será esse aprendizado da liberdade verdadeira, longe de toda escravidão, externa ou interna, e da fé pura, longe de todas as idolatrias religiosas ou laicas.

Devemos reaprender a viver a vida? De cabo a rabo!

Deixar para lá

Nosso mundo humano alcançou um tamanho, um volume e uma complexidade tais que nos vemos diante de um terrível efeito de limiar: ou mudamos nosso jeito de viver e dobramos o cabo, ou não mudamos o bastante e desapareceremos em um cataclismo qualquer.

Não se trata mais de reforma, de progresso, de melhoramentos ou de correções. Trata-se de ruptura radical, de mutação profunda, de metamorfose. O homem-lagarta deve se tornar o homem-borboleta.[15] E o mundo da borboleta não tem rigorosamente nada a ver com o mundo da lagarta.

Passagem de duas para três dimensões.

Passagem do rastejar para o voar.

Passagem da terra material para o ar imaterial.

Será impossível desenvolver essa nova e indispensável (vital) sabedoria de vida se não renunciarmos a todos os pontos de referência de ontem e de hoje. Nossas palavras sagradas, nossas palavras tabus, nossas catedrais de hoje em breve não significarão nada para os que sobreviverem.

Repitamos: a sabedoria por nascer não é e não será uma sabedoria feita de palavras. Não estará nos livros nem se aprenderá na escola – pelo menos não nessa escola que conhecemos. Será uma prática de vida, um mergulho na vida, no instante, longe de qualquer antropocentrismo.

O homem deve aprender a se apagar, a ele e a seu ego hipertrofiado, e abrir espaço para a vida em todas as suas formas, nele e ao redor dele. Deve aprender a se desaprender para enfim conhecer e viver o real. Deve se desintoxicar de todas as suas ilusões, de todos os seus orgulhos, de todos os seus caprichos de criança mimada – o que é tão duro e doloroso quanto se desintoxicar do álcool ou das drogas. Deve se privar de todo o artificial em que cultivou suas esquizofrenias.

A sabedoria nova está aí, só precisa ser ativada. Mas para isso devemos aprender a "deixar para lá". Devemos aprender a relativizar fortemente o que acreditamos essencial e que, na verdade, é apenas uma corrida ao ilusório.

A vida é aqui e agora e em nenhum outro lugar, nem no passado, nem no futuro, nem no além. Mas está *apenas* aqui, em cada instante. De tanto viver para o amanhã, nunca vivemos de fato, porque só o "agora" é real, e o amanhã talvez nunca venha a ser.

---

[15] Breve referência ao nosso velho livro: *La métamorphose de l'homme papillon*. Bruxelas: Presses Interuniversitaires Européennes, 1989.

Oito pistas noéticas

Gostaria de desenvolver nos parágrafos seguintes oito pistas ou caminhos que convergem para a sociedade noética vindoura. São também oito atitudes que devem prevalecer no homem novo. São elas:

- aprender a humildade pela contemplação e pela meditação;
- viver em harmonia com a natureza, "para guardá-la e servi-la";
- assumir a complexidade do real, repudiando todos os reducionismos;
- renunciar a dominar, a se apropriar, a subjugar o que quer que seja, quem quer que seja;
- cultivar a pacificação e a suavidade, denunciando todas as violências;
- aniquilar todas as idolatrias e todas as escravidões;
- realizar sua vocação de criador na noosfera;
- subordinar o econômico e o político ao noético.

Pista 1 – Aprender a humildade pela contemplação e pela meditação

Humildade. Abandonar radicalmente o antropocentrismo e seus dois filhos, o humanismo e o egocentrismo. Ver enfim o mundo e o universo como um grande todo, do qual o homem ocupa só um lugar minúsculo. Ver o homem como parte integrante desse todo e a serviço dele. Superar o ego, essa armadilha nefasta em que nos chafurdamos e nos cegamos para o real. Abrir a sociosfera e transformá-la em uma ponte entre a biosfera e a noosfera. Ver nessa transformação o cerne da vocação, da missão e da justificação humanas. Tomar consciência da unidade integral do todo e fundir-se nele.

Cultivar o amor ou a fraternidade universais para com tudo que existe e vive, como parte, assim como nós mesmos, da vida e do projeto cósmico.

Contemplação e meditação: as duas facetas dessa verticalidade indispensável à profundidade e à elevação. A primeira se volta para fora, a fim de perceber o real para além das aparências e dos logros. A segunda se volta para dentro, a fim de sentir o real para além dos conceitos e das palavras. O ego, o homem, a humanidade não passam de epifenômenos, meras ondas no oceano do real.

Pista 2 – Viver em harmonia com a natureza: "guardar e servir"

A sociosfera e, para além dela, a noosfera estão para a biosfera, assim como a árvore está para o húmus.

Matar o húmus é matar a árvore. Ver a natureza como mãe nutriz e amorosa, que devemos respeitar e tratar com carinho. Não o retorno à natureza, mas o enraizamento na natureza para poder superá-la em sua consumação.

Favorecer a vida em todas as suas formas. Plantar três árvores para cada galho cortado.

Preservar água, ar e terra. Aplicar em tudo o princípio de frugalidade, para só colher, de forma direta ou indireta, o estrito necessário em todas as fontes de vida.

Renunciar a todos os caprichos, a todos os supérfluos. Destruir o mínimo e construir o máximo.

Harmonia. De tanto ser usada a torto e a direito, perdeu potência; porém ainda é a mais pertinente para falar dessa ressonância, dessa cumplicidade, dessa conivência indispensável entre o homem e a natureza, entre o homem e o universo, entre a consciência individual e a consciência cósmica. A harmonia está além de toda relação hierárquica: uma jamais será subordinada à outra.

Aqui, a metáfora musical é mais expressiva: cada linha melódica é singular, mas a integração sinfônica põe uma em harmonia com a outra. Uma partitura cósmica com bilhões de linhas melódicas. A imagem é impressionante.

Mais do que uma imagem, porém, há toda uma filosofia de vida nela: equilíbrio dinâmico e pessoal entre individuação (a linha melódica irredutível e única de cada um) e integração (a harmonização sinfônica de todas essas melodias).

Afirmação de sua própria melodia, de sua própria vocação, e vontade de se harmonizar com a sinfonia ambiente.

Guardar e servir – a palavra bíblica adquire aqui toda a sua amplitude. Guardar para proteger, preservar, defender, conservar... Servir para cultivar, estimular, proliferar, nutrir...

Pista 3 – Assumir a complexidade do real, repudiando todos os reducionismos

Compreender que o mundo é complexo e, portanto, jamais redutível aos esquemas analíticos e mecanicistas do pensamento racional. Tomar consciência de que essa complexidade é a garantia da riqueza do real. Aceitar uma grande parte de ignorância e de desconhecimento definitivos. Saber que a complexidade gera um tecido denso e inextricável de interações muitas vezes imperceptíveis, que ligam tudo a tudo e fundam uma solidariedade e uma fraternidade concretas entre tudo o que existe. Favorecer em tudo o surgimento de novas complexificações em todas as camadas da vida. Ousar todas as combinações, todas as mestiçagens, todos os arranjos harmônicos possíveis, para gerar o novo, o inédito, o inaudito. Realizar-se prioritariamente na criação noética, porque ela é a vocação central da humanidade. Buscar a complexidade, mas fugir de toda complicação: a complexidade deve permanecer simples, sem jamais ser simplista. Simplicidade nunca é simplificação.

Lembrar-se sempre de que o todo é mais que a soma de suas partes.

Renunciar a todos os reducionismos, por mais confortáveis e apaziguadores que sejam.

Saber que nosso cérebro tem tendência a guardar apenas o permanente e o recorrente, ao passo que a vida do real reside precisamente no impermanente e no singular. Denunciar todas as simplificações, que desnaturam e esterilizam o real. Reencantar e ressacralizar o dia a dia, dando-lhe toda a sua espessura e toda a sua densidade em cada aqui e agora.

Pista 4 – Renunciar a dominar, a se apropriar, a subjugar o que quer que seja, quem quer que seja

Extinguir as relações de competição, concorrência, predação e hierarquização em tudo e substituí-las pelas relações de cooperação e simbiose. Transcender qualquer situação conflituosa, desenvolvendo a individuação *e* a integração – esse é o caminho da complexificação. Repensar de ponta a ponta o conceito de propriedade, não para suprimi-lo, mas para sublimá-lo. Fazer da propriedade um meio, não um fim. Compreender que o homem é o meeiro do mundo terrestre, não seu proprietário; aliás, não somos nunca de fato proprietários de nada e não levamos nada para o túmulo. Tomar consciência de que toda apropriação procede de um processo de coisificação absolutamente incompatível com a realidade da vida. Tornar-se "senhor de si", mais do que querer ser o "senhor do mundo e dos outros".

Preferir em tudo a interioridade e a verticalidade: a obra a ser realizada está no tempo e na duração, não no espaço e em seus territórios.

Renunciar a todos os sedentarismos, a todas as territorialidades, a todas as petrificações.

Saber que o nômade só tem o que pode carregar, todo o resto é peso morto e supérfluo. Tornar-se independente de tudo e de todos, e não ser dependente de nada nem de ninguém.

Saber que ter servos é ter servidões.

Pista 5 – Cultivar a pacificação e a suavidade, denunciando todas as violências

Compreender que toda violência é um processo radicalmente simplificador, contrário ao caminho da complexificação. Praticar todos os outros métodos de resolução de conflitos e só recorrer à violência se tudo já tiver sido tentado e tiver fracassado e se o perigo for grave e real.

Jamais confundir força com violência: a força interior é o melhor antídoto contra a violência. Denunciar a violência onde quer que esteja e seja qual for o modo como se exprima: não só as violências físicas que ferem e matam, mas também as violências verbais, afetivas, intelectuais ou espirituais, igualmente intoleráveis.

Suavidade...

Nada de angelismo aqui. Preferências, sobretudo... Preferir as energias suaves às energias duras, as indústrias leves às indústrias pesadas, as medicinas alternativas às medicinas brutais...

Pacificação...

Não se trata do pacifismo carola, mas de querer e de construir a paz. Todo os tipos de paz.

Antes de tudo, paz interior, condição *sine qua non* para qualquer pacificação exterior com o mundo, os outros e a natureza. Pacificação interior. Pacificação interior pelo trabalho de convergência das quatro dimensões do eu: o que sou e faço, o que os outros creem que sou e faço, o que eu gostaria de ser e fazer, o que os outros gostariam que eu fosse e fizesse. Pacificação interior pela clara consciência de nossas vocações íntimas e por sua transposição para um plano de vida autêntico, a que nos agarraremos haja o que houver.

Pista 6 – Aniquilar todas as idolatrias e todas as escravidões

Nossos ídolos – tudo que sacralizamos, adoramos e reverenciamos – estão em nós: dinheiro, poder, fama, *status*, aparências.

Assim que um meio se torna um fim, há ídolo e idolatria. Só há um fim: realizar-se em plenitude no serviço da consumação cósmica.

Tudo mais é meio. Tudo mais é suscetível de idolatria.

Nossas piores escravidões vêm de nós mesmos, de nossos apegos, de nossos caprichos e de nossos medos, não raro imaginários. Matar o escravo que está em nós. Abandonar as terras de escravidão e atravessar o Mar Vermelho, sem remorsos nem lamentações, e, sobretudo, sem retorno. Mesmo se for preciso atravessar um grande deserto...

Mais do que de ser livre, é libertar-se.

Libertar-se do ego, em primeiro lugar.

Libertar-se da tirania dos outros, em seguida: aprender a dizer "não", aprender a dizer "pare".

Libertar-se de todos os hábitos, confortos e supérfluos.

Libertar-se de tudo que se carrega sem tê-lo escolhido com consciência.

Libertar-se das covardias, das preguiças e das cegueiras.

Alcançar o desapego...[16] que não é indiferença ou desdém. Criar a obra sem se apegar a ela. Preferir a caminhada ao caminho.

Pista 7 – Realizar a vocação de criador na noosfera

Ter claro que a vocação da humanidade na Terra é fazer surgir a noosfera a partir da sociosfera. Inserir-se completamente nessa perspectiva.

Contribuir assim para criar, propagar, fazer proliferar, preservar, manter ideias no sentido mais amplo da palavra, em todos os suportes, em todos os campos, de todas as maneiras possíveis.

Conhecer e reconhecer seus próprios talentos e ir com eles até o fim de si mesmo.

Fazer da própria vida uma obra de arte, não para si, mas para o que nos ultrapassa. Visar sempre à superação de si mesmo, em tudo, em toda parte. Compreender que a alegria autêntica e a felicidade de viver vêm

---

16 Devemos ler ou reler *Traité du détachement* de Mestre Eckhart [Ed. bras. *Sobre o desprendimento*. São Paulo: Martins Fontes, 2004]. Escrito entre os séculos XIII e XIV, não ganhou nem uma ruga.

automaticamente desse processo de realização; tudo o mais não passa, definitivamente, de prazeres artificiais e amargos. Cultivar a alegria das ideias no conhecimento e na criação.

Pista 8 – Subordinar o econômico e o político ao noético

Este é o centro da revolução noética: dar à humanidade um projeto que vá além dela, e fazer de todas as atividades humanas e de todas as estruturas humanas uma ferramenta a serviço desse projeto.

Portanto, inserir todos os sistemas econômicos e políticos nessa perspectiva. De centrais que eram, esses sistemas se tornam periféricos: de certo modo, formam a logística do projeto humano, e nada mais.

O poder e o dinheiro passam de fins a meios. A sociosfera que contém esses sistemas econômicos e políticos é apenas o suporte da noosfera, seu adubo, seu húmus. A "verdadeira" vida está em outro lugar!

A vocação fundamental do homem é contribuir para a realização cósmica, fazendo germinar a noosfera a partir da sociosfera. A vocação do homem é fazer o espírito emergir do cosmo. Para que ela se cumpra, duas condições são necessárias: paz (a única finalidade do político é erradicar a violência) e liberdade (a única finalidade do econômico é erradicar a dependência). Essas condições para o surgimento do espírito são as únicas justificativas da sociosfera.

O homem escravo de si mesmo (à guisa de conclusão do capítulo)

Por que tantos homens continuam escravos? Escravos de um príncipe, dos outros, dos olhares dos outros ou, sobretudo, de si mesmo? Por medo! Por medo! Por medo!

Como se os grilhões evitassem o medo...

Como se os grilhões impedissem a morte falaciosa ou seus sofrimentos imaginários.

Eles têm medo da impermanência. Contra o fluxo, querem permanecer agarrados, acorrentados ao rochedo de suas ilusões, de suas mentiras, de suas crenças...

Como se os grilhões impedissem o fluxo cósmico de correr... Muito pelo contrário, os pesados grilhões fazem naufragar e se afogar! E eles naufragam... E se afogam... Deixam escapar o presente, acorrentados a suas nostalgias de ontem, a suas utopias de amanhã. Ruminam ou sonham.

Não estão presentes em si mesmos. Têm tanto medo do real, aqui e agora.

Por que esse medo da impermanência, do real e do presente, a ponto de se alienar totalmente e de viver à margem da vida?

O fluxo do perpétuo presente enlouquece...

Por quê?

Por que se drogar com os logros factícios da segurança ou da certeza, a ponto de sacrificar a eles toda a sua existência?

A única evidência é a impermanência universal. Tudo flui... E tudo está dito.

Por que então desperdiçar a vida, construindo fortalezas inúteis? Por que não exorcizar esse medo da impermanência, que só representa perigo para quem tenta se opor a ela?

Os homens se exaurem, nadando contra a correnteza, para poder acreditar que permanecem no mesmo lugar.

Os homens nascem tão sedentários a ponto de querer estrangular e congelar o universo, enquanto ao redor deles tudo é movimento e turbulência? De onde vem essa necessidade psicótica de rigidez, essa necessidade malsã de imutável? Mesmo para aquele que acredita na morte não é mais interessante viver plenamente a vida do que se trancar em uma casamata estreita e fedida?

Necessidade do fixo...

Necessidade do imutável...

O homem é um animal rotineiro, alérgico ao desconhecido, ao estrangeiro, ao estranho, à mudança, ao movimento, às turbulências, e obcecado por verdades, valores, leis definitivas e garantias de toda espécie...

Por quê?

Alergias e obsessões são talvez mais culturais do que naturais... Mais ocidentais do que orientais, ao que parece... Mais meridionais do que setentrionais, dizem...

Mas o fato fundamental continua universal: todos os homens ou quase todos, com algumas diferenças de amplitude, aspiram à fixidez, à imutabilidade, à imobilidade, a essas negações da vida, que é só movimento...

Aspiração ao tédio cósmico, ao tempo cíclico, às rotinas imutáveis...

Por quê?

O homem, esse deusinho destituído, caído no mundo...

E como tudo *deve* ter uma causa, houve pecado original, em algum lugar...

Velho clichê...

E, em seguida, Darwin acrescenta: *struggle for life*...

Natureza hostil, porque selvagem! As palavras não enganam: "selvagem" de *silvaticus*, silvestre...

Mas onde está o perigo real, então?

Os animais peçonhentos são pequenos demais, só mordem ou picam quando são agredidos.

Os vegetais não atacam ninguém.

A maioria dos grandes animais é vegetariana.

As feras só causam matanças quando forçadas pela fome: a inteligência e a astúcia podem evitá-las.

Restam as epidemias, muitas das quais propagadas pelo próprio homem... Por sua sujeira, por seus dejetos, pelos cadáveres que deixa para trás...

A cidade é infinitamente mais perigosa para o homem do que a natureza.

E o verdadeiro perigo para o homem é muito mais o outro homem que tem ciúmes dele do que a natureza, a quem ele é indiferente.

Então?

Se aprendermos a conhecê-la com respeito, a natureza não é perigosa, mas até generosa. Boa mãe. Não há nenhuma necessidade de combatê-la, subjugá-la ou dominá-la.

Por que esse divórcio entre o homem e a natureza? Por que essa desconfiança do homem em relação à sua própria origem? Por que esse medo? Esse medo contra o qual o homem inventou ídolos: seus deuses, suas cidades, suas crenças, seus aléns, suas imortalidades, suas morais, seus valores, seus absolutos, seus imutáveis, seus tabus...

O homem odeia o que parece maior do que ele, o que ele não domina, não controla. Conseguiu dominar o que é simples. Quanto ao complexo...

Saqueia sua mãe deste mundo, daqui bem pertinho. Relega seu pai a outro mundo, inacessível. Quer reinar absoluto onde está.

A origem do medo profundo, mãe de todos os medos e de todos os ídolos? O orgulho.

Esse medo é o medo de não ser o centro, o cume, o senhor.

Orgulho.

O homem subjuga tudo que pode: a mulher, a criança, o animal, a terra inteira... Apropriando-se deles, domesticando-os (de *dominus*, senhor da casa, *domus*), padronizando-os, uniformizando-os, funcionalizando-os, coisificando-os, reduzindo-os à expressão mais simples, mais controlável...

No fundo, o homem odeia a liberdade. Mesmo a sua, muitas vezes, com a qual não sabe o que fazer e que lhe causa medo.

Paradoxo...

Quer ser o senhor para fazer o que quer, mas não sabe querer nada além de ser senhor... Orgulho, mais uma vez...

E, para ser esse senhor incontestado, ele sabe, no fundo do coração, que é fraco demais; teria de ser mais forte do que é.

Para isso, há só dois caminhos: ou inventa técnicas que multipliquem suas forças por dez para domesticar o simples e eliminar o complexo, como as ervas daninhas, o turbulento, o selvagem etc. (porém, destruindo o complexo, acaba destruindo a si mesmo); ou inventa deuses onipotentes, muito mais fortes do que ele, que vivem em um mundo do qual um dia ele será o herdeiro, se for merecedor. Mas acontece que os deuses todo-poderosos são muito injustos e ineficientes... Então a razão empírica desanca a fé pueril.

Esses dois caminhos levam a impasses, no entanto toda a civilização ocidental nasceu da dialética entre esses dois impasses.

Chegou a hora do limite.

As técnicas nos conduziram à beira da catástrofe ecológica.

Os "deuses de fora" não são mais críveis.

A parte do simples se esgotou.

Hoje, o homem sabe que o real é infinitamente complexo e indomável, quer pelas técnicas, quer pelos deuses de fora.

Esse é o ponto em que estamos, homem.

Você só tem duas saídas: ou o suicídio ou a humildade.

Você precisa tratar com urgência dessa sua paranoia, pela morte ou pela vida.

Se escolher a vida, então terá de engolir todos os seus orgulhos.

Aprender a humildade pela contemplação e pela meditação.

Viver em harmonia com a natureza, "para guardá-la e servi-la".

Assumir a complexidade do real, repudiando todos os reducionismos.

Renunciar a dominar, a se apropriar, a dominar o que quer que seja, quem quer que seja.

Cultivar a suavidade, denunciando todas as violências.

Aniquilar todas as idolatrias e todas as escravidões.

Consumar sua vocação de cocriador dos mundos imateriais.

Subordinar o econômico e o político ao noético.

Cabe a você, agora, se submeter, homem.

Nem aos deuses que você mesmo inventou.

Nem às leis que você mesmo decretou.

Nem a nada, a não ser à vida, aqui e agora.

Então não terá nada que temer: nessa adesão livre e leve (o "grande sim" de Nietzsche), todos os perigos imaginários que você vem inventando para você mesmo há tanto tempo se dissiparão como fumaça.

A frugalidade de cada um fará a riqueza de todos.

A suavidade de cada um fará a força de todos.

O pensamento noético

Precisamos de homens que saibam sonhar coisas inéditas.

John F. Kennedy (século XX)

Vimos e ainda veremos que o surgimento da noosfera e a entrada na era noética oferecem ao homem um novo lugar e, ao mesmo tempo, um novo sentido no mundo.

Vimos e também veremos que esse lugar e esse sentido implicam terríveis rupturas e imperiosos questionamentos.

Mas vimos e também veremos que o trabalho na noosfera, por se situar no mais alto nível da escala de complexidade, implica novas maneiras de pensar, novos métodos, novas linguagens etc.

O objetivo deste capítulo é explorar essas novas dimensões.

Ao sacralizar a razão, isto é, as "luzes", os herdeiros do Renascimento – portanto de Platão (fundador do idealismo) e de Aristóteles (seu discípulo e fundador do racionalismo, que é um dos idealismos possíveis) – sacralizaram apenas uma das maneiras de pensar do miserável cérebro do animal humano. Ao sacralizar esse orgulho racional, dessacralizaram o real vivo e reduziram-no ao estado de coisa razoável.

Mas o fim do século XX fez descobertas cruciais... Que destroem de maneira radical essa fé irracional na razão.

Existe uma complexidade não redutível a nenhum elementar.

Existe uma indeterminação não redutível a nenhuma lógica.

Nem analitismo. Nem lógica. Os fundamentos do cartesianismo desmoronam.

Superar o cartesianismo

De Blaise Pascal:

76-335: Escrever contra os que aprofundam demais as ciências. Descartes.
77-1001: Não posso perdoar Descartes; ele bem que teria gostado, em toda a sua filosofia, de dispensar Deus; mas não pôde evitar de fazê-lo dar um piparote para pôr o mundo em movimento; depois disso, Deus não lhe é de nenhuma serventia.
78-415: Descartes inútil e incerto.[1]

O texto fundador: *Discurso do método*, de René Descartes (1637)

Quatro princípios para bem conduzir a razão

O primeiro era jamais admitir coisa alguma como verdadeira, se eu não a conhecesse evidentemente como tal, ou seja, evitar com muito zelo a precipitação e a prevenção e não incluir nada mais em meus julgamentos que não se apresentasse de forma tão clara e distinta a meu espírito que eu não tivesse nenhuma ocasião de pô-la em dúvida.

O segundo, dividir cada uma das dificuldades que examinasse em tantas parcelas quantas pudesse e quantas fossem necessárias para melhor resolvê-las.

O terceiro, conduzir em ordem meus pensamentos, começando pelos objetos mais simples e mais fáceis de conhecer e elevar-me aos poucos, como por degraus, até o conhecimento dos mais compostos...

E o último, fazer em toda parte enumerações tão completas e revisões tão gerais que tivesse certeza de nada omitir.

Comentários a respeito do texto fundador

O primeiro princípio diz:

jamais admitir coisa alguma como verdadeira, se eu não a conhecesse evidentemente como tal, ou seja, evitar com muito zelo a precipitação e a

---

[1] PASCAL, B. *Pensées*. Paris: Le Livre de Poche, 1972, p.9-40. [Ed. bras.: *Pensamentos*. 2.ed. São Paulo: Martins Fontes, 2005.]

prevenção e não incluir nada mais em meus julgamentos que não se apresentasse de forma tão clara e distinta a meu espírito que eu não tivesse nenhuma ocasião de pô-la em dúvida.

É o princípio da evidência.
É a dúvida metódica, a *tabula rasa*: temos de duvidar de tudo, exceto do que é evidente.
E a primeira das evidências é o *cogito ergo sum* (penso, logo sou).
Mas esse princípio da evidência e a primeira e mais fundadora das evidências são ambos problemáticos. O que é uma evidência? O que é de fato evidente?
Toda a história das ciências e das filosofias mostra sem a menor ambiguidade que nada é mais subjetivo e relativo do que a evidência.
As evidências de cá tornam-se absurdos acolá.
As evidências de ontem são os erros de amanhã.
Até o *cogito*, o "eu penso"!
Consideremos o "eu penso". Quem é "eu"? O eu não é uma evidência intrínseca, mas um produto do próprio pensamento que se pensa. "Eu" é uma produção, não uma evidência: as espiritualidades e os místicos vêm bradando há milênios que o ego é uma ilusão, uma máscara, um biombo que oculta o real. E Descartes quer transformá-lo no fundamento de todo pensamento! Pensamento egótico e egocêntrico a mais não poder...
"Eu penso", diz Descartes. Mas o que significa "pensar"? Nada menos... evidente.
Pensar, como processo, é fundador? Não é necessário haver "consciência" antes de haver "pensar"? O pensamento, tornando-se subproduto da consciência, não pode ser fundamento primeiro. E, depois, o que é a consciência? Essa palavra tem a mesma "evidência" para um iogue hindu, um monge zen, um sábio taoista, um neurobiólogo americano e um filósofo francês? Como podemos fundar o pensamento na consciência individual que pensa, quando milhões de budistas, por exemplo, consideram a consciência individual uma ilusão e o pensamento conceitual uma prisão que oculta a consciência cósmica em ação na vacuidade?
A rigor, poderíamos substituir o "eu penso" (*cogito*) por "há pensamento" (*est cogitando*); a evidência seria talvez menos falsa.
Mas isso não é tudo: há também o "eu sou" (*sum*). O ser. O Ser. A essência. Toda a metafísica ocidental (com algumas exceções, como Heráclito,

Nietzsche, Teilhard e Bergson) é uma metafísica do ser, em oposição às metafísicas do devir.

Dizer que alguma coisa "é" é atribuir-lhe uma identidade estável, permanente, imutável, portanto, uma essência. De Parmênides e Platão a Heidegger e Sartre, o ser é uma hipótese implícita do pensamento ocidental dominante. Mas escrevi que é uma "hipótese", portanto, uma evidência, de certo modo.

A hipótese inversa (que é, aliás, um dos fundamentos do pensamento noético) afirma que "nada é porque tudo vem a ser": ser e vir a ser[2] rejeitam um ao outro, porque tudo muda e se transforma o tempo todo, é impossível captar uma identidade, uma essência fundadora de um "ser" qualquer.

Quando Descartes diz "eu sou", quem é? O embrião no ventre da mamãe Descartes, o garoto esperto, o adolescente cheio de espinhas, o soldado belicoso, o filósofo cartesiano, o exilado de Roterdã, o mulherengo, o pseudocientista adversário de Newton?

Aqui também poderíamos corrigir o "eu sou" por "há existência".

Por último, mesmo o *ergo* ("logo") supõe hipóteses implícitas e não pode, portanto, ser tomado como evidência. O "logo" implica uma lógica, porque exprime uma dedução.

Do "eu penso" ou do "há pensamento", deduz-se (logo) que "eu sou" ou "há existência". E essa dedução deveria ser evidente, embora nada nos dê o direito de pensar que o real obedece a uma lógica qualquer. Ou que, se há lógica, trate-se da lógica dedutiva aristotélica. Nada é menos evidente.

Como sabemos, todo o pensamento cartesiano repousa sobre esse pilar da evidência e da "evidência primeira" do *cogito ergo sum*, mas podemos ver que não é preciso muito esforço para que esse famoso pilar vire fumaça.

Mas prossigamos...

O segundo princípio é "dividir cada uma das dificuldades que examinasse em tantas parcelas quantas pudesse e quantas fossem necessárias para melhor resolvê-las".

Esse é o princípio analítico.

Mais uma vez, essa hipótese implícita da analiticidade do real pode ser tudo, menos evidente. Aliás, a sistêmica moderna tende a provar sua caducidade integral.

---

2 Ver nosso livro: *De l'être au devenir* ([s.l.]: Ed. L'arbre d'or, 2004).

Sem querer me repetir aqui, parece-me importante reformular os pontos essenciais da cosmologia sistêmica da complexificação.

A hipótese analítica baseia-se no seguinte princípio: o todo é apenas a soma de suas partes e só por elas se explica.

Se isso é verdade, o método cartesiano aplica-se pelo uso de bisturis intelectuais para dissecar o real e descobrir por toda parte, em tudo, os "tijolos" elementares fundamentais, irredutíveis e imutáveis (os átomos) e as "leis" elementares universais e intangíveis que regem as associações entre esses tijolos. Toda a ciência clássica baseia-se nesse processo, logo nessa hipótese implícita. E isso funcionou muito bem até meados do século XX.

Hoje, sabemos que o método analítico (que, em nossa opinião, é sinônimo de "método cartesiano") só é válido para os sistemas mecânicos simples. Para qualquer outro que tenha um nível de complexidade um pouco maior, ele é caduco e inoperante. Por quê? Porque o todo é mais do que a soma de suas partes (princípio holístico); porque o todo implica as partes na medida em que as partes explicam o todo; porque as relações intensas e frequentes entre as partes geram propriedades emergentes irredutíveis a essas partes e sensíveis ao menor golpe de "bisturi". Em resumo, como todo sistema complexo é irredutível a suas partes, os métodos analíticos não se aplicam a ele.

Ora, os sistemas complexos, como mostrou a ciência do século passado, são maioria absoluta no universo real, a começar pelos sistemas vivos, psíquicos, sociais, econômicos, políticos etc., e quanto mais subimos na escala de complexidade, menos analiticidade há.[3] Em outras palavras, a hipótese de analiticidade implícita em Descartes é varrida da imensa maioria dos casos.

Mas ainda não acabou...

---

3 Para ser totalmente correto e rigoroso, devo reformular essa afirmação: não é a elevação na escala de complexidade que desmonta a hipótese analítica, mas é a cada grau, desde o mais baixo, o refinamento da observação que descobre a complexidade irredutível onde antes nos contentamos com um olhar superficial. É o caso do infinitamente pequeno, em que a visão mecanicista do átomo de Rutherford foi derrubada pelo comportamento ondulatório e o incerto da visão quântica. É também o caso do infinitamente grande, em que a bela harmonia das esferas da astronomia newtoniana "certinha" transformou-se no caos energético turbulento e explosivo dos astrofísicos contemporâneos.

O terceiro princípio diz: "conduzir em ordem meus pensamentos, começando pelos objetos mais simples e mais fáceis de conhecer e elevar-me aos poucos, como por degraus, até o conhecimento dos mais compostos".

É o princípio hierárquico, simétrico ao analítico: depois de ter desmontado todas as engrenagens elementares e deduzido todas as regras mecânicas de funcionamento do relógio universal, "basta" remontar o relógio para ter a hora certa.

A hipótese implícita (e totalmente não evidente) é a mesma: o todo é a exata soma de suas partes e explica-se por elas.

É interessante notar, em "elevar-me aos poucos, como por degraus", a intuição que Descartes teve da escala de complexidade... Ponto para ele.

Não importa: a ciência recente mostra cada vez mais que o universo não é um grande relógio e, para desgosto de Voltaire, Deus não é o Grande Relojoeiro.

Vamos agora ao quarto e último princípio. Ele diz: "fazer em toda parte enumerações tão completas e revisões tão gerais que tivesse certeza de nada omitir".

É o princípio da exaustividade: conhecer é conhecer tudo; conhecer parcialmente é não conhecer.

Esse princípio, que está ligado ao idealismo platônico, é inoperante tanto na teoria quanto na prática.

Em primeiro lugar, na teoria: a exaustividade é impossível e, ao mesmo tempo, inútil. É impossível porque toda observação do que quer que seja sempre se faz por um intervalo estreito (de tempo, espaço, frequência, velocidade etc.), determinado pelas técnicas de observação e, *in fine*, pelos sentidos humanos, todos particularmente parciais, nas duas acepções da palavra. É inútil porque, em muitos casos simples, alguns dados parciais permitem predições precisas (um pêndulo, ainda que se mova em diversas condições extravagantes, sempre para no mesmo ponto preciso; não é necessário conhecer a trajetória para predizer o ponto de parada).

Em segundo lugar, na prática: a exaustividade é ilusória. Observando o trabalho dos executivos, Mintzberg notou que mais de 80% das decisões são tomadas com menos de 20% das informações necessárias para se poder tomar uma decisão correta. Isso vale tanto para a administração de uma empresa quanto para qualquer sistema complexo. A atividade intelectual humana se desenvolve não no próprio real (como acreditava Descartes), mas em representações (muito) fragmentárias e (muito) parciais desse real.

A exaustividade – portanto, a objetividade – é um mito idealista; em compensação, a subjetividade é a regra universal em matéria de conhecimento.

A teoria do sistema geral

"A crítica é fácil, mas a arte é difícil", dizia Boileau na *Arte poética*.

O método cartesiano não funciona na grande maioria dos problemas. Muito bem, mas o que propor no lugar dele?

Um dos primeiros a tentar formalizar outros preceitos para "bem conduzir o espírito" na perspectiva das ciências da complexidade foi Jean-Louis Le Moigne, em particular em *A teoria do sistema geral*.[4] Cada princípio de Descartes encontra aí sua contrapartida em quatro preceitos sistêmicos, acompanhados de comentários.

1. O preceito de pertinência

> Convir que todo objeto que consideramos define-se em relação às intenções implícitas ou explícitas do modelador. Não proibir-se jamais de pôr em dúvida essa definição [do objeto], se, modificando-se nossas intenções, a percepção que tínhamos desse objeto modificou-se.

O que se vê, em primeiro lugar, é o *parti pris* do subjetivismo radical. Tudo que o homem vê é com seus olhos imperfeitos e limitados (apesar da ampliação fornecida por suas próteses tecnológicas). Tudo que o homem pensa é com seu cérebro imperfeito e limitado (mesmo auxiliado por todos os computadores que inventou). Não há nada de objetivo no objeto que o homem considera: ele só trabalha com representações fragmentárias e parciais. Fragmentárias porque seus intervalos de percepção e de concepção são estreitos e deformantes. Parciais porque essas percepções e concepções são filtradas em função do projeto buscado.

---

4 LE MOIGNE, J. L.. *La théorie du système général: théorie de la modélisation*. Paris: PUF, 1977.

Esse ponto é central no primeiro preceito de Le Moigne: se minha missão é reorganizar a contabilidade para obter uma maior eficiência, é claro que vou selecionar os dados pertinentes ao meu projeto e a mais nada. A cor da gravata do chefe da contabilidade é indiferente para mim. Em compensação, se minha missão é a *image building*, os processos contábeis se tornam indiferentes para mim, mas não a cor da dita gravata. É o projeto, portanto, que restringe o objeto. É o olhar que cria o objeto. E, é claro, se a missão muda, se o projeto evolui, se o olhar se altera, o objeto também evolui até se tornar singularmente outro.

Dizem que o olho do martelo só vê pregos. Por quê? Porque o único projeto, a única missão do martelo é fixar pregos.

Isso me permite insistir mais uma vez: o cérebro e os sentidos humanos preferem o estável, o recorrente, o regular, o geométrico. O homem tem tendência a ver, no que o rodeia, apenas esse estável, esse recorrente, esse regular e esse geométrico; mas o real é muito diferente disso, é caótico, irregular, turbulento, instável, impermanente, imprevisível, contingente, efervescente...

É compreensível que Descartes tenha querido tanto encontrar "tijolos" elementares e "leis" universais. Mas a partir do momento que não nos contentamos mais com um olhar "simples" e superficial e vamos ao encontro da complexidade subjacente, percebemos que o método cartesiano desmorona diante do caos.

Então, somos obrigados a lembrar de Le Moigne e a assumir a subjetividade radical que nos habita.

2. O preceito do globalismo

> Sempre considerar o objeto que devemos conhecer por meio de nossa inteligência parte imersa e ativa de um todo maior. Percebê-lo, em primeiro lugar, de modo global, em sua relação funcional com o meio, sem nos preocupar excessivamente em estabelecer uma imagem fiel de sua estrutura interna, cuja existência e unicidade jamais serão dadas como certas.

Nada está isolado ou separado. Tudo está em relação com tudo e é causa e efeito de tudo. Esse é o fundamento do monismo radical da sistêmica e do pensamento noético.

Uma vez que o olhar "cria" o objeto, e tudo que é não passa de uma onda indiscernível na superfície do oceano energético, devemos considerar que não existe nenhuma fronteira real e que tudo que observamos é apenas parte de um todo maior, que lhe dá sentido e força.

Se dermos um passo além, compreenderemos que esse todo maior justifica tudo que ele contém. A resposta ao "por que" está sempre fora, ao passo que a resposta ao "como" está sempre dentro. É o sentido do "sem nos preocupar excessivamente em estabelecer uma imagem fiel de sua estrutura interna" de Le Moigne.

Tome um carro como exemplo. Como funciona? Abrimos o capô, desmontamos, analisamos, pesquisamos, compreendemos. Por que existe? A resposta não está sob o capô, mas na compreensão do funcionamento da sociedade humana e de sua necessidade de deslocamento individual.

O mesmo vale para tudo o que existe. Como o homem, cuja existência só tem sentido e justificação por aquilo que o supera, ou seja, a noosfera emergente.

Metodologicamente, ao contrário do pensamento clássico, o pensamento noético jamais se contenta com a resposta ao "como"; ele primeiro pergunta "por que" e, em seguida, deduz daí a concepção do melhor "como". Não é um pensamento técnico, portanto.

Esse ponto é essencial.

Um caso ilustrativo...

Depois de alguns anos de insucesso, um velho empresário pediu que eu traçasse um plano de recuperação para sua firma. Ficou absolutamente aturdido quando me ouviu perguntar: "Sim, vamos recuperá-la, mas para fazer o quê?". Para ele, era evidente: as coisas iam mal e precisavam melhorar. Mas o que quer dizer "melhorar"? Para mim, era tudo, menos evidente: meu plano de recuperação (meu "como") seria radicalmente diferente se seu objetivo ("por que") era vender o negócio em dois anos ou transformá-lo em um império para os netos.

3. O preceito teleológico

> Interpretar o objeto não em si mesmo, mas por seu comportamento, sem tentar explicar esse comportamento de antemão por alguma lei envolvida em uma eventual estrutura. Em compensação, compreender esse comportamento e os recursos que ele mobiliza em relação aos projetos que o modelador atribui de modo espontâneo ao objeto. Considerar a identificação desses projetos hipotéticos um ato racional da inteligência e convir que sua demonstração é raramente possível.

Nossa metafísica do devir aparece nas entrelinhas e toma o lugar das velhas metafísicas do ser: o objeto não é por si mesmo, mas o que faz, ou seja, o que vem a ser. E o que faz, o que vem a ser é sempre a resposta a sua vocação íntima, cuja consumação é o projeto e a finalidade.

Esse ponto completa o anterior: a finalidade de todo sistema é realizar sua vocação, e essa vocação é induzida pelo ambiente do sistema, pelo grande todo de que participa.

Por exemplo, nenhuma empresa é viável se não produz aquilo de que os mercados necessitam. Portanto, a finalidade e a vocação de toda empresa é satisfazer seus mercados, graças aos talentos e aos conhecimentos de que dispõe.

São, portanto, os mercados e suas tendências que comandam a evolução das empresas, e não o contrário. Isso também acontece com o homem, cuja vocação e finalidade é fazer surgir a noosfera a partir da sociosfera.

Essa visão teleológica é metodologicamente muito distante ou até contraditória com a visão clássica que parte das causas e deduz daí, efeito após efeito, a evolução determinista.

Duas lógicas se enfrentam.

De um lado, o determinismo clássico da "lei", para o qual as condições iniciais determinam a trajetória, sem liberdade ou criatividade. É a visão mecanicista cartesiana e leibniziana: tudo está escrito desde a origem e o motor da história do mundo está nessa lei, fora do mundo.

De outro lado, o olhar teleológico, para o qual a história estabelece interferências em diferentes níveis entre as vocações e para o qual nada está escrito e tudo deve ser inventado, permanentemente, na construção de relações inventivas e criativas, de acordo com arquiteturas sempre complexas, portanto cada vez menos determinadas e cada vez mais livres.[5]

4. O preceito de agregatividade

Convir que toda representação é simplificadora, não por esquecimento do modelador, mas de modo deliberado. Buscar, por conseguinte, receitas capazes de guiar a seleção de agregados julgados pertinentes e excluir a ilu-

---

5 Lembrete: quanto mais complexo é um sistema, mais elevado é seu grau de liberdade e maior é sua capacidade de desviar ou amortecer o impacto dos acontecimentos externos e livrar-se deles.

sória objetividade de um recenseamento exaustivo dos elementos que serão considerados.

Em resposta ao princípio de exaustividade de Descartes, Le Moigne ressalta a ideia de representação pertinente, fragmentária e parcial. O que devemos reter é "a ilusória objetividade de um recenseamento exaustivo dos elementos que serão considerados". Mais uma vez, a subjetividade radical do homem pensante impõe-se com vigor.

Por trás desse preceito, há também uma grande lição de humildade diante do incrível orgulho do pensamento clássico cartesiano. Se nem Deus sabe o que faz, como nós poderíamos saber?

Tudo que nosso cérebro manipula são representações e modelos construídos sobre linguagens artificiais e convencionais, cuja capacidade de reproduzir de maneira adequada mesmo uns poucos reflexos do real não está garantida.

Os místicos e os sábios de todas as tradições não ressaltaram sempre o caráter inefável e indizível do essencial? Lao-Tsé, no capítulo LVI do *Tao Te King*, diz: "Quem sabe não fala,/ Quem fala não sabe". Não por apreço do secreto e dos mistérios, mas por impossibilidade: as palavras dos homens são impotentes para formular o que ultrapassa o homem.

Isso vale tanto na filosofia quanto no dia a dia: pensemos no amor, na alegria, na tristeza, na dor. Somos prisioneiros de nossas representações e de seus suportes linguísticos. É melhor ter consciência disso e assumi-lo.

Bye-bye, Descartes

Depois dessa excursão teórica ao país dos princípios fundadores e epistemológicos, algumas considerações mais particulares podem servir de ilustração. Os parágrafos a seguir propõem alguns caminhos de meditação.

Só quem não acompanhou a evolução das ciências acredita ainda na racionalidade do mundo em geral e do homem em particular. A parte racional – ou seja, racionalizável – é ínfima: cobre apenas alguns poucos mecanismos de redundância e de recorrência que observamos aqui e ali. Em suma, muito pouco...

A razão é um modo de funcionamento psíquico humano, nada além disso. É adequada na pequeníssima gama de fenômenos suficientemente simples, recorrentes e lentos. Fora disso, é estéril!

Ela só é operante nos fenômenos que aparentam permanência. Constitui a ferramenta das combinações do imutável. Alimenta-se de elementos, características, propriedades, processos e "leis" (*lógicas, logos*) permanentes, imutáveis e "absolutos". Torna-se impotente diante do relativo, do impermanente, do efêmero, do fortuito, do criativo etc.

O princípio de racionalidade repousa sobre a crença na existência de uma verdade absoluta, imutável, definitiva, eterna, que o espírito humano poderia alcançar e formular. Ora, essa noção de verdade é mais do que fraca.

A verdade não é mais do que aparência de plausibilidade, seja qual for o critério de plausibilidade empregado: verificabilidade experimental, "evidência" lógica, bom senso, aceitação mais ou menos geral etc. Toda "verdade" é subjetiva e depende do psiquismo do sujeito que a proclama, ou "demonstra", a partir de postulados explícitos ou implícitos totalmente indemonstráveis e arbitrários. Nenhuma verdade é objetiva. Além disso, e para completar, toda verdade é relativa a alguma coisa: sujeito, lugar, época, contexto etc.

Portanto, não pode haver "verdade absoluta", imutável, definitiva, "eterna". E o princípio de racionalidade é simples ilusão.

O racionalismo – e todos os seus subprodutos cientificistas, materialistas, mecanicistas etc. – é uma ilusão, uma fantasia, uma cegueira, um impasse, por isso só pode levar ao ódio, à recusa, à rejeição do real em favor de um ideal.

Sim, porque é de ideal que se trata quando se fala de racionalidade, verdade, lógica, objetividade etc.

O racionalismo e o princípio de racionalidade são fugas (idealistas) do real, de sua complexidade, de sua impermanência e de sua criatividade.

A racionalidade é um modo de funcionamento do psiquismo humano que o homem impõe a suas obras materiais, intelectuais ou espirituais.

O racionalismo filosófico pode chegar ao ponto de negar todo valor de qualquer produção humana que não satisfaça ao critério de racionalidade.

O homem também pode impor essa racionalidade às transformações da natureza e, com isso, criar a ilusão de que a natureza se assemelha a ele.

Mas não é nada disso.

Vimos e estamos vendo aonde isso nos leva: empobrecimento geral da natureza, que definha e seca como um pássaro em uma gaiola ou uma árvore em um vaso.

A racionalização é sempre um empobrecimento. Por padronização, uniformização, triagem, seleção, unidimensionalidade, reducionismo, esterilização, castração, aprisionamento e regulamentação. E, no entanto, sobretudo o Ocidente teima em querer racionalizar tudo, por amor à "verdade", ao "rigor", à "eficácia" etc.

Tudo isso é logro e ilusão!

A racionalidade *parece* verdadeira, rigorosa, eficaz, mas só na aparência. A vida é uma viagem e a racionalidade traça apenas caminhos artificiais, retos, através de tudo, ao lado de tudo, como se tivéssemos de chegar com urgência a um destino.

Não existe destino preestabelecido.

A vida autêntica está em outro lugar. Segue os meandros do mundo e alimenta-se de todos os encontros com o real. Bifurca-se e reorienta-se sem parar, ao sabor das oportunidades e da ameaças. E só é alegria nas trilhas dos pastores.

A racionalidade, com o racionalismo que a institucionaliza, é uma forma de esquizofrenia, uma espécie de autismo, porque constrói um mundo imaginário e fantástico, completamente desconectado do real – que ela renega, recusa, rejeita.

Temos de fazer aqui um esforço epistemológico imenso e considerar que o homem que se vê pensando observa uma racionalidade em ação em um mundo real estranho (ou alheio), que se comporta segundo diretrizes diferentes das suas. Esse homem só tem duas possibilidades: ou se fecha em sua esquizofrenia racionalista e *crê* firmemente que o mundo se assemelha a ele, para assim fazê-lo entrar por bem ou por mal em sua visão, ou compreende que suas modalidades neurobiológicas próprias não passam de ferramentas fracas e débeis – *subjetivas, humanas, demasiado humanas* – que ele deve superar para ir ao encontro direto do real como tal.

O Ocidente teve essa escolha quando saiu da Idade Média. Escolhendo a racionalidade racionalista, provocou os estragos imensos que conhecemos, tanto para a natureza pilhada, saqueada e empobrecida quanto para a saúde mental e espiritual do homem "moderno", completamente desenraizado, desfigurado, desumanizado, desarticulado e desunificado.

Não se trata de combater a racionalidade – *isso seria combater a si mesmo, combater sua própria natureza* –, mas ir além dela. Trata-se de tomar consciência dos limites, das fraquezas, das premissas, dos prerrequisitos, da debilidade e da pobreza dos postulados. Enfim, ver que há outros caminhos de conhecimento no homem, mais adaptados à abordagem da riqueza e da complexidade do real, sem reducionismo nem simplismo, e explorá-los sem rejeitar nenhum deles, completando aos poucos o buquê iniciado pela racionalidade.

Quais caminhos? Intuição, criação, imaginação e inspiração. E também iluminação, iniciação, meditação e contemplação. E ainda poesia, mística, arte, amor, oração e muitos outros...

Todos esses caminhos são também caminhos de conhecimento. Mas eles não reinventam o real ao capricho das fantasias humanas. Aceitam-no como é – o "grande sim" de Nietzsche! Respeitam-no e vão ao seu encontro,[6] com humildade e admiração. Conduzem ao real[7] com reverência e suavidade, de alma, olhos e coração bem abertos.

Mais do que olhar o real de fora,[8] entram e fundem-se nele aos poucos, reconstituindo assim a unidade no coração dos homens, unidade que a cegueira deles turvou e ocultou em nome de uma razão orgulhosa, que se pretendia "outra", de outra natureza, em nome dessa absurda idealidade, total e absolutamente estranha ao real, o único a ser.

O Ocidente esgotou a veia racional aberta há meio milênio. Hoje, a veia está esgotada e o Ocidente está em um impasse. Temos de escolher mais uma vez entre teimar em andar em círculos e nos destruir, como bons esquizofrênicos patenteados que somos, ou nos soltar da racionalidade e começar a explorar os caminhos alternativos que se oferecem a nós desde sempre e não quisemos ver, porque só tínhamos olhos para nossa própria razão raciocinante.

Essa escolha é crucial. Vital.

---

6 Martin Buber teorizou noção filosófica de encontro.
7 Quer interior (no homem), quer exterior (no mundo).
8 Isso seria a pior das ilusões, porque o homem e suas taras são parte integrante do real.

Pós-racionalidade orgânica

A racionalidade triunfante não só dessacralizou o mundo e desencantou o homem, como também desertificou tudo.

Dos meios (o dinheiro, o objeto, o prazer), ela fez os fins, e dos fins (o sentido, o amor, a morte), fez tabus.

Como Átila, conquistou o mundo da vida a galope, a fogo e sangue, deixando para trás cinzas e deserto. A relva da alegria não torna a nascer ali.

As florestas de símbolos (Baudelaire) e de metáforas (Bachelard) foram cientificamente saqueadas por ela a fim de estabelecer sua supremacia mineral.

A racionalidade é incapaz de vida! Porque a vida é plenamente complexa e irredutível, e a razão só pode ser linear e redutora.

É vital que se construam novos mitos...

Na noosfera nascente, o pensamento (espírito) ainda está em sua fase mineral, litosférica: cristais rígidos e mortos da racionalidade geométrica.

Os novos mitos serão as células troncos do tecido noosférico vivo, orgânico, que nascerão para além das duras rochas raciocinantes.

O cultural, é claro, tem origem no social, mesmo que apenas como linguagem em resposta à necessidade prática de se comunicar. É inegável, então, que a noosfera se origina na sociosfera.

No entanto, ela deve se libertar o quanto antes, como a árvore que se enraíza no húmus e se desprende dele radicalmente. Deve ganhar autonomia, ou será devorada e transformada em mais um apêndice instrumental a serviço do político (ideologias) ou do econômico (tecnologias).

Essa autonomia ou esse desprender-se constitui precisamente a passagem do pensamento mineral para o orgânico. O primeiro é claramente sociosférico.

É urgente que se garanta, dentro da noosfera, a passagem da racionalidade mineral para a pós-racionalidade orgânica. Não contra a razão, mas para além dela, assim como a vida não prolifera contra as pedras, mas acima delas.

Lógica? Causa e efeito?

É grande o parentesco entre tempo e causalidade, porque, pelo que dizem, a causa precede necessariamente o efeito.

A primeira vertente do princípio da causalidade diz que "todo efeito tem uma causa"!

Falso em primeiro grau, porque todo efeito resulta da totalidade do estado do todo e não de uma parte qualquer dele.

Falso ao quadrado, porque existem efeitos sem causa, assim como há criação perpétua de inéditas propriedades emergentes.

Falso ao cubo, porque não há nem causas nem efeitos discerníveis ou isoláveis do todo.

A segunda vertente do princípio da causalidade diz que, "para as mesmas causas, os mesmos efeitos"!

Falso em primeiro grau, porque nunca há duas vezes a mesma causa.

Falso ao quadrado, porque o contexto, o meio e o estado interno do sistema, todos absolutamente incognoscíveis, influem muito nos efeitos de qualquer causa.

Falso ao cubo, porque nenhuma causa e nenhum efeito são discerníveis do todo.

Não há, portanto, princípio da causalidade. Só há o real único a caminho de uma realização improvisada. Tudo é causa de tudo. Tudo é efeito de tudo.

O uso de certas recorrências (pura espertez) não implica de modo nenhum a necessidade determinista de leis universais e imutáveis enquanto leis explicativas e causais.

Para além de certas recorrências locais (duplicações espaciais, iterações temporais), o real reinventa-se e rearranja-se todo, a cada instante, durante o processo criativo de realização. A cada pulsação, ele cria uma nova camada limítrofe de si mesmo, em continuidade/descontinuidade com a camada anterior. Não há princípio de causalidade local, há um princípio de otimização global. Essa otimização é construída a cada instante com recorrências e surgimentos.[9]

Não há trilhos! Não há nem sequer caminhos preestabelecidos. Há apenas uma caminhada cega rumo ao desconhecido e alguns truques acumulados que às vezes ajudam a superar um obstáculo.

Um desses truques é pôr um pé na frente e assim... Inventar o tempo.

---

9 Uma nova física deve ser elaborada com base nisso para formalizar (se possível) o princípio de otimização global, uma física baseada na iteração de operadores de realização aplicados ao estado de um objeto fractal.

A morfogênese não é o resultado da aplicação de um programa ou um plano predeterminado que se aplica com recursos extraídos do meio ambiente. Ao contrário, ela não tem plano: é o resultado do encontro de um germe (um motivo fractal) portador de potencialidades, ou seja, de atratores, de possíveis e de um meio prenhe de oportunidades.

O problema não é seguir o plano e aplicar o programa, mas aproximar-se o máximo possível dos atratores pelo caminho ótimo.[10] E esse caminho não é predeterminado.[11]

O evolucionismo não é o darwinismo. É infinitamente mais: uma morfogênese global do vivente que envolve processos de complexificação, dos quais a "seleção natural do mais apto" não passa de uma caricatura redutora e parcial, nos dois sentidos da palavra.

O cérebro não é uma máquina mecanicista de juntar tijolos de memória acumulados. É um magma global de relações percebidas ou concebidas, que constituem uma vasta rede fluida e viva: um *weltanschauung* não analítico que está sempre se desconstruindo e reconstruindo,[12] mais ou menos integrado, mais ou menos adequado, mais ou menos pertinente, mais ou menos duradouro. É o princípio holográfico a todo vapor.

Metalógica e metáfora

A alegria está no risco de fazer coisas novas.

Marilyn Ferguson (século XX)

O problema da expressão das ideias

A noosfera é o mundo das ideias.

Mas essas ideias não são apenas conteúdos etéreos; para viver, propagar-se e proliferar, devem ser exprimidas, ou seja, codificadas por uma lin-

---

10 É a dinâmica das estruturas dissipativas complexas de reabsorção de gradientes, tensões e estresses.
11 Contudo, as estruturas estabilizadas possíveis o são pelos atratores e pelas potencialidades do germe original.
12 Em especial durante as fases paradoxais do sono.

guagem e fixadas por um suporte. Conteúdo, suporte e linguagem formam a tríade básica sobre a qual repousa toda a noética.

O conteúdo

É evidente que o conteúdo da ideia é o essencial. E as relações e as combinações entre ideias, tecido vivo da noosfera, são essencialmente relações e combinações de conteúdo. Mas não só.

Por exemplo, por rima, eufonia ou homografia, a poesia pode estabelecer uma relação puramente formal e verbal entre ideias que não tem nenhuma proximidade. É o que acontece com os trocadilhos, como este, em francês, sobre a arte romântica: "De la Rome antique, a l'arôme en tic et l'art roman tique".*

O conteúdo é, portanto, o coração e a carne da ideia. É o que a constitui e anima, nutre e lhe dá peso. Mas o conteúdo sozinho é impotente.

O suporte

Toda ideia, ou melhor, toda versão de uma ideia só tem existência real fixada em um suporte.

Esse suporte é justamente o elo que une a camada noosférica às camadas subjacentes: biosférica no caso de "cérebro" ou papel, e litosférica no caso de disquete ou fita magnética.

É preciso notar que todos esses suportes e memórias são apenas *backups* de ideias originais oriundas da sociosfera: as ideias germinam em cérebros vivos, antes de ser codificadas em fragmentos minerais.

O homem não é o único animal pensante: todo organismo social "pensa", isto é, gera e faz circular informações, como em um formigueiro, em uma colmeia, em uma alcateia ou em um rebanho de vacas. Muitos animais até deixam vestígios para trás, que são informações gravadas com o intuito de avisar ou lembrar. Alguns são duradouros e estruturados.

Mas o homem é o único animal pensante que "mineralizou" de modo *sistemático* seus pensamentos em memórias "externas" e duradouras. É por

---

* De modo aproximado: "Da Roma antiga, tem o aroma em vício e a arte românica desaprova". Expressões francesas quase homófonas de *art romantique* (arte romântica) (N. T.).

isso que ele é o verdadeiro pioneiro da noosfera na terra, os demais seres pensantes são apenas precursores embrionários.

No entanto, o verdadeiro voo da noosfera precisou esperar até o homem desenvolver tecnologias que permitissem a gestão e a circulação quase imediatas de enormes volumes de informação. Esse foi o ponto fundamental da questão: velocidade e volume sem inércia só foram oferecidos pelas técnicas microeletrônicas por volta do fim da década de 1980.

A relação conteúdo/suporte é um índice importante para medir esse avanço tecnológico e, por conseguinte, noético.

Para utilizar conceitos da teoria da informação, é interessante seguir a história da razão entre o número de bits gravados e o peso do suporte físico empregado: algumas unidades por grama no caso das tabuinhas de argila, alguns milhares por grama no caso do livro, alguns milhões por grama no caso em um disco magnético e alguns bilhões por grama em um DVD a laser.

Trata-se, propriamente dizendo, de uma desmaterialização. A palavra não é exagerada, desde que não passe dos limites e dê a entender que a noosfera pode se livrar do enraizamento material, por mais tênue e leve que seja. No entanto, sem passar dos limites e sem transpor o limiar assintótico, o processo de desmaterialização progressiva deve ser ressaltado e ponderado de maneira adequada.

Abrigados nas nanotecnologias, até hoje são feitos grandes avanços na miniaturização extrema de componentes eletrônicos dos sistemas informáticos. A memorização de um bit de informação está perto da escala atômica. Quando pensamos que, de acordo com o número de Avogadro, há $6,10^{23}$ átomos para cada 28 gramas de silício, a razão sobe para mais de $2,10^{22}$ (22 mil bilhões de bilhões) *bits* por grama, mil bilhões a mais que em um DVD... É para fazer sonhar...

Mas não podemos nos deixar levar pela tecnologia: o centro e o cerne do pensamento é e sempre será o cérebro humano; todos os computadores e todas as *webs* são apenas apêndices e próteses dele.

Sorte nossa que ocorram ou venham a ocorrer grandes avanços tecnológicos, mas o essencial não é isso. Qual será a serventia desses pseudópodes tentaculares eletrônicos, se o homem continuar a pensar e a criar pouco e mal? Pois este é o desafio da era noética: ampliar em quantidade *e* qualidade o trabalho criativo e cognitivo de todos os cérebros humanos!

Devemos reconhecer, no entanto, que, nesse sentido, estamos mal.

Até hoje, o homem utiliza apenas uma pequena porcentagem da capacidade real de seu cérebro. Somos potencialmente ricos em processos de pensamento que não conhecemos ou não empregamos. Continuamos presos às modalidades mais simples e mais imediatas do pensamento: o pensamento analítico cartesiano, o pensamento lógico linear, o pensamento conceitual estritamente recorrente.

Ora, desde sempre, alguns homens afirmaram e não raro mostraram outras modalidades de pensamento, poderes psíquicos e processos de conhecimento.

O mental humano possui enormes poderes inexplorados... Com exceção dos charlatães, que enganam os otários à custa da parapsicologia.

Nos bons tempos, a União Soviética parece ter investido pesado em pesquisas sobre nossos poderes mentais, mas a ideologia dominante só podia desviá-las do caminho e fazê-las passar longe do essencial, já que estavam encurraladas no materialismo estrito de Marx e Engels e, portanto, presas no impasse cartesiano analítico.

Devemos ir agora muito além. Os balbucios atuais das ciências cognitivas são os primeiros passos nessa direção.[13]

O trabalho que resta a fazer é imenso e será, sem dúvida, um dos grandes campos de operações de amanhã. De fato, as ciências cognitivas já cobrem áreas tão variadas quanto, cito Andler, o cérebro, a arquitetura das funções mentais, as linguagens, os conceitos e as teorias, as representações como fundamento da mente, a dimensão social do conhecimento etc.

A(s) linguagem(ns)

Entre o conteúdo e o suporte, há a linguagem ou, em outras palavras, o código.

Desde que começou a pensar e a criar, o homem inventou dezenas de linguagens: línguas faladas como junção de sons; línguas escritas como junções de sinais alfabéticos ou ideogramáticos; línguas de surdos-mudos, de semáforos, de estenógrafos, de telegrafistas, de receptores no beisebol etc.

---

13 Ler, por exemplo, Daniel Andler, *Introduction aux sciences cognitives*. Paris: Gallimard, 1992. [Ed. bras.: *Introdução às ciências cognitivas*. São Leopoldo: Unisinos, 1998.]

Mas também a música como junção de sons e o solfejo como junção de notas; a álgebra como junção de símbolos matemáticos; a pintura como junção das pinceladas coloridas; a geometria como junção de traços regulares; a coreografia como junção de gestos precisos.

E ainda a língua química como junção de símbolos na equação da reação e a língua binária booleana, que alimenta todos os nossos computadores e todos os nossos sistemas digitais.

É fácil perceber que essa diversidade de linguagens e códigos é uma prova da dificuldade de conceber uma linguagem que possa representar tudo.

Esse é o nó da questão.

Mesmo o código binário, que carrega tanto texto quanto som e imagem, não é uma língua universal, mas apenas uma ferramenta de transcodificação de uma mensagem concebida em outra língua para a única linguagem acessível e compreensível para o computador.

Mais do que sonhar com uma hipotética linguagem única universal, deveríamos seguir biólogos e ecologistas e defender a semiodiversidade, isto é, a pluralidade irredutível das linguagens, uma mais apta do que outra para traduzir determinado campo da experiência ou da criatividade. Mais do que reduzir o leque, parece mais seguro aumentá-lo!

A pesquisa noética deverá então conceber e inventar novas linguagens para dizer o que até agora era indizível, e exprimir o inexprimível...

Algumas observações se impõem.

Relendo a lista bastante incompleta das línguas e linguagens que fizemos, observamos que, afora a geometria, a coreografia e a pintura (as artes plásticas em geral), todas as outras são lineares, ou seja, transformam o conhecimento em uma série de sinais de uma dimensão ou, por assim dizer, em uma fila indiana. Não há bifurcação possível: a mensagem é exibida em uma linha, que pode ser longa, sem dúvida, mas isso não impede o que dissemos anteriormente.

Ora, a realidade possui inúmeras dimensões (espaço, tempo, energia, complexidade etc.) e quase tudo nela é não linear. Não admira que as linguagens humanas atuais tenham tanta dificuldade para traduzir a complexidade do real!

Devemos observar também que todas essas linguagens são analíticas: a música "reduz-se" a uma sucessão de breves, semibreves, mínimas e colcheias, a álgebra "reduz-se" a um jogo de relações entre um número finito de incógnitas bem definidas, e assim por diante. Não há nenhuma linguagem "global" apta a traduzir as propriedades sistêmicas e holísticas da realidade.

Não é nenhuma surpresa então que o método cartesiano esteja tão arraigado em nossos processos cognitivos, se a abordagem analítica é perfeitamente isomorfa com as linguagens que ele utiliza.

Última observação: como sabemos, o desenvolvimento da noosfera dependerá ainda por muito tempo do surgimento de tecnologias da informação, ou seja, do uso do código binário, que hoje é seu fundamento incontornável. Assim, sejam quais forem as novas linguagens que esperamos inventar, elas devem ser compatíveis, ou melhor, traduzíveis para o código binário; sem isso, elas não poderão proliferar nas redes físicas da noosfera.

Feita a observação, começamos a sonhar com futuras linguagens não lineares e globais, em código binário, portanto, linguagens que poderiam se encarregar da representação global e não linear de um conjunto complexo, visto em bloco, como uma visão.

Veremos nas páginas seguintes que as linguagens simbólicas utilizadas nas metáforas e nas analogias vão nesse sentido: são linguagens que assumem a realidade, sem reduzi-la a idealizações simplificadoras, como faz a matemática, por exemplo.

O exemplo da matemática

No real, a figura geométrica e o número aritmético não existem.

A forma real é sempre espessa, irregular.

A enumeração real é sempre aleatória, cega às diferenças, às unicidades, às irregularidades.[14]

Vamos aprofundar a questão com um pequeno diálogo, à maneira de exemplo:

— Um mais um é igual a dois?

— Isso é verdade no mundo abstrato e ideal(izado) da matemática. No real, não existe nem um nem dois. Um? Mas um o quê?

---

14 Uma maçã mais uma maçã é igual a quê? Nada além desta maçã ao lado daquela maçã, infinitamente diferentes uma da outra e não redutíveis a uma "maçã" idealizada, asséptica, uniformizada...

— Uma maçã?

— Tudo bem. Esta maçã que estou colocando sobre a mesa.

— Pego outra maçã e também a coloco sobre a mesa. Agora, quantas maçãs são?

— Esta maçã e aquela maçã.

— São duas maçãs, não é?

— Não, porque essas maçãs são totalmente diferentes uma da outra. Não podem ser misturadas.

— Mas ambas são maçãs, não é? Fazem parte de um conjunto genérico chamado "maçã".

— Mas esse conjunto genérico não existe, é pura abstração, que faz... Abstração de todas as diferenças individuais reais. Na realidade, a maçã ou uma maçã é uma coisa que não existe. Só existe esta maçã, aquela maçã e os milhões de outras maçãs, todas diferentes, todas únicas.

O diálogo pode continuar ao infinito.

Diálogo doido? Estéril? Estúpido? Muito pelo contrário, ele reflete as interrogações mais profundas sobre a epistemologia da matemática: a matemática é apta a traduzir o real *em sua totalidade*? A resposta é negativa.

O número, assim como a figura geométrica, é uma abstração, uma idealização que não existe em nenhum lugar da natureza. A matemática se aproxima do real, mas não o traduz. Logo, é uma linguagem redutora, simplificadora e idealizante, incapaz ontologicamente de traduzir, representar e refletir a irredutível desuniformidade (irregularidade) do real.

Devemos renunciar à matematização, então?

Não. As matematizações não são problema, desde que:

- o modelador matemático esteja consciente de que, utilizando a linguagem matemática, ele empobrece a realidade do real;
- esse empobrecimento (ou esse filtro) elimine aspectos que às vezes, ou com frequência, excluem dimensões fundamentais não matematizáveis (não idealizáveis) do real.

Metalinguagens e metarracionalidade

Para além dos números e das figuras geométricas, cada palavra é idealização: uma maçã ou a maçã não existe no real.

Só esta maçã existe e, mesmo assim, deve ser vista como absolutamente única e em contínua mudança, como uma manifestação aparente e epifenomenal das forças e dos movimentos em ação na continuidade absoluta do fluxo cósmico.

A palavra "maçã" é enganosa, já que nega a realidade unitária e contínua do real em proveito de uma imagem idealizada (analítica e analisadora) totalmente artificial.

Não se pode dizer nada sobre o que é absolutamente uno e contínuo, porque o bisturi da palavra rompe para sempre a unidade e a continuidade.

O real não admite nenhuma idealização, ou desaparece. Ora, as percepções peneiram, as representações reduzem e, *in fine*, as linguagens idealizam.

É incognoscível, fora do alcance do conhecimento imediato, para além de todas as linguagens e de todos os conceitos; é o conhecimento total de que falam tantos místicos autênticos: fusão total com o real e identificação entre consciência individual e consciência cósmica. Mas esse conhecimento é indizível, intransmissível, incomunicável em sua realidade, em sua profundidade, em sua integridade e em sua totalidade. Só pode ser sugerido, metaforizado, simbolizado, poetizado. Aqui entra a noção de metalinguagem.

Como vimos antes, as linguagens clássicas são essencialmente analíticas, unidimensionais e lineares. São inaptas para representar o real em sua globalidade, multidimensionalidade e não linearidade.

A diferença entre a linguagem clássica e a metalinguagem é a mesma que há entre a fotografia clássica e o holograma.[15]

Eu explico.

A fotografia clássica é como uma memória de computador, isto é, uma justaposição (linear) de pontos: pontos coloridos aqui, pontos magnéti-

---

15 O holograma é uma "fotografia" das figuras de interferência de feixes de laser incidentes e refletidos quando aplicados a um objeto. A fotografia assim obtida e iluminada de maneira adequada por outro laser reconstitui no ar, sem necessidade de tela, a imagem tridimensional do objeto inicial (ou quase). O efeito de holograma que nos interessa, porque fala da relação entre o todo real e uma de suas partes, isto é, nosso cérebro, é este: se dividirmos um holograma em dois, cada uma de suas partes conservará a quase totalidade da informação contida no holograma inicial; o mesmo ocorre se dividirmos os dois fragmentos menores, e assim por diante (mas a brincadeira tem limite: a cada divisão, há perda de qualidade e precisão da imagem, que logo desbota e se altera).

cos ali. Nosso cérebro, ao contrário, estoca as informações de maneira dinâmica, não linear, em circuitos de sinapses neoronais de três dimensões, assim como os hologramas estocam não a imagem do objeto, mas a imagem das franjas de interferência geradas pelo objeto.

Aí surge o paradoxo: passamos de um real complexo (não linear, global, multidimensional) para uma memória cerebral complexa (também não linear, global, multidimensional) por intermédio de linguagens redutoras (lineares, analíticas, unidimensionais). As metalinguagens – que em sua maioria ainda estão por inventar – devem induzir a ressonância entre o complexo real e o complexo cerebral sem passar pelos canais redutores das linguagens clássicas.

Essa noção de ressonância é crucial: trata-se de captar não imagens, mas estruturas, não aparências, mas arquiteturas. Um exemplo disso é a metáfora.

Embora primitiva, a metáfora, de que voltaremos a falar, é um bom exemplo de metalinguagem. Substancialmente, quer dizer "é como". E tudo se resume ao "como".

Se digo que administrar uma empresa é como ser o *skipper* de um veleiro, insinuo no cérebro de meu interlocutor, de uma só vez, toda uma estrutura espacial, temporal e comportamental. Transmito a ele valores, métodos, olhares e sensações que serão revividos, mas agora projetados na administração da empresa.

Em compensação, se digo que administrar uma empresa é como ir para a guerra com um exército, induzo referências e analogias completamente diferentes.

Mude a metáfora e você mudará de mundo...

Assim, a metáfora transmite em bloco a totalidade de uma representação: ativa no cérebro do outro um conjunto de circuitos neuronais que ele projetará (ou não) sobre a problemática que está enfrentando.

O modelo não é mais analítico, mas global. Não é mais linear, mas não linear. Não é mais unidimensional, mas multidimensional.

Toda a força da analogia (da qual faz parte a metáfora) está mais na projeção das estruturas globais do que nas aparências analíticas. Quando digo "é como", proponho a projeção global de uma arquitetura conhecida sobre uma problemática estranha.

É evidente que esse método metafórico não pode aspirar ao mesmo rigor que as metodologias analíticas clássicas alcançaram nos casos mais simples. Mas o que perde em rigor, recupera amplamente em riqueza e amplidão de visão. Ali onde o cartesianismo não funciona (na imensa maioria dos casos, como sabemos), o método metafórico, assim como todos os métodos simbólicos ou analógicos, oferece um procedimento estruturado, eficaz, coerente e rápido.

Mas com algumas condições.

Em primeiro lugar, a metáfora empregada deve ser familiar ao interlocutor. Falar do *skipping* de um veleiro para alguém que jamais saiu da terra firme é tempo perdido... Salvo se você o mandar ao arquipélago de Glénan para um estágio.

Em segundo lugar, é preciso validar a metáfora antes de aprofundá-la: toda metáfora tem adequações que devem ser avaliadas para não cair no delírio. A metáfora usada deve ser pertinente, no sentido dado por Jean-Louis Le Moigne.

Dizer: ser *skipper* de um veleiro é como ser *skipper* de um veleiro, é correto, mas inútil.

Dizer: cozinhar batatas é como ser *skipper* de um veleiro, é absurdo, logo, inútil.

Entre as duas inutilidades, abre-se todo um espectro de adequações mais ou menos pertinentes que só as heurísticas da experiência permitem explorar.

Por último, é preciso ter consciência de que a metáfora, por mais rica que seja, tem seus limites e, de tanto forçar a barra, ela pode se romper e levar a inépcias.

Devemos começar, sem mais delongas, a construir e a ensinar todas essas metalinguagens, até aqui confinadas às escrivaninhas dos místicos, dos poetas ou dos iniciados.

Os pensamentos simbólicos e metafóricos de que trataremos em seguida estão entre eles.

Uma metalógica

Quando exploramos o método metafórico, logo vemos que ele escapa do que costumamos chamar de "lógica".

Não há nada de lógico nela. Não há raciocínios, deduções, induções, silogismos... Só projeções. É por isso que falamos de metalógica.

O emprego fecundo, adequado e sério da metáfora é um processo racional, sujeito a uma metodologia rigorosa e a sucessivos procedimentos de validação precisos. Mas não é lógico, porque é essencialmente analógico.

"Comparação não é razão", diz o ditado.

Ele tem... razão. Não devemos confundi-las.

A experiência nos mostrou que a razão não pode resolver os problemas que só a comparação, isto é, a analogia e metáfora podem solucionar.

Esses dois procedimentos não se sobrepõem e não se misturam: são complementares, cada um é idôneo em seu campo de validade. Aqui, os sistemas simples (que podem ser tratados de maneira analítica e lógica); ali, os sistemas complexos (que não podem ser dissecados ou logicizados).

As metodologias metafóricas estão normalmente ligadas às abordagens e aos modelos sistêmicos. Este não é o lugar para estudá-los em seus pormenores técnicos. Basta ressaltar alguns de seus pontos essenciais.

Em primeiro lugar, a metáfora pertinente parte do meio para chegar em seguida ao sistema. Como sabemos, é o ambiente de um sistema que lhe dá sentido, finalidade, vocação e justificação. É daí que devemos partir: encontrar um sistema conhecido que responda às mesmas estruturas do "por que" do sistema estudado.

Por exemplo, uma empresa comercial: quais são as características de seu meio? Turbulência, perigo, impermanência... O que isso sugere? Um mar agitado por uma tempestade. Se a ideia for confirmada, é fácil construir a metáfora: se o mercado é um mar em fúria, o que é a empresa? Um pesqueiro, uma flotilha, uma armada militar, um petroleiro, um paquete, uma prancha à vela, o veleiro vencedor da Copa América? A partir daí, a metáfora pode ser construída passo a passo, sempre com pertinência, sempre sob validação.

Em segundo lugar, a metáfora deve ser completamente desenvolvida antes de empregada para resolver o problema tratado. Ou seja, é preciso estabelecer um máximo de pontes e elos entre o sistema estudado e o sistema de referência, antes de propor perguntas do tipo: e agora, o que fazer?

Enfim, como todo sistema é, antes de tudo, um projeto em via de se realizar, é preciso definir com clareza a questão para a qual a metáfora deve oferecer elementos de resposta: qual é o projeto dessa exploração? Qual é o objetivo real desse exercício?

São quatro etapas básicas, portanto:

- definir de maneira clara e explícita o objetivo do exercício antes de começá-lo;
- expor a metáfora (descobrir uma metáfora rica e pertinente globalmente quanto ao contexto do problema proposto);
- desenvolver a metáfora (estabelecer um máximo de analogias entre o problema e a metáfora);
- explorar a metáfora (buscar a solução do problema por projeção da metáfora).

E sempre, a cada etapa, conferir os resultados antes de seguir adiante.

Para encerrar esta excursão metodológica, volto a insistir no seguinte: em relação a uma dada situação, há sempre várias metáforas pertinentes; a seleção deve privilegiar a mais amplamente compartilhada e conhecida.

Em perspectiva global

A noosfera, o pensamento e o espírito estão presentes desde a origem,[16] mas só poderão surgir realmente depois que a sociosfera tiver desenvolvido linguagens suficientemente complexas para que as ideias possam se desenvolver.

Vivemos hoje na "sopa primitiva" noética, onde nascem os primeiros seres imateriais, as amebas noéticas, os paramécios gnômicos. Foi o mesmo processo que fez surgir todos os seres vivos da biosfera e da sociosfera a partir de uma sopa densa das macromoléculas orgânicas mais complexas da litosfera, como foi o mesmo processo que fez surgir todas as formas materiais da nanosfera e da litosfera a partir de uma sopa densa de pacotes das ondas luminosas mais complexas da fotosfera.

Partamos dessa metáfora da "sopa primitiva".

Assim, toda a cultura humana acumulada de alguns milhares de anos para cá é uma "sopa noética primitiva", rica em macronoemas complexos.

Como no caso das macromoléculas orgânicas de aminoácidos da sopa biótica primitiva, para que nasça o primeiro protozoário é preciso um for-

---

16 As noções de consciência, memória e informação são onipresentes e coexistentes no cosmo, pelo menos em estado embrionário.

te impulso de energia para que essa sopa seja alçada a uma taxa de desequilíbrio e de ativação tão alta que entidades novas, hipercomplexas (as primeiras células vivas) possam aparecer como solução global para esse desequilíbrio maior.

Um impulso de energia tão potente que a estabilidade dos edifícios culturais seja totalmente detonada e os saberes se vejam em um estado tão superativado, tão longe do equilíbrio, que sua auto-organização em entidades noéticas autônomas hipercomplexas se torne possível.

Então essas entidades noéticas autônomas poderão proliferar e seguir sua evolução própria na noosfera, tirando seu alimento da sociosfera, através dos seres humanos, assim como a biosfera, através dos vegetais, tira seu alimento da litosfera: os futuros noemas cultivarão certos homens (os outros serão mantidos "selvagens" ou arrancados como "ervas daninhas") para se alimentar de seus pensamentos primitivos, que eles metabolizarão.

Para ir além e produzir no interior das culturas humanas um salto qualitativo comparável ao salto organizacional que nos fez passar da litosfera para a biosfera, é preciso um furacão de energia mental. Só assim podemos explodir as estruturas simples da certeza e construir os saberes segundo outras estruturas, não lineares, infinitamente mais complexas que as frases de um livro, radicalmente diferentes, livres dos vínculos linguísticos. Temos de ativar outras linguagens, não lineares, hipertextos simbólicos, sistemas cognitivos autônomos, que se alimentam de pensamentos quando são assimilados e metabolizados, isto é, interpretados e integrados com coerência.

Devemos abandonar, portanto, todos os saberes racionais (equivalentes aos cristais da litosfera) e todos os delírios irracionais (equivalentes aos fluidos viscosos da litosfera) para entrar resolutamente nos *sistemas de conhecimento simbólico* (equivalente à primeiras células vivas na junção entre a litosfera e a biosfera).

Assim, os sistemas de conhecimento simbólico veiculados pelas tradições espirituais e iniciáticas autênticas da humanidade constituem as primeiras entidades autônomas da noosfera. São noemas arcaicos, primitivos, pouco sofisticados, mas portadores de uma complexidade muito superior aos saberes racionais (por mais bonitos que sejam, como os cristais – alguns são pedras preciosas – que a litosfera nos oferece).

Na noosfera, as linguagens lineares clássicas serão esquecidas e substituídas por linguagens simbólicas e metafóricas infinitamente mais potentes.

É preciso encontrar agora essa enorme energia mental necessária para criar novos *sistemas autônomos de pensamento simbólico*, para que possam proliferar, como pioneiros da noosfera em devir.

Pensamento simbólico

Segundo André Lalande, o "pensamento simbólico é o que procede por imagens e analogias, em oposição ao pensamento lógico". Portanto, pensamento metafórico, não dedutivo.

Ao contrário do que se imagina em geral, o pensamento lógico não tem o monopólio da racionalidade. O pensamento simbólico só é repelido para as trevas da irracionalidade pelo obscurantismo racionalista. Ele também procede de uma racionalidade, mas uma racionalidade suprarracional, metarracional ou transracional, de nível superior. E também se baseia em estruturas.

O pensamento simbólico é, em primeiro lugar, símbolo. Tudo é símbolo: cada palavra, cada signo, cada figura, cada imagem. Tudo é símbolo, porque tudo é signo a ser interpretado.

Assim, o pensamento simbólico não é uma questão de material, mas de olhar: ver tudo que existe não como coisa, mas como signo de outra coisa, como sinal de algo maior, mais profundo, mais essencial, como signo do invisível, do intangível, do inefável. Ver tudo como um holograma do todo. Ver o todo como reflexo do uno.

O pensamento simbólico é, em segundo lugar, arquitetura. Os símbolos respondem e ligam-se uns aos outros em redes nômades e fluentes; logo pensamento poético e também pensamento mítico. E é essa ligação que lhes dá mais sentido; logo pensamento holístico. O pensamento simbólico descobre símbolos e constrói ligações entre eles, elaborando arquiteturas de sentido; portanto, pensamento metafórico. Os símbolos se põem em ação nessas arquiteturas de ligações que os ativam e lhes dão vida; um símbolo isolado pode significar qualquer coisa, por isso não significa nada.

Cada arquitetura simbólica – cada metáfora, cada mito, cada teoria – é um ser noético, um noema. Alguns são minúsculos ("A Terra é uma laranja azul", de Eluard), outros imensos (a cabala). Alguns são efêmeros e não proliferam por falta de riqueza. Outros duram, proliferam, desenvolvem-

-se, encontram outros noemas, combatem-se ou se associam. Assim, formam-se arborescências no interior mesmo da noosfera.[17]

A relatividade estrita, por exemplo, é muito mais do que uma teoria física: é uma metáfora matemática, um noema cosmológico que se vale de símbolos fortes como energia, velocidade, luz, massa, tempo, espaço...[18] Estabelece uma arquitetura de ligações entre eles na forma de equações. Como todo noema forte, exige uma iniciação rigorosa. Não é para qualquer um!

O mesmo acontece com um quadro ou com o conjunto dos quadros de Van Gogh, articulados entre si por assunto, época, cores, visão, inspiração, técnica etc.

Devemos aguçar o olhar simbólico.

E entrever o invisível por trás do visível, assim como todos os laços que ali se tecem, todas as correspondências (Baudelaire...), todas as analogias (Hermes Trismegisto...).

O mundo é um tecido de correspondências infinitas e evolutivas na espessura do real.

O pensamento simbólico e metafórico é um pensamento que está além dos conceitos e dos raciocínios, fundamentos do pensamento lógico. Devemos passar do conceito para o símbolo. E superar as definições clássicas, que são apenas arquiteturas simples e primitivas de ligações entre palavras, sempre tautológicas.

Em contrapartida, devemos ativar os símbolos em arquiteturas de ligações com outros símbolos (metáforas ricas e complexas)...

Ao contrário do pensamento lógico, que é fixo e absolutizante (verdadeiro ou falso), o pensamento simbólico e metafórico é pensamento em movimento e do movimento (nem verdadeiro nem falso); é pensamento

---

17 Existem exemplos na maçonaria, além do noema maçônico básico (os chamados graus "azuis"): o REAA vem do encontro com o noema alquímico; o RER, com o templário; a Arca Real, com o noema cabalístico etc.
18 Símbolos que ainda estão por interpretar, não são conceitos definidos e estabelecidos. Pensamos nos imensos esforços hermenêuticos realizados pela Escola de Copenhague, com Einstein e Bohr, com relação ao sentido que deviam dar aos "conceitos da mecânica quântica". Pensemos de modo similar nos esforços de nossos astrofísicos com relação às noções de matéria (em especial à famosa matéria "negra", que seria mais de 90% da massa do universo).

hermenêutico, perpetuamente recomeçado, superado e transcendido. O sentido não é nunca definitivo, mas sempre revisitado para ser subvertido e aprofundado.

Multipolaridades

A meditação a seguir apoia-se na constatação de que o pensamento clássico é sempre binário, dual e dualista: isto ou aquilo, verdadeiro ou falso, bem ou mal, belo ou feio. Ele é essencialmente bipolar. Mas essa bipolaridade é pobre e quase sempre está em contradição com o real.

Esta meditação recreativa é inspirada em uma frase de meu amigo Thierry Gaudin: "Apoiar-se desde o começo em três polos, em vez de dois, permite livrar-se do pensamento cientificista corrente, que, como boa parte do pensamento filosófico, é binário ou bipolar. Há o sujeito e o objeto..."[19].

Tripolaridades.
O ator, a ação e o agido.
O observador, a observação e o observado.
O pensador, o pensar e o pensamento.
O amante, o amor e o amado.
O sujeito, o projeto e o objeto.
Brahma, Shiva e Vishnu.
Zeus, Dionísio e Apolo.

Tetrapolaridades.
O corpo, o coração, o espírito e a alma.
A terra, a água, o fogo e o ar.
Treva, abismo, sopro e água.[20]
Metabólico, sintônico, homeostático e genético.[21]

---

19 GAUDIN, T.; L'YVONNET, F. *Discours de la méthode créatrice*. Gordes: Le Rélié, 2003.
20 São os quatro elementos primordiais do Gênesis: "e uma treva sobre as faces de um abismo e um sopro das pulsações de Eloim sobre as faces da agua" (Gn 1,2).
21 São as quatro funções universais em ação em todo sistema complexo.

Pentapolaridades.
Nascimento, crescimento, maturidade, declínio e morte.[22]
Água, fogo, madeira, metal e terra.[23]

Não se trata mais de escolher (seu campo), decidir (verdadeiro ou falso, belo ou feio, bem ou mal, porque o verdadeiro é falso, o belo é feio, o bem é mal...) ou argumentar (a favor ou contra). A dialética hegeliana já sabia disso.

Trata-se de sinergizar.[24] É a dinâmica mesma do devir contra a decisão estática da razão binária, muito além dela.

Como elaborar algo mais perfeito com o heteróclito? Eis a questão.
Como fazer surgir unidade da diversidade?
Como unir sem empobrecer?
Como unir sem fundir?
Qual é o segredo da egrégora?[25]

O pensamento lógico – que é binário – é um pensamento primitivo. Está totalmente obsoleto: reconhecemos que o real é holístico e sabemos que as partes não explicam o todo.[26] Só um pensamento simbólico e metafórico está apto a assumir a multipolaridade do real.

Já que pretende pensar para além dos dualismos primitivos do pensamento lógico, integrando em especial o devir,[27] o pensamento metalógico é um pensamento não aristotélico,[28] livre dos axiomas clássicos de identidade[29] e de terceiro excluído.[30]

---

22 As cinco fases do ciclo da vida de todo sistema.
23 Os cinco elementos, segundo a cosmologia clássica chinesa.
24 Sinergizar: fazer trabalhar em conjunto de modo ótimo; é criar uma egrégora que integre e supere sem nada destruir.
25 Essa palavra antiga e em desuso me parece mais apropriada para designar a noção de propriedade emergente, que faz que o todo seja mais do que a soma de suas partes, que o *cassoulet* seja mais que a justaposição de ingredientes isolados e de algumas calorias.
26 O que derruba todo o analitismo cartesiano, logo, todo o método de Descartes, como vimos.
27 Portanto, a impermanência, o relativismo, a transformação perpétua etc.
28 Essa passagem é semelhante à superação da mecânica newtoniana euclidiana pela cosmologia relativista não euclidiana.
29 "Não podemos entrar duas vezes no mesmo rio", dizia Heráclito, e acrescentava: "Tudo flui e nada nunca é o mesmo".
30 O devir desfaz todos os antagonismos, mesmo o do "verdadeiro" e do "falso", valores básicos da lógica aristotélica. "Verdade aquém dos Pireneus, erro além", dizia Blaise Pascal. Verdade hoje, mentira amanhã, devemos acrescentar.

Lógica ternária ou trialética

Uma pequena digressão se impõe, talvez, para melhor compreender o que acaba de ser dito.

A lógica clássica (aristotélica) só conhece dois valores: verdadeiro e falso. A partir daí, e fundando-se nos quatro axiomas formais, constrói todos o seu raciocínio.

Os quatro axiomas básicos são:

- o princípio da identidade: o que é verdadeiro é verdadeiro, o que é falso é falso;
- o princípio da não contradição: o que não é verdadeiro é falso e o que não é falso é verdadeiro;
- o princípio do terceiro excluído: uma proposição só pode ser verdadeira ou falsa;
- o princípio silogístico: se A implica B e A é verdadeiro (ou falso), B também será verdadeiro (ou falso). É o exemplo famoso: todos os homens são mortais; Sócrates é homem; logo, Sócrates é mortal.

Essa lógica totalmente binária (verdadeiro e falso) é a da matemática booleana e da tecnologia informática.

Pode ser superada de dois modos.

Em primeiro lugar, como fizeram os lógicos teóricos do século XX, rejeitando um ou mais dos quatro axiomas básicos. A tentativa mais conhecida (popularizada pelo romance de ficção científica *The World of Null-A*) é a que consiste em renunciar ao princípio do terceiro excluído e introduzir um terceiro valor na lógica: ao lado do verdadeiro e do falso, há também o indeterminado ("não sei..."). Por esse viés, abre-se o imenso campo de pesquisa das chamadas lógicas não aristotélicas (por analogia com as geometrias não euclidianas, que também se fundam na negação de um ou vários axiomas da geometria de Euclides).[31]

Em segundo lugar, assumindo de modo sistemático um atitude ternária (ou mesmo quaternária, quinária, senária etc., em uma escalada de lógicas cada vez mais complexas) diante de cada problema.

---

31 É o caso, sobretudo, das geometrias de Riemann e Minkovski, que fundamentam a relatividade geral de Einstein. A geometria euclidiana é a mais simples, a mais idealizada, mas não corresponde ao real. O mesmo pode acontecer com a lógica aristotélica.

Dois exemplos são suficientes, é provável, para mostrar a fecundidade desse processo tipicamente metalógico.

Um de meus professores, Michel Theys, costumava iniciar suas respostas a qualquer pergunta ou problema com: "Temos três possibilidades...". Ao dizer isso, porém, só tinha em mente a alternativa binária clássica, e forçava-se a encontrar a terceira via, a oculta, a fértil, a da verdadeira solução.

Tente e verá: é milagroso!

Outro exemplo: desde Platão, toda a filosofia ocidental está dividida entre o objeto e o sujeito. Assim, cada um qual é obrigado a se situar, a escolher um campo. Mas assim que aparece a terceira ponta do triângulo, o dilema se desfaz e desaparece. Basta acrescentar a palavra "projeto" e as metafísicas do ser dão lugar à metafísica do devir. O triângulo mágico é sujeito-objeto-projeto.

Não há mais dois campos, mas toda uma combinatória aberta (seis relações orientadas), em que cada um pode definir sua caminhada, seu caminho, sua realização.

Esse último exemplo convida a uma reflexão profunda: todo binário induz a um conflito (verdadeiro ou falso, bem ou mal, belo ou feio, sagrado ou profano etc.) e provoca uma escolha, um *parti pris*, um dogmatismo, um integrismo. Quando se abre o ternário, também se abre a combinatória e, com ela, a abundância, o diálogo, a tolerância... e a criatividade.

Uma dinâmica construtiva e inventiva substitui o confronto destruidor e estéril.

Podemos ilustrar isso com um dos fundamentos da revolução noética, que supera o antagonismo clássico entre o econômico e o político na sociosfera e conduz a dimensão noética na direção da noosfera. O antagonismo se desfaz e tudo ganha um novo sentido, infinitamente mais rico e fecundo.

Pensamento não discursivo, paradoxal, alusivo e poético

Outra faceta do pensamento noético é a que o faz denunciar a vaidade e a vacuidade de todas as argumentações, sempre ociosas e lamentáveis.

Toda argumentação "lógica" é apenas uma cadeia ou uma trança, mais ou menos hábil, de deduções feitas de proposições indemonstráveis e subjetivas. Em suma, de convicções pessoais e atos de fé.

A verdade não se demonstra, impõe-se. É a filosofia do martelo de Nietzsche.

O pensamento noético é um pensamento não discursivo, ou até aforístico. Pensamentos, ideias, visões, teorias só são válidos se proliferam na noosfera; esse é o princípio da fecundidade. Aos falaciosos verdadeiro e falso da lógica velha, só resta a prova do tempo. É "verdadeira" a ideia que sobrevive e prolifera. E só será "verdadeira" durante algum tempo. As ideias também são mortais.

Além da metáfora, o pensamento noético também exercita o paradoxo.

Pensamento lateral por excelência, o paradoxo força o olhar e torce o pescoço dos hábitos e das rotinas. A técnica *ch'an* e zen dos *koans* encontra aqui todo o seu peso.

Devemos obrigar o pensamento a superar as palavras e os conceitos, desordená-lo, fazê-lo entrar em pânico, em desequilíbrio, em instabilidade e recuperar a veia surrealista que abala as ideias aceitas, para que nasçam as ideias do futuro e venha o novo.

O pensamento noético também cultiva a alusão.

Como podemos dizer o indizível, transmitir uma visão de um bloco? Pela metáfora, como vimos, mas também pela alusão, seguindo a grande tradição cabalística, sufi, taoista, *ch'an* e zen. O modo alusivo desperta, estimula, ativa sem se impor. A alusão acende o fogo: engata um caminho, uma construção, uma proliferação cujos resultados são imprevisíveis; quando o fogo é ateado com habilidade, e quando conhecemos bem o terreno e os ventos, ele vai aonde queremos que vá. Técnicas de queimada...

O pensamento noético é uma aventura intelectual e espiritual. Emocional, também: o homem noético será muito mais um homem de emoções do que de desempenhos.

A aventura noética é também um neorromantismo, antídoto do racionalismo e do mecanicismo de outrora. Ocorre por ressacralização e reencantamento do real, e recupera os caminhos percorridos pelos românticos alemães.

Recordemos:

- Novalis: "O senso poético tem muitos pontos em comum com o senso místico. A poesia é o real absoluto. Quanto mais uma coisa é poética, mais verdadeira é";

- Friedrich Schlegel: "O gênero poético romântico ainda está em transformação, e é sua essência própria só poder transformar-se eternamente e jamais se consumar. Nenhuma teoria pode esgotá-lo".

Criatividade

Não se herda a cultura, conquista-se.

André Malraux (século XX)

Que é criar?

Proponho a seguinte definição: a criação é um processo complexo que combina ingredientes memorizados em razão de um projeto.

A criação é um processo, não um procedimento: não há receita, garantia, certeza ou guia do usuário que baste seguir à risca. De certa forma, é uma aventura: sabemos de onde partimos, mas nunca sabemos aonde vamos chegar.

É evidente que criar é partir do conhecido para explorar o desconhecido; é uma expedição e, como todas as expedições, não é porque vamos para um lugar improvável que devemos ir sem preparo e sem material. A criação é uma arte, sem dúvida, mas como toda arte, implica 10% de inspiração e 90% de transpiração. Como todas as técnicas, é aprendida, praticada, preservada.

Mas, além de ser um processo, a criação é um processo complexo, ou seja, não redutível a sequências elementares identificáveis. É uma mistura tumultuosa, não linear, não sequencial, que combina ingredientes memorizados, já que a criação *ex nihilo* não existe. Todo objeto criado é criado a partir de objetos anteriores; a novidade está nas estruturas das combinações e, com elas, nas propriedades emergentes que essas combinações geram.

Posso inventar novas receitas culinárias, combinando de maneira inédita ingredientes heteróclitos (o *bavarois* não era um encontro improvável entre frutas amassadas e sobras de caldo de osso?). Posso até acrescentar um elemento que ninguém nunca viu como ingrediente culinário (o caviar de peixe-lapa não vêm do encontro das ovas esverdeadas do ciclóptero com o sumo extraído da moagem de um pequeno inseto mexicano?). Não inventei o elemento, apenas lhe dei um novo *status*, isto é, "classifiquei" em uma família a que era antes completamente estranho.

É interessante pedir a um grupo que desenhe um extraterrestre o mais distante possível do que conhecemos e vemos. O resultado são monstros quiméricos e híbridos, todos eles montagens originais e surpreendentes de "pedaços" encontrados nos mundos animal e vegetal, no mais das vezes.

Basta se lembrar de *E. T.*, *Alien* e toda a "fauna" de *Jornada nas estrelas*, ou mesmo da criatura de água de *Abysses* e daquela esverdeada de *A coisa*... Todas são coisas conhecidas "remontadas".

Tudo se cria de outra coisa, com ou contra outros elementos; em outras palavras, todo processo de criação é obrigatoriamente genealógico.[32] Um cientista cria seus modelos enquanto ouve ou toca Mozart (Einstein); um compositor elabora suas mais belas partituras depois de ler poemas (Debussy) ou liturgias (Bach): chamamos isso de inspiração, outro nome para certa forma de proliferação noética.

A criação sempre se inscreve no espaço de um diálogo, assim como esse diálogo ou encontro sempre se inscreve em um projeto, ou seja, em um desejo ou em uma vontade. Criamos para responder a um chamado, interior ou exterior, ou, para nos ater a nossa terminologia, a uma vocação.[33]

Jamais criamos por acaso. A criação é sempre o fruto de um encontro. Para encontrar, temos de procurar, ainda que de forma inconsciente ou confusa. As ideias são respostas, não cogumelos que crescem do nada. Não respondem necessariamente a uma pergunta séria, mas às vezes a uma vontade, um encontro, um olhar, uma sensação, um sentimento, mesmo furtivo.

O projeto (no sentido mais amplo, logo mais fútil da palavra) é a energia que ativa o processo de criação. Seja individual ou coletivo, profundo ou fútil, duradouro ou efêmero, ele drena para o criador uma energia mental que ativa os processos criativos, como um estimulador ou catalisador.

Este ponto é crucial: somos criativos apenas quando inseridos em um projeto em que acreditamos, com o qual nos identificamos, ao qual nos dedicamos.

---

32 O método de Nietzsche em *A genealogia da moral* poderia ser estendido a todas as produções culturais humanas e mostraria todas as filiações... Às vezes as mais inesperadas.
33 Do latim *vocare, vocatum*: chamar. Toda vocação é um chamado.

É preciso haver paixão por trás de tudo isso, estar apaixonado ou obcecado por um desejo, uma vontade ardente. A criação é sempre uma febre: não conheço nenhum verdadeiro criador que seja plácido, amorfo, frio ou inerte.

O ato de criar deve ser precedido de uma obsessão ou de um compulsão. Alguns até afirmavam que a criatividade era o lado positivo e sublimado da loucura. Nesse caso, a gastronomia seria o lado "positivo e sublimado" da anorexia? A ideia é divertida, mas não vai muito longe. Deixemos esses jogos para os psicanalistas ou psiquiatras.

Contexto

Na noosfera, as ideias proliferam por criação.

Se admitirmos que a vocação do homem é fazer surgir a noosfera, ele terá de priorizar a obra de criação e criar tudo o que for possível (esse é o princípio mesmo da realização e da entelequia). Isso significa que terá de aprender a ativar, desenvolver e otimizar sua criatividade, ou seja, sua aptidão para criar, seu talento criativo.

Porque a criatividade é um talento, não importa se dom do céu ou da natureza. Um talento inato, talvez, mas que devemos a qualquer custo aprender a cultivar ao máximo, desde a mais tenra idade.

Não antecipando o que trataremos a seguir, devemos reconhecer que esse aprendizado é o oposto das pedagogias clássicas, fundadas exclusivamente no desenvolvimento do cérebro esquerdo e na repetição dos saberes memorizados.

Aí está o nó do problema: o Ocidente, por tradição racionalista desde Platão e Aristóteles, fundou e apostou tudo só no cérebro esquerdo, o da razão, do raciocínio, da racionalidade, da análise, do conceito, da lógica, do verbal, do quantitativo. Existe uma identidade profunda entre cartesianismo e cérebro esquerdo.

Por ter monopolizado o pensamento durante dois milênios, esse cérebro se hipertrofiou em detrimento do cérebro direito – o da paixão, da intuição, da criatividade, da globalidade, da imagem, da analogia, do não verbal, do qualitativo etc. –, que se atrofiou, mas não nas mulheres, porque durante muito tempo elas foram excluídas do processo de formação (sobretudo científica) e relegadas aos mundos do sentimento, da poesia e da piedade.

Hoje, porém, não só o contexto mudou de modo radical, como tende a se inverter: o cérebro esquerdo chegou ao seu limite e o cérebro direito foi chamado para socorrê-lo.

Seria simplista demais, como fazem certos charlatães, ver nessa inversão uma passagem da racionalidade para a irracionalidade. Nada mais falso e perigoso: não se trata de modo nenhum de renegar a racionalidade, mas de completá-la para, enfim, superá-la.

Muitas das páginas anteriores mostram que a era noética será a era da superação da razão e da reabilitação dos outros modos de conhecimento, como a intuição e a analogia. Sabemos que o racionalismo é inadequado para o tratamento dos sistemas complexos, que não suportam esse bisturi analítico que funda a racionalidade cartesiana. Devemos ir além, portanto, mas sem ir contra!

Longe de substituir a racionalidade pela irracionalidade, trata-se de superar a estrita racionalidade por uma transracionalidade, ou melhor, uma metarracionalidade, cujo fundamento é a cooperação e a síntese dos diversos modos de conhecimento que usam os cérebros direito e esquerdo juntos.

A intuição, a analogia e a imaginação (logo, o cérebro direito) criam, mas é a razão (o cérebro esquerdo) que argumenta, justifica e valida.

Esse é o segredo de um bom equilíbrio mental individual, e de uma boa equipe de trabalho coletivo. Não se trata de achar compromissos, mas de desenvolver sínteses, no sentido dialético do termo: englobar, superando.

O processo criativo

Há algumas décadas, foi feita uma pesquisa com grandes cientistas, em especial para perguntar como criavam suas ideias, suas teorias, seus modelos. Einstein, Poincaré, Hadamard, entre muitos outros, entraram no jogo.

Para espanto dos entrevistadores, que esperavam destacar o papel da racionalidade e o poder do raciocínio, os cientistas entrevistados falaram de intuições, visões, iluminações e até revelações. Segundo Einstein:

> O estado de espírito que permite a um homem realizar um trabalho desse tipo [...] é semelhante ao do adorador religioso ou do amante: o esforço

quotidiano não vem de nenhum programa nem de nenhuma intenção deliberada, mas diretamente do coração.

Todas as grandes façanhas da ciência partem de um conhecimento intuitivo, formulado como axioma, a partir do qual são feitas as deduções [...] A intuição é a condição necessária para a descoberta de tais axiomas.[34]

O processo criativo deve ser estudado, portanto, com os olhos voltados em primeiro lugar para o cérebro direito. O conhecimento novo, original, inovador não é deduzido logicamente, mas forjado com outras ferramentas.

Esse processo é concebido hoje com um vaivém não linear, cheio de *loops*, idas e vindas entre cinco tipos de atividades cerebrais: a escolha do projeto, a acumulação até a saturação, a ruminação até a cristalização, a formalização e a validação.

A escolha do projeto

Esse ponto essencial já foi mencionado neste livro. A ideia central é: o projeto é a energia que ativa o processo de criação. Por exemplo: um romancista decide escrever um novo romance; primeiro ele escolhe um assunto que o inspire, um quadro, uma época ou, por assim dizer, um pano de fundo.

A acumulação até a saturação

Diante do problema colocado, do desafio lançado ou do desejo expresso, convém acumular a maior quantidade possível de elementos mais ou menos ligados ao projeto: impregnar-se até a saturação, encher o cérebro de ideias parciais, conectadas à ideia buscada. Ou seja, ler tudo, rabiscar, seguir mil pistas sem rejeitar nenhuma, inventariar à maneira de Prévert, fazer todas as associações de ideias, experimentar etc.

Trata-se de acumular (sem triar ou sem eliminar) o máximo de materiais que talvez venham a ser úteis na construção da ideia nova. Esses materiais devem ser formulados em diferentes linguagens para gerar o máximo de riqueza. Voltando ao nosso exemplo: o romancista vai pesqui-

---

[34] EINSTEIN, A. *Pensées intimes*. Paris: Du Rocher, 2000.

sar, acumular livros, prospectos, notas, testemunhos, fotos, músicas, odores, receitas etc.

As técnicas de *brainstorming*, metaplano ou mapa mental vão nessa direção.

A ruminação até a cristalização

Essa atividade é a de "reflexão" propriamente dita. Trata-se de jogar com todos os materiais acumulados e combiná-los de todas as maneiras possíveis, dois a dois, três a três etc.

Esse jogo pode ser praticado de modo bastante metódico, ou se desenrolar de maneira muito caótica e anárquica. O essencial é tentar o máximo de combinações, até que uma dê "tilt". Este é o ponto de cristalização: a intuição toma o lugar da imaginação, que até então brincava de criar toda espécie de combinações. Ela age aqui como catalisador: sim, é isso, é isso mesmo, estou chegando lá!

Por quê? Ninguém sabe. Temos certeza? Não. De onde vem a certeza – muitas vezes provisória – de que encontramos a chave? Provavelmente de uma analogia oculta com um problema já resolvido. Devemos deixar então a solução se desenvolver livremente a partir dessa semente intuitiva que diz: "Heureca". Ela se constrói sozinha, juntando e combinando materiais com a semente encontrada.

No nosso exemplo, o romancista vai deglutir toda a documentação, procurar tramas, intrigas, personagens, cenários, e tudo isso vai começar a viver nele, a se enriquecer; ele vai sonhar com migalhas e pedaços de sua história até a cristalização de um roteiro interessante, que funcione.

A formalização

Aqui entra a delicada seleção da linguagem que servirá para exprimir a ideia nova. Conceber não é tudo, ainda é preciso formular, isto é, codificar em uma forma estocável, transmissível ou comunicável.

Sem formalização, não há propagação ou proliferação possível. A ideia não formalizada, não codificada é perdida, porque é inutilizável.

Devemos lembrar que uma mesma ideia pode (e deve) ser formulada em várias linguagens, o que só a enriquece, pois facilita sua propagação e, portanto, sua proliferação em várias direções possíveis. Qual teria sido a audiência do existencialismo ateu de Sartre se tivesse recebido apenas a formulação técnica de *O ser e o nada*, do qual muitos falam, mas que quase ninguém leu? Qual teria sido o impacto do romance *Meu tio Benjamin* se não tivesse sido levado às telas com Jacques Brel no papel principal?

Quanto mais formulações diferentes uma ideia receber, maior será a chance de que prolifere.

No nosso exemplo, o romancista começa a escrever: escolhe uma língua, um estilo, uma formalização, um recorte; agora, é "só" redigir e parir o romance.

A validação

Outra operação delicada: validar a ideia, ou seja, julgá-la suficientemente acabada, forte, viável para soltá-la na noosfera.

Há nisso um dilema conhecido de todos os criadores: a obra não está jamais acabada, cada releitura induz novas possibilidades, retoques, melhoramentos, complementos. É um dilema entre atabalhoamento e perfeccionismo, entre o "mais ou menos" e o "nunca pronto".

Contudo, se quisermos que a ideia prolifere – o que é o objetivo primeiro, não podemos nunca nos esquecer –, é preciso validá-la algum dia e deixá-la alçar voo no estado em que está. Também não precisamos dramatizar: a ideia pode ser retomada, retrabalhada, esmerilhada. Se só houvesse obras-primas, as livrarias estariam desertas.

A era noética, ao escancarar as portas da difusão (gratuita?) das ideias, gerará uma efervescência cultural, uma turbulência ideal sem precedente. É provável que se produza muito lixo, mas toda ideia terá oportunidade de proliferar... "Semeio em todos os ventos", dizia Larousse; o *slogan* volta a ser atual.

No nosso exemplo, o romancista relê o que fez com cabeça fria, corrige, remaneja, critica. Satisfeito? Ele continua. Insatisfeito? Recomeça o trabalho, do zero ou não.

Nosso pequeno exemplo do romancista em operação mostra bem que o processo de criação não é nem sequencial nem linear: as idas e vindas são inevitáveis, o mesmo trabalho gera bifurcações. Há um diálogo permanente e fértil entre as cinco atividades que participam do processo criativo, ninguém pode prever nada. E o mesmo acontece com todas as formas de criação, não só artística, não só de ficção.

A fecundidade criadora

Como vimos, o processo de criação requer meios e solicitações diferentes, conforme a atividade.

O acúmulo de materiais, por exemplo, exige de preferência um meio rico, efervescente, estimulante; nesse sentido, o trabalho coletivo pode ser fecundo, já que multiplica de modo exponencial as densidades de produção.

Em compensação, o trabalho de ruminação e formulação é favorecido por um meio calmo e sereno, que perturbe o mínimo possível a concentração e a reflexão.

Isso é o que diz o bom senso, mas não faltam contraexemplos. Em todo caso, o ambiente desempenha um papel importante na fecundidade criadora. Alguns ritos também: muitos criadores têm tiques e manias, como para exorcizar a "pane seca".

Deixando de lado a piada, seria útil refletir sobre as condições da criação.

De fato, como vimos, os ofícios do imaterial em geral e da criatividade em particular implicam o uso de talentos onerosos, que se devem colocar nas melhores condições de trabalho possíveis. No entanto, receamos que não haja uma receita para resolver de uma vez por todas esse problema delicado e crucial.

Como vimos, criar é combinar. Para isso, é necessário material, que será montado de todas as maneiras possíveis, até que se chegue à combinação que melhor corresponda ao projeto que nos propusemos realizar. É no centro dessas técnicas combinatórias, portanto, que mora o segredo dos criadores. E é lá que devemos investigar, se queremos incrementar o poder criador de uma pessoa ou de uma equipe.

As técnicas usadas hoje, sobretudo no mundo empresarial, ainda são muito rudimentares; limitam-se em geral a facilitar o acúmulo de material ou suscitar algumas combinações (não raro simples associações binárias de ideias). Devemos ir muito mais longe, como já mostraram a escola de Palo Alto e pesquisadores como De Bono.

É provável que os chamados programas "de inteligência artificial"[35] venham a fornecer ferramentas sistemáticas e rápidas para a exploração

---

35 O termo "inteligência artificial" é provavelmente o mais impróprio e ambíguo que existe. De fato, não há *nada* em comum entre a inteligência humana e o trabalho –

de combinatórias complexas e sofisticadas, mas que ninguém se engane: eles fornecerão catálogos de "possíveis", jamais substituirão o gênio humano em matéria de "desejáveis".

A informática e todos os seus prolongamentos apenas imitarão certas funções do cérebro esquerdo. Quanto ao cérebro direito, onde se escora a criatividade, serão sempre alheios.

Todo um campo apaixonante de pesquisa (quase matemática) se abre quando percebemos que toda combinação (de ideias ou de qualquer outra coisa) consiste em aplicar um operador particular a um conjunto de peças de materiais.

A associação binária (uma ideia *e* outra ideia, como "gás leve + hélice = dirigível") ou a inversão (o contrário de uma ideia também é uma ideia, como "o vidro não é um sólido")[36] são apenas dois dos mais simples desses operadores combinatórios. Há muitos outros.

O inventário e o estudo das propriedades desses operadores é um campo imenso e muito promissor da pesquisa fundamental.

Uma filosofia da criação: a questão do sentido

Para além de todas as técnicas criativas, ferramentas ou metodologias que desenvolvemos para ampliar ou otimizar o poder criador dos homens, é a criação em si que interpela o filósofo.

Isso se deve a três motivos: é possível criar o novo; criar dá sentido à existência; e criar é gerar o devir do real.

O fato de ser possível criar o novo é motivo de espanto e maravilha permanente por duas razões principais.

Primeira razão: nem todos os possíveis se realizaram; ainda há potenciais não concretizados, nem tudo foi jogado, nem tudo foi escrito. E nos espaços imateriais da noosfera, em que as combinações de ideias têm muito menos limitações do que as combinações de matérias no espaço físico, a criação parece não ter mais limite. Nela, os possíveis são incrementados ao

---

complexo e sofisticado, concordo – desses programas. O termo "sistemas *experts*", dado às aplicações práticas da inteligência artificial, é muito mais adequado e, portanto, preferível, embora menos sensacionalista e menos jornalístico.

36 O que é rigorosamente verdadeiro, como me ensinaram na Saint-Gobain: o vidro é um líquido de viscosidade extremamente alta.

infinitamente infinito. Compreendemos melhor, talvez, o alcance da travessia do limiar noético quando vemos essa fuga da materialidade estrita como a entrada em um mundo em que a criação (ou seja, a realização e a concretização de todos os possíveis) já não tem nenhum limite. Ao entrar na noosfera, o processo de complexificação, que é o motor central de toda a história do cosmo desde o caos do big bang, poderá explodir ao infinito e fazer recuar para sempre "o fim da história", tanto cósmica quanto humana.

Segunda razão: o homem tem a capacidade de realizar alguns desses potenciais inexplorados e parece ser o único animal terrestre a ter consciência desse dom. Pioneiro da noosfera na terra, ele abre caminho; essa, pelo menos é sua vocação e missão. Há algo de estimulante, ou até de milagroso, nesse papel de levar a outros mundos. Os papéis foram distribuídos e esse calhou para ele, mas será que ele terá talento para assumi-lo e coragem para enfrentá-lo? Essa é a questão colocada pela revolução noética. Uma questão importante, cuja resposta será vital.

Há ainda o fato de que criar dá sentido a nossa existência individual e coletiva.

Diante da questão do porquê da existência, na procura de sentido no aparente absurdo do mundo, o homem só tem dois caminhos possíveis: encontrar sentido dentro ou fora dele.

O caminho humanista faz do homem sua própria justificação; isso leva a um impasse, como vimos, e só pode degenerar em um hedonismo desesperado e desesperador.

Só resta, então, procurar a resposta fora do homem. Para além das religiões (Deus ou sua Lei como lugar do sentido) ou das ideologias (o ideal como lugar do sentido), é o próprio devir cósmico que dá sentido, colocando o homem no papel de cocriador dos mundos imateriais do conhecimento. Compete a cada um associar ou não um recurso a Deus ou ao Ideal, embora o princípio da navalha de Ockham torne a operação superfetatória.

Do ponto de vista individual, cada um tem uma obra, segundo seus talentos e vocações. Cada um traz em si uma obra potencial, que exige dedicação plena para oferecer um sentido forte, duradouro e alegre à existência quotidiana.

Qual é a *minha* vocação? Quais são os *meus* talentos? Qual é a *minha* obra? Essas são as três perguntas básicas que cada ser humano deveria se fazer o mais rápido possível, para não desperdiçar sua vida em caminhos alheios a sua própria consumação.

Essa iniciativa é o oposto daquela mais comum, que leva o homem a construir sua vida mais por considerações externas (dinheiro, família, *status* etc.) do que por exigências internas, para as quais as considerações externas são apenas meios ou consequências.

Cada um é portador e vetor de um processo, em vez de ego efêmero e absurdo.

Do ponto de vista coletivo, o poder criativo dos homens individuais dá sentido à humanidade como vetor noético. A obra é comum, global, transcendente, e supera todos os limites estreitos ligados aos indivíduos, arraigando-se na sociosfera tomada como um todo, no tempo.

Assim, toda a humanidade e sua história ganham sentido. A humanidade não é um fim em si, mas participa de maneira ativa e consciente de um movimento de realização criativa que a supera infinitamente, sem precisar recorrer a nenhum mito, o que remeteria inexoravelmente o homem ao homem, sem alimentar o sentido.

Há, por fim, o fato de que criar é gerar o devir do real.

Cada criação, por menor que seja, enriquece o real e o faz advir. E o homem é cocriador do cosmo.

A ideia é fascinante, empolgante e maravilhosa. Mas é também terrível, porque implica tudo que se tenha consciência da responsabilidade humana em escala cósmica.

Nenhum ato, nenhuma palavra e nenhuma ideia podem ser apagados. Nada está escrito, mas tudo é gravado. Ninguém é inocente, e a responsabilidade torna-se imensa, mesmo nas questões mais insignificantes. O que dizer então da responsabilidade dos irresponsáveis seres humanos, que há séculos vêm pilhando de modo irreversível os recursos naturais e genéticos deste mundo?

As cicatrizes da Terra, se ela conseguir curá-las, serão estigmas para sempre.

Em uma rápida menção a Hans Jonas, o poder de criar vem com um "princípio (de) responsabilidade" incontornável.

Ao inaugurar a noosfera, o homem estabelece condições iniciais (para retomar a expressão empregada pelos físicos) que se repercutem, se propagam e se proliferam ao infinito.

A responsabilidade do homem não é pequena, como bem podemos adivinhar. Será que ele tem consciência disso?

Pensamento complexo

*Nem sempre podemos mudar o mundo,
mas podemos mudar de ideia.*

Gérard Jampolsky (século XX)

Dar uma volta lá fora

O mundo sociosférico é o lugar das atividades econômicas e políticas, do mesmo modo que é o lugar das trocas e dos roubos de energia vital e mental entre seres humanos.

A maioria dos homens jamais abandona a sociosfera e imagina que essa "camada" do universo seja o mundo. Poucos entram em contato com as camadas "inferiores" sucessivas: a biosfera, a litosfera, a natureza. Menos ainda suspeitam da existência da camada "superior", a noosfera, a cultura.

Essas camadas são imensos e inesgotáveis reservatórios de energia vital e mental. Podem ser acessadas diretamente: as de baixo, pela contemplação (exterior, voltada para a transcendência) e pela meditação (interior, voltada para a imanência), e as de cima, pela criação.

Libertar o humano é fazê-lo abandonar a camada sociosférica, que o aprisiona, e fazê-lo viajar pouco a pouco pelas outras camadas.

É fazê-lo sair do estritamente humano.

É quebrar a lógica circular do antropocentrismo.

É abrir as portas e as janelas que dão, muito a propósito, para o real.

É ampliar a consciência até ultrapassar os limites do círculo humano.

É fazê-lo descobrir que o econômico e o político não passam de servos miseráveis – sem grande interesse – a serviço de tudo que supera o homem por "baixo" e por "cima".

Participação: três exercícios

Lucidez e clarividência.

Devemos desenvolvê-las apoiados na participação no real, ou seja, nessa milagrosa oportunidade que o homem tem de tomar parte do todo que o rodeia, engloba e alimenta.

Essa participação baseia-se no fato de que a energia é a substância última e contínua de tudo o que existe. E essa energia emana do espírito que deseja realizar-se e consumar-se em suas novas dimensões de espaço e tempo.

Portanto, tudo está ligado a tudo, permanentemente. Tudo participa de tudo com tudo, mas com frequência de modo inconsciente.

Desenvolver a clarividência e a lucidez é ter consciência dessa interligação cósmica; é não mais perceber e conceber o mundo como feito de objetos; é não mais perceber e conceber o mundo como nós o fazemos.

Devemos "vê-lo" como um contínuo de energia espiritualizada, um oceano de energia espiritual, agitado por ondas correntes, todas únicas e, ao mesmo tempo, indissociáveis. É cada uma dessas ondas que a linguagem isola artificialmente para lhes dar nome e classificá-las como "objeto".

Também devemos "vê-lo" como processo de realização, movimento puro, onda infinita, metáfora perpétua, impermanência absoluta, transformação criadora incessante.

É preciso cultivar a ressonância holográfica entre o aqui e agora da "minha" consciência e o em toda parte e sempre do espírito (manifestação do real). Essa ressonância se chama lucidez e clarividência.

Mas é preciso uma energia mental colossal para ultrapassar o pensamento conceitual e chegar ao pensamento holográfico. E sabemos que, para extrair essa energia da fonte, temos de abandonar a sociosfera e entrar no inumano, no associal.

O primeiro exercício espiritual é praticar a meditação interior para chegar à imanência pura, a contemplação exterior para atingir a transcendência pura e a criação autêntica para alcançar a complexidade pura.

Não podemos mais amoldar nossa percepção pelos padrões veiculados pelas linguagens sociais. Tudo que não entra neles é expelido, negado e esquecido; ora, esses dejetos, esses "ruídos", essas exceções marginais são precisamente a porta de entrada para a "outra visão". Eles são o indizível, logo, o impensável.

Temos de aprender a dizer esse indizível, a pensar esse impensável, a libertar o pensamento do jugo dos moldes sociais.

O segundo exercício espiritual é tomar consciência desses dejetos do pensamento conceitual e trabalhá-los a fundo. Para isso, devemos estar atentos ao marginal, ao liminar, ao que acontece na ruptura, na falha, na quebra, na fissura, na junção entre dois "blocos" conceituais.

Não devemos ver mais nada como objeto e sentir tudo como processo. Devemos recolocar o movimento e o tempo no centro de tudo, desespacializar, desterritorializar. Tudo é campo de operação. Tudo é consumação.

O pensamento conceitual/convencional age como um filtro: só conserva os pequenos pedregulhos sólidos e deixa passar o fluido vital. É pensamento vulgar, de araque, que ignora o essencial e teima no fútil.

O terceiro exercício é não ver a árvore, mas experimentar a arborescência em ação. Não contemplar a pedra, mas sentir a petrificação. Não observar o rio, mas viver a correnteza. Não reconhecer o homem, mas descobrir o caminho.

Energia mental: dois caminhos

Todo ser humano precisa se recarregar de energia mental, mas, para isso, ele só tem dois caminhos.

Um, horizontal e mais fácil, devasta a sociosfera, ou seja, os outros. Com um volume limitado de energia, e sem contribuições externas, ela pode secar, destruindo o tecido de relações humanas pelo terror, pelas intrigas, pela culpa ou pela mendicidade.[37]

O outro, vertical e mais difícil, mergulha na biosfera para se impregnar, embeber-se, saturar-se de energia vital e, então, alçar voo para a noosfera, onde vai estudar e criar.

Ambos os caminhos são ilimitados, um para baixo e outro para cima, e encontram-se no inefável real último.

Amanhã, ecologistas e noéticos serão claramente reconhecidos como os grandes provedores de energia mental para a humanidade, ou seja, alegria, felicidade, beleza, paz individual e coletiva, qualidade de vida, sentido, valores, referências etc.

Hoje, só as atividades internas da sociosfera têm legitimidade; as outras são, na melhor das hipóteses, acessórias e periféricas e, na pior, supérfluas.

---

37 Essas são, de fato, as quatro táticas que os seres humanos empregam para roubar energia mental uns dos outros: medo, mistério, culpa e piedade. Na realidade, o objetivo dessas quatro táticas é tornar o outro submisso e dependente. A esse respeito, ler James Redfield, *La prophétie des Andes* (Paris: Robert Laffont, 1994). [Ed. bras.: *A profecia celestina*. Rio de Janeiro: Fontanar, 2009.]

É imperioso que essa relação se inverta em um futuro muito próximo, sob pena de a humanidade perecer na atonia mental e na afasia intelectual!

A sociosfera chegou ao limite. Precisa buscar energia mental fora de si mesma ou desenvolverá escleroses graves, como a atual recrudescência de depressões e sinistroses generalizadas, barbárie urbana, lobotomias narcóticas, hedonistas e televisivas, analfabetismo jovem e cretinização escolar.

Buscar energia embaixo, na biosfera, é voltar a unir-se à natureza, integrar-se a ela em harmonia e retomar um lugar modesto, que não deveria nunca ter sido abandonado.

Buscar energia em cima, na noosfera, é desenvolver todas as atividades noéticas de conhecimento e de criação e, desse modo, realizar a vocação maior da humanidade.

Essas energias novas são vitais para a humanidade: trazem não só a vida, como também, em grande abundância, a alegria e a paz a cada homem e entre todos os homens.

O segredo da vida realizada, individual e coletiva, pessoal e social do amanhã é viver na natureza, é viver do conhecimento e das ideias.

Natureza e conhecimento, mais do que lavradios e pastagens, tão caros ao bom Sully,* são as duas tetas do nosso porvir humano, se é que o homem tornará possível esse porvir.

Natureza, tudo bem... Mas conhecimento?

O que é o conhecimento?

Em primeiro lugar, o que não é: um acúmulo mais ou menos estruturado de saberes, uma memória, mesmo imensa, um museu ideal ou até ideológico. Tudo o que é fixo ou estático lhe é estranho.

O conhecimento é dinâmico, uma dinâmica, um processo, uma caminhada, uma criação perpétua. Criação perpétua de ideias, de ideias de ideias, e assim por diante.

Uma caminhada. E por trás dessa caminhada, uma curiosa e fértil relação trialética: o caminhante cria o caminho, caminhando.

---

* Maximilien de Béthune, duque de Sully (1559-1641), foi ministro de Henrique IV. Tornou célebre a seguinte frase: "Pastagens e lavradios são as duas tetas de que a França se alimenta, as verdadeiras minas e tesouros do Peru". (N. T.)

Uma eterna tríade. A do poeta romântico: amante, amado, amor... A do físico quântico: observador, observado, observação... Por trás dessa tríade dinâmica, a pergunta urgente sobre o sentido: aonde vai o caminhante? Vai a algum lugar? Persegue um objetivo claro ou erra pelo simples e magnífico prazer de errar?

Em termos mais metafísicos, o conhecimento está a serviço do homem ou o homem está a serviço do conhecimento? Ou ainda: o homem é a meta ou a ferramenta do processo cósmico de complexificação?

O Zaratustra de Friedrich Nietzsche respondeu com maestria: o homem é uma ponte, uma passagem para o sobre-humano, ou seja, para o que supera o homem e lhe dá sentido e justificação.

O rosto desse sobre-humano poderia muito bem ser o conhecimento no sentido mais cósmico, metafísico e mais iniciático do termo.

Para me valer da linguagem mítica, é como se a natureza tivesse incumbido o homem da missão de criar o Deus de amanhã, Dioniso ou Shiva, mais ou menos como o Pequeno Príncipe pediu a Saint-Exupéry que lhe desenhasse um carneiro.

Mas o que é o conhecimento?

Pergunta dolorosa, obsessiva... e paradoxal também, porque responder é conhecer. O conhecimento pode conhecer a si mesmo? Não estamos aqui diante do muro dos teoremas de Gödel[38] ou de Shannon?[39]

Para escapar desse paradoxo e ressaltar a natureza dinâmica do conhecimento em busca e em criação de si mesmo, chegou a hora de mudar a palavra-chave, trocar a palavra imperfeita "conhecimento" pela palavra mais adequada "espírito" (em precisa conformidade com a etimologia das palavras "noético" e "noosfera" aqui utilizadas).

O conhecimento reflete e exprime o espírito, espírito em marcha, em busca de si mesmo e criando a si mesmo. Mas o que é o espírito, então? (O rótulo não informa o teor de álcool do vinho.)

O espírito está para as culturas e civilizações, assim como a vida imortal está para os organismos vivos e mortais. Até o presente momento, é o

---

[38] O teorema de Gödel, demonstrado há pouco tempo na matemática pura, diz que todo sistema axiomático lógico leva, *necessariamente*, para além de certo limiar de complexidade, a contradições internas e a proposições indecidíveis.

[39] O teorema de Shannon é, na teoria da informação, um teorema matemático que demonstra ser impossível a um sistema qualquer conhecer a si mesmo de modo integral.

último dos graus da complexidade. É a forma mais elaborada e mais sofisticada da energia original. É uma nova maneira emergente de organização, da qual o homem é portador e passagem, ponte entre vida e espírito, como foi nos primórdios o primeiro vírus entre matéria e vida.

O longo e lento processo de complexificação em ação no universo é também um processo de desmaterialização: uma tonelada de seres vivos contém bilhões de vezes mais informações do que uma tonelada de carvão.

Dizer que há complexificação ou densificação (desmaterialização) da informação é a mesma coisa.

O surgimento do espírito para além da vida insere-se nessa lógica. E reflete um salto de desmaterialização: uma tonelada de cérebros humanos contém também bilhões de vezes mais informação do que uma tonelada de carne de boi.

Insisto, porém, que salto não é ruptura: o espírito procede indispensavelmente da vida. Ele a prolonga e consuma e dela emana totalmente. Seria penoso cair de novo na areia movediça dos idealismos platônico, maniqueísta ou cristão: a energia, a matéria, a vida e o espírito são formas variadas de uma só e mesma realidade única e unitária, seja qual for o nome que se dê a essa realidade ou a esse real que vive "por trás das coisas" (Uno, Tao, Brahma, Deus etc.). São emanações dessa realidade, manifestações sucessivas e radicalmente novas, aparências, máscaras e disfarces cada vez mais sofisticados, nos canais venezianos do carnaval cósmico.

Em última análise, o espírito é até o momento o último avatar da entelequia divina e cósmica, do elã criador, único e fundador, que anima o universo desde sua origem. E ele se realiza pelos caminhos do conhecimento criativo.

Linguagens, mais uma vez

Se, por um lado, o espírito prescinde (quase) de materialidade, por outro, exige imperativamente uma linguagem em que se fixar. Linguagem de palavras, de sinais, de símbolos, de formas, de glifos, de algarismos, de gestos, de cores, de sons... Não importa, para ele qualquer coisa serve; e tenho certeza de que ainda há miríades de linguagens a inventar.

Para não se dissipar e se tornar insignificante, o espírito precisa de formulação ou codificação, como quiserem. Em outras palavras, para durar, perpetuar-se, transmitir-se e se construir, não pode dispensar o velho princípio de memória imbuído e sobriamente utilizado por partículas, matérias e organelas primitivas.

Com o surgimento do espírito, a memória torna-se primordial: para sobreviver, o espírito deve poder gravar seu conteúdo, ainda que o suporte escolhido se reduza a ponto de parecer inexistente.

Não pode haver memória sem linguagem. Não pode haver espírito sem memória.

O que é a linguagem, então?

O velho – e sempre precioso – Lalande diz: "No sentido mais geral, todo sistema de signos que pode servir de meio de comunicação".[40]

O conhecimento seria então um vasto sistema dinâmico que une os numerosos sistemas de signos e as múltiplas relações entre eles.

Um exemplo: um simples dicionário utiliza cerca de 50 signos (26 letras, 10 algarismos e cerca de 15 sinais de pontuação ou outros) ligados entre si por dois tipos de relação: a relação ortográfica, que justapõe os signos para formar com eles um significante (palavra, número etc.), e a relação semântica, que articula as palavras entre elas, de acordo com as regras convencionais da sintaxe, para dar um significado recíproco a elas dentro de uma vasta tautologia fechada (cada palavra do dicionário só pode ser definida com outras palavras do mesmo dicionário). Com esse dicionário, podemos escrever todos os textos e pronunciar todos os discursos que quisermos, estabelecendo outras relações entre as palavras (relações que estejam ou não em conformidade com as regras convencionais da sintaxe). Por sua vez, todos esses textos e discursos podem ser organizados, por relações de ordem superior, em vastos conjuntos que podemos chamar de teorias, escolas, correntes, ideologias etc.

Para cada linguagem, para cada sistema de signos, podemos construir uma arquitetura equivalente: os símbolos se organizam em ritos, os ritos formam tradições, as tradições se unem em correntes espirituais e religiosas e assim por diante. Ou ainda: as doze notas da escala temperada (ou as cinco da escala pentatônica, ou qualquer outra série de sons) e os milhares de timbres instrumentais permitem criar uma infinidade

---

40 LALANDE, A. *Vocabulaire technique et critique de la philosophie*. 5.ed. Paris: Quadrige/PUF, 1999. [Ed. bras.: *Dicionário técnico e crítico da filosofia*. 3.ed. São Paulo: Martins Fontes, 1999.]

de linhas melódicas, que se harmonizam de acordo com as regras do contraponto (ou outras regras, ou nenhuma regra) e geram sonatas, cantatas ou sinfonias, que, por sua vez, alimentam escolas, estilos musicais e outros.

Em suma, o conhecimento é uma ampla rede de interligações entre diversas arquiteturas culturais que se baseiam em sistemas de signo (linguagens) diversos e complementares.

A ciência associa textos, grafos geométricos e equações matemáticas; a hermenêutica alia textos e símbolos; o *lied* junta poema e linha melódica; a ópera casa teatro e sinfonia; a coreografia une mímica e música, e assim por diante até o infinito.

Essa imensa rede é transportada por miríades de cérebros biológicos ou informáticos, interligados de modo mais ou menos frouxo por publicações, programas de televisão, filmes, conversas (diretas ou telefônicas), redes informáticas (entre elas a internet) etc... Esse é o embrião da noosfera que está emergindo.

Além disso, ela é dinâmica: evolui, muda, enriquece ou empobrece, estrutura-se ou se desconstrói, é viva e animada, como todo sistema complexo, pelo desejo de se realizar de forma plena. Podemos dizer, metaforicamente, que é vivificada pelo espírito.

O espírito é então essa força de vida, esse elã vital que anima a noosfera. Sendo assim, podemos descrever a noética como o estudo da noosfera, o estudo do conhecimento como sistema complexo organizado, evolutivo e dinâmico, ou ainda como o estudo do espírito, o que ainda está em conformidade com a etimologia.

Notemos de passagem que é imperioso distinguir a noética desse belo ramo da filosofia que é a epistemologia, já que esta só se debruça sobre o valor de verdade dos saberes e dos métodos cognitivos. A noética vai infinitamente além.

Tão logo é colocada a ideia de que o conhecimento liga entre si elementos culturais de fontes e de naturezas extremamente variadas, torna-se forçoso – e apaixonante – debruçar-se sobre a natureza e a estrutura dessas relações.

Relações simples e rigorosas, mas pobres e fechadas, como a relação lógica, a relação de causa a efeito ou a relação hierárquica. Relações complexas e multívocas, mas ricas e abertas, como a relação analógica, a relação metafórica ou a relação simbólica.

Este não é o lugar para desenvolver esse apaixonante capítulo noético ainda balbuciante. Permito-me apenas ressaltar que a civilização ocidental, até o século XX, só fez uso intensivo das relações simples (lógica, hierarquia, causalidade), naturalmente preferidas por esse cérebro esquerdo que ela hipertrofiou. A era noética assiste à reabilitação das outras formas relacionais (em especial as próprias do cérebro direito, como a metáfora, que se revela extremamente poderosa, mesmo nas ciências "duras"). Essa salutar evolução enriquece de maneira considerável o campo aberto ao pensamento e ao espírito, que, do contrário, secariam e a se mumificariam sob a canga infecunda da velha cultura racionalista.

Essa era emergente descompartimenta aos poucos o que o Renascimento emparedou em categorias estanques (e estranhas): a ciência redescobre a filosofia, a estética e a poesia. A filosofia e a simbólica reatam com os números e os gráficos. Há mais de um século, as artes se libertaram das regras rígidas do classicismo e vêm experimentando novos espaços, novas matérias, novas estruturas e até novas linguagens básicas.

O espírito está se libertando dos "saberes"!

A era noética que começa é talvez, antes de tudo, a era da libertação do espírito: voo, impulso e realização na infinidade dos espaços infinitos do imaterial e do cultural. A tecnologia permite ao homem – se ele quiser, o que não é bem o caso – alforriar-se de muitos dos vínculos materiais da sobrevivência imediata. Ela libera tempo e oferece, a preços módicos, imensos reservatórios de saberes e de linguagens.

Mas será que o homem é capaz e está pronto para assumir sua missão noética?

Rumo a uma nova aristocracia?

Surgimento e libertação do espírito.

Esse salto, esse surgimento novo, essa revolução paradigmática tornam singularmente ridículas e provincianas as politicagens da "sociosfera": o problema não é mais ser de direita ou de esquerda, mas ser à frente, isto é, comprometido com a incrível arremetida do novo paradigma e com a escancaro dos novos universos imateriais do conhecimento e do imaginário.

O homem, na condição de homem, torna-se singularmente periférico e fútil: não passa de vetor e artesão do espírito. É uma revolução neocoperniciana: o homem não é mais nem o centro do mundo nem o centro de si mesmo!

Assim como a vida superou a matéria ao infinito, e a sociedade superou os indivíduos ao infinito, a noosfera supera infinitamente a sociosfera, que não é mais do que seu adubo.

O problema central da sociosfera, que era "como viver juntos", não passa de uma preocupação menor de pura administração, sem muito interesse. Já o problema central da noosfera é "como o homem pode servir ao surgimento dos novos mundos e dos novos modos do espírito".

A economia e a política apenas administram a realização do espírito: a primeira, produzindo os recursos que lhe são necessários; a segunda, garantindo a liberdade que lhe é indispensável.

No prefácio de *Recordações de infância e juventude*, Ernest Renan, que dificilmente poderíamos chamar de fascista ou revolucionário, dado seu engajamento liberal (no sentido que o século XIX dava à palavra), escreveu o seguinte:

> O mundo caminha para uma espécie de americanismo [...] Uma sociedade em que a distinção pessoal tem pouco valor, em que o talento e o espírito não têm nenhuma cotação oficial, em que os altos cargos não enobrecem, em que a política se torna emprego de desclassificados e pessoas de terceira categoria, em que as recompensas da vida vão de preferência à intriga, à vulgaridade, ao charlatanismo que cultiva a arte da propaganda, à enganação que contorna com habilidade os artigos do código penal...
>
> O objetivo do mundo é o desenvolvimento do espírito, e a primeira condição do desenvolvimento do espírito é sua liberdade...
>
> Em nome das crenças reais ou pretensas do grande número, o Estado acredita-se obrigado a impor ao pensamento exigências que este não pode aceitar. A crença ou a opinião de uns não poderia ser grilhão para os outros [...] Um peso colossal de estupidez esmagou o espírito humano...
>
> Começa a era da mediocridade em tudo [...] A igualdade gera a uniformidade, e é sacrificando o excelente, o notável, o extraordinário que nos livramos do mau. Tudo se torna menos grosseiro, mas tudo é mais vulgar...
>
> Por muito tempo ainda os aplausos e o favor do público irão para o falso...
>
> Talvez a vulgaridade geral venha a ser um dia a condição de felicidade dos eleitos. A vulgaridade americana não queimaria Giordano Bruno, não perseguiria Galileu...

Noli me tangere[41] é tudo que se deve pedir à democracia.[42]

Texto premonitório, duro e desiludido, mas verdadeiro.

O advento da era noética suscita uma humanidade que segue a duas velocidades. Há bifurcação. Haverá – e já há – os aquém e os além do limiar.[43]

Há a grande estrada que segue seu traçado pela planície, e há a pequena trilha de pastor que nasce nela, afasta-se e começa a subir a montanha.

Essa cisão é uma ruptura, semelhante a uma mutação genética, ou é apenas o desvio que separa os pioneiros da massa de seguidores? Deixo aberto o debate para os otimistas e pessimistas de toda espécie.

Hoje, a multiplicidade das linguagens, dos saberes e dos modelos exclui *de fato* parte importante da população da vida tecnológica, cultural, intelectual e artística. Essa parte cresce e continuará a crescer: o sonho igualitário de Jules Ferry, de uma mesma educação para todos, é um impasse, uma mentira, um crime. Os sistemas educacionais são meras emanações da sociosfera, os docentes, pelo próprio processo de formação, recrutamento e trabalho, não pertencem e não podem pertencer à noosfera, e é patente que a distância entre os dois ramos da bifurcação se tornará abissal.

Mas ninguém jamais afirmou ou mostrou que, para ser feliz, bom, amado ou amável, é preciso estar na vanguarda do conhecimento.

A bifurcação noética não tem nenhuma incidência metafísica, ética, moral, política ou ideológica, porque é fato. Como é fato a erupção de um vulcão ou o surgimento de uma montanha durante um terremoto. Ela exprime apenas o advento de uma via nova, elitista, difícil, criadora de conhecimento, que não reivindica poderes, privilégios ou prerrogativas (todos eles valores próprios da sociosfera), mas afirma às democracias, em alto e bom som, o *noli me tangere* de Renan.

---

41 Os Evangelhos atribuem a frase a Jesus; significa: "Não quero que me toquem".
42 RENAN, E. *Souvenirs d'enfance*. Paris: Nelson & Calmann-Lévy, 1936. [Ed. bras.: *Recordações de infância e juventude*. Rio de Janeiro: José Olympio, 1944.]
43 Ver a esse respeito o excelente *La parabole du barrage: vers une nouvelle organisation du travail*, de Paul Dewandre (Paris: Les Presses du Management, 1999) ou o fabuloso *Au-delà de la modernité, du patriarcat et du capitalisme: la société réenchantée*, de Marc Luyckx--Ghisi (Paris: L'Harmattan, 2001), com prefácio de Ilya Prigogine. Ambos me honram com sua amizade e aqui lhes manifesto minha gratidão.

Contudo, seria pena, perigoso e simplista naufragar nessa dicotomia (nesse binário) entre elite e excluídos. Eu explico.

História de uma explosão

A passagem da civilização do objeto para a civilização do projeto, da economia material para a economia imaterial é também superação da noção de poder.

Devemos lembrar que, em uma economia material, o valor vem da raridade, da penúria, do excesso de demanda em relação à oferta. Quem possui o que é raro é rico e poderoso. É assim nos estratos históricos sucessivos desde trinta mil anos atrás: poder da força, poder do gado, poder da terra, poder do dinheiro. Poder unidimensional em todos os casos, logo sociedade unidimensional (portanto, piramidal) também em todos os casos. Ou possuímos o que é raro, ou somos excluídos, como o escravo, o servo e o proletário.

Dicotomia: elite ou exclusão. Não existe alternativa.

Com o surgimento da economia do imaterial e da civilização do projeto, ou com a chegada, na verdade, da sociedade do conhecimento e da informação, ou ainda com o aparecimento do talento como fonte de todo valor, as regras do jogo mudaram.

O talento, ao contrário das velhas fontes do poder, não é unidimensional. As fontes de riqueza (em todos os sentidos, materiais ou imateriais, da palavra) explodem. Ninguém pode se apropriar de uma ideia. Todos podem enriquecer sem parar, sem lesar ninguém. Cada um pode procurar e encontrar um nicho em que possa se desenvolver, sem nunca ocupar o espaço de quem quer que seja. Seja esse talento de perícia (fazer funcionar, realizar, aplicar, construir) ou de criação (inventar, imaginar, descobrir, encontrar), seja de nível universitário ou artesanal, pouco importa. Os caminhos da realização pessoal são infinitos, há lugar para todos. (Ou, pelo menos, para os que querem realmente se realizar e tomar as rédeas de suas vidas para trabalhá-la e transformá-la em uma obra de arte.)

O talento é multidimensional, por isso permite a diversificação e, ao mesmo tempo, a inclusão. Não há mais elite nem excluídos. Não há mais hierarquização social, além da vontade individual de se realizar pelo talento e pela criação. Não há mais concentração de poder em uma única dimensão, como no passado. Passamos de um mundo do poder para um mundo do dever: o dever de se realizar plenamente, ir a fundo em sua vocação e explorar todos os seus talentos e potencialidades.

Ficarão para trás os dependentes incorrigíveis, os que entregam suas vidas aos outros, às instituições, aos poderes. Esse será o único e espinhoso problema social do futuro.

Estamos passando da sociedade do dinheiro para a sociedade do talento, e da escola dos doutos para a escola do talento. Os processos cognitivos (noéticos) vão se sobrepor aos processos produtivos, mas não os substituirão, apenas deslocarão seu centro de valor. Antes, o valor das pessoas, das empresas, das organizações, das instituições vinha do que faziam (produziam); a partir de agora, esse valor virá do que fazem, sem dúvida, mas também e sobretudo do que querem fazer, do que sabem fazer e do que podem fazer.

Enriquecimento.

Explosão.

Multidimensionalidade.

Uma visão

Ver a noosfera...

Ver o espírito em marcha...

Ver o espírito em ação como um coração que bate e irriga essa densa, inextricável e móvel rede do conhecimento vivo...

Ver...

Edgar Morin falava da ecologia das ideias, da vida das ideias na noosfera, da organização das ideias como "noologia".[44] Escreveu:

> O conhecimento espiritual é o conhecimento propriamente humano. Mas o conhecimento espiritual é o advento último de um desenvolvimento cerebral, em que se consuma a evolução biológica da hominização e começa a evolução cultural da humanidade.[45]

---

[44] MORIN, E. *La méthode: les idées. leur habitat, leur vie, leurs moeurs, leur organisation*. v.4. Paris: Seuil, 1991. [Ed. bras.: *O método: as ideias*. v.4. Porto Alegre: Sulina, 1998. v.4.]

[45] Idem. *La méthode: la connaissance de la connaissance*. Paris: Seuil, 1986. v.3. [Ed. bras.: *O método: conhecimento do conhecimento*. Porto Alegre: Sulina, 1999. v.3.].

Jacques Monod e Richard Dawkins, seguidos pelo romancista Bernard Werber, flertaram com a ideia de ideosfera. Diziam eles: "As ideias podem ter autonomia e, como seres orgânicos, desejam reproduzir-se e multiplicar-se";[46] "Quando você planta uma ideia fértil em minha mente, você parasita literalmente meu cérebro, transformando-o em veículo para a propagação dessa ideia";[47] "As ideias se propagam de cérebro em cérebro, utilizando a voz, as orelhas, os olhos, assim como a televisão e outros suportes".[48]

Desde que tomemos a palavra ideia em seu sentido mais amplo, podemos, como já fizemos, definir o conhecimento e a noosfera como esse conjunto vivo, organizado, estruturado, evolutivo de todas as ideias (do grego *eidos*, que significa "forma"), cujo motor seria o espírito. Cada ideia é, de fato, um núcleo, um nó de saberes imaginários e/ou sensoriais, expresso em uma das muitas linguagens possíveis (portanto, não apenas em uma linguagem conceitual).

Esse mundo, ou melhor, essa confusão, essa bagunça, essa floresta de ideias que se delineia, não é o mundo imutável das ideias puras e absolutas de Platão. As ideias fixas estão mortas, mumificadas, petrificadas nos fantasmas idealistas do absoluto e da imortalidade.

As ideias reais são vivas, exuberantes, mutantes, relativas a um lugar, uma época, um grupo, um movimento. Pululam em estranhos enxames imbricados. Travam sangrentas guerras de escolas, depois se reconciliam em vastas sínteses inesperadas. Nascem, crescem, amadurecem, envelhecem e morrem. São todas mortais, como as civilizações, diria Charles Péguy!

Quem ainda hoje fala de flogístico?

Certas ideias ressuscitam, como a de egrégora, que exprime à perfeição a noção de propriedade que surge dentro de um sistema fusional – o todo é mais do que a soma de suas partes. Outras deveriam ter morrido há muito tempo, mas teimam em atrapalhar com seu furor terapêutico, como o idealismo platônico ou seu rebento, o dualismo monoteísta cristão. Outras ainda deveriam morrer o quanto antes (eutanásia?), como o

---

[46] MONOD, J. *Le hasard et la nécessité*. Paris: Seuil, 1970. [Ed. bras.: *O acaso e a necessidade*. 6.ed. Petrópolis: Vozes, 2006.]

[47] DAWKINS, R. *Le gène égoïste*. Paris: Odile Jacob, 2003. [Ed. bras.: *O gene egoísta*. São Paulo: Companhia das Letras, 2007.]

[48] WERBER, B. *L'ultime secret*. Paris: Albin Michel, 2001.

cientificismo, o cartesianismo, o racionalismo, o materialismo, o dogmatismo, o totalitarismo, o colonialismo, o racismo... A lista é longa.

Assim que é emitida, a ideia deixa de pertencer a seu autor. Emancipa-se e propaga-se. Vive sua vida e transforma-se, cresce e enriquece nos cérebros que a albergam, ampliam e transmitem. Ela também se desgasta, erode-se e dilui-se.

A noção de propriedade intelectual, como os chantres da sociosfera teimam em vão em defini-la e monetizá-la, é uma aberração. As ideias não pertencem a ninguém, além delas mesmas. Nascem aqui ou ali por acaso, porque estão "no ar". Como já se disse muitas vezes, se Einstein não tivesse existido, a relatividade teria surgido da mesma maneira, no começo do século XX, porque tinha de nascer. A física da época exigia isso havia pelo menos uma década e a ciência estava madura para vê-la nascer.

É claro que isso não diminui em nada o mérito ou o gênio de Albert Einstein, muito pelo contrário: ele foi o primeiro a tentar tamanha audácia. No entanto, a relatividade não "pertence" a ele, mas sim à noosfera. E o mesmo acontece com todas as produções intelectuais ou espirituais da humanidade.

A sociosfera deve libertar e alimentar a noosfera, não apoderar-se dela, confiscá-la, comercializá-la, monetizá-la. A administração política e econômica deve seguir, não forçar; deve alimentar, não dirigir.

Os criadores de conhecimento, os portadores do espírito não deveriam ter de mendigar ou se prostituir, como hoje são obrigados a fazer. É imperativo e urgente que os poderes públicos e privados escolham: ou consertam sempiternamente os vagões, como fazem hoje, ou alimentam a sério a locomotiva.

O trem humano está quebrado, segue em frente por inércia, mas está quase parando. E, se parar, será sua morte. Os vagões serão repintados, terão mais conforto e segurança, mas estão condenados no longo prazo a não sair do lugar, por falta de locomotiva.

É claro que os investimentos em pesquisa tecnológica são consideráveis e cada vez maiores, mas seríamos criminosamente míopes e redutores se resumíssemos toda a esfera do conhecimento apenas aos saberes utilitários da tecnologia, por mais louváveis e necessários que sejam.

"Ciência sem consciência é só ruína da alma", dizia François Rabelais no *Pantagruel*. Tecnologia sem espiritualidade, sem estética, sem ética, sem ecologia é muito pior.

Como pagar os criadores de amanhã?

Sejam pesquisadores, artistas, inventores, criadores ou conceituadores, o modo como serão pagos é um problema central e fundamental que devemos resolver com urgência para que a sociedade noética floresça.

Hoje, existem três circuitos econômicos dominantes.

O primeiro é o das bolsas de pesquisa, concedidas, por exemplo, pelo Centre National de la Recherche Scientifique (CNRS). São elas que abastecem as universidades e os laboratórios oficiais e sustentam os pesquisadores (doutorandos, em sua maioria).

O segundo é o financiamento privado das empresas, por intermédio de departamentos de pesquisa e desenvolvimento ou de laboratórios privados terceirizados. Esse circuito financia a pesquisa aplicada, cujos resultados não são de domínio público e não raro são patenteados ou cuidadosamente mantidos em segredo por seus comanditários (o que é muito natural em uma economia capitalista de mercado).

O terceiro e mais importante é o dos criadores independentes, que vivem (?) do fruto de seu trabalho, seja pela venda de suas obras, seja pelo recebimento de direitos autorais. Isso significa que eles criam por sua própria conta e "risco", com esperança de mais tarde obter um retorno. É por eles que os juristas se esforçam em vão para tentar transformar a noção de propriedade intelectual em lei.

Esses três circuitos continuarão a funcionar, mas não serão os únicos. Outros circuitos, hoje marginais, ganharão espaço, como o mecenato, que, como sabemos, foi o principal modo de financiamento dos grandes artistas e criadores do século XV ao XIX. Mas para que isso aconteça, é necessário que os Estados desonerem os mecenas.

Imaginamos fundações, ou "fundos para a criação", que despontariam em grande escala no financiamento dos criadores. Esses fundos, destinados ao sustento dos talentos, tirariam recursos da poupança privada e/ou das empresas e seriam recompensados quer "em espécie", quer pela comercialização das criações (desde que tenham o cuidado de não cair na lógica do estrelato popular e da mediocridade criativa de massa; o espírito deve permanecer não vendável, se quisermos que obras e ideias realmente interessantes floresçam). A doação de fundos seria de responsabilidade de profissionais (não de funcionários públicos), selecionados por concurso ou análise de currículos.

Imaginamos, enfim, uma remuneração direta dos criadores por empresas ou organizações, fora dos esquemas clássicos do salariato. É uma forma de investimento cego e arriscado no mundo das ideias (como no caso dos *start-ups*, pelo menos dez criadores são financiados para que apenas um produza ideias "com retorno").

Não faltam caminhos... E os melhores, sem dúvida, ainda não foram inventados.

O que está claro, porém, é que a parte do PIB que deve ser investida em criação e pesquisa (afora a pesquisa aplicada específica às empresas) deve ser de pelo menos 25%.

Sem esse esforço, a humanidade estagnará e periclitará.

O movimento noético

Quem fala semeia. Quem escuta colhe.

Pitágoras (século VI a.C.)

Prospectiva: os possíveis e os desejáveis

Prospectiva

Ao contrário do que acreditam alguns, a prospectiva não é a arte de prever o futuro. Tampouco é uma ciência divinatória, uma espécie de mântica moderna, e não o é pela simples razão de que nada está escrito e o mundo, quanto mais complexo se torna, menos determinado e previsível é.

A prospectiva é muito mais uma arte que uma ciência. Baseia-se em metodologias rigorosas, sem pretender para si o rigor matemático.

Aplica-se a tudo, desde o mundo tomado como um todo até aquele indivíduo em particular que reflete sobre o caminho a seguir, passando por áreas e setores econômicos, escolas de pensamento, partidos políticos, empresas e todas as organizações humanas imagináveis. O método é sempre o mesmo, mas o campo de aplicação varia de natureza e alcance.

A prospectiva lança sobre o futuro dois olhares distintos, porém complementares, que chamamos de "prospectiva descritiva" e "prospectiva normativa".

Na verdade, essa distinção reflete a ideia de que o futuro real será uma combinação mais ou menos complexa, e sempre indeterminada, entre o que *podemos* nos tornar (os "possíveis") e o que *queremos* nos tornar (os "desejáveis"). Descobrimos aí um diálogo sistêmico entre potenciais interiores e oportunidades exteriores, cujos encontros constroem o devir de cada um.

Não basta ter talento, também é preciso ter a oportunidade de mostrá-lo. É do encontro passivamente fortuito ou intensamente procurado entre esse talento e essa oportunidade que nasce um caminho novo de plenitude e realização.

A "prospectiva descritiva" é a arte de extrair as tendências básicas do magma informacional que nos invade todos os dias, de enxergar as grandes correntes dinâmicas por trás das pequenas marolas e das violentas borrascas, de discernir as forças duradouras que erguem o mundo, as sociedades e os tempos na efervescência borbulhante da vida.

A partir daí, a prospectiva descritiva, como o nome indica, descreve os "possíveis", isto é, os cenários de evolução compatíveis com essas forças duradouras e essas grandes tendências. Trata-se, como sempre, de combinatória: cada cenário decorre de certa combinação de forças e tendências.

Podemos refinar a abordagem, avaliando a probabilidade (no sentido da teoria das probabilidades e dos jogos) desses diversos cenários e apontando os mais prováveis. Contudo, esse é um exercício perigoso, porque, na maioria das vezes, as probabilidades refletem apenas jogos mentais aleatórios ou preferências do modelador.

Ei-nos então com um conjunto de cenários que forma o que chamamos de "cone dos possíveis".

É aí que a "prospectiva normativa" assume o comando do processo. Seu objetivo é determinar outro cone: o "cone dos desejáveis", ou seja, a expressão dos desejos do sistema considerado, dos talentos, das potencialidades.

O ponto de partida do processo é sempre elencar e descrever de maneira adequada as potencialidades reais, ativadas ou não, do sistema estudado – ou suas forças e fraquezas profundas, o que dá no mesmo (é o que faremos para descrever os desejáveis da revolução noética).

A pergunta central é: "O que poderíamos fazer bem?". Ou, de modo simétrico: "Quais são os grandes perigos? Certos potenciais já são explorados, mas como devem ser? São bastante explorados? São explorados sempre? Por que outros não são explorados? Como podemos ativá-los? O que devemos fazer para desenvolvê-los?" e assim por diante.

Resta agora cruzar o descritivo e o normativo, sobrepor o cone dos possíveis ao dos desejáveis e determinar sua intersecção, ou seja, o conjunto restrito dos roteiros de vida que são possíveis e, ao mesmo tempo, desejáveis.

Se forem muitos, a escolha será difícil, mas a realização será rica; se forem poucos, a liberdade de manobra será menor; se não houver nenhum, teremos um verdadeiro problema de vida.

Repetimos: a metodologia prospectiva é aplicada em geral a áreas, setores, empresas ou órgãos diversos, mas também pode ser aplicada – como fazemos com frequência com empresários e *team building* – a pessoas que querem objetivar vocações, talentos e potenciais (face normativa), analisar um campo real de vida e suas tendências profundas (face descritiva) e tirar daí um "plano de vida" que se torne a orientação maior de sua existência e de sua ação no dia a dia.

O contexto

Aplicamos a metodologia prospectiva ao mundo – sobretudo ao mundo ocidentalizado, ou seja, à quase totalidade da sociosfera – para compreender melhor os desafios e os cenários da revolução noética em curso.

Obviamente, a hipótese subjacente é clara: a revolução noética é um fato e não uma elucubração. Estamos vivendo o nascimento (a explosão) da noosfera e a humanidade (seus ICTs[1]) é o vetor e o motor desse nascimento.

É evidente que essa hipótese é central neste livro.

O problema básico é o seguinte: a humanidade (ou, pelo menos, parte dela) está diante do imenso desafio de ser o vetor e o motor do advento da noosfera a partir da sociosfera humana. A noosfera, embrionariamente presente em tudo e em toda parte desde a aurora dos tempos, encontrou na Terra, graças ao homem e a suas tecnologias, o terreno propício para germinar e crescer. Esse terreno é o próprio homem, a própria humanidade. São cinco bilhões de cérebros humanos capazes de alimentar esse pro-

---

1 Sigla de "information and communication technologies". Essas tecnologias da informação e da comunicação (TIC) reúnem todas as ciências e técnicas ligadas à informática (hardware e software) e às telecomunicações, as teorias da informação (Shannon e outros), as nanotecnologias e a microeletrônica, as tecnologias do laser e das fibras ópticas etc.

cesso de desenvolvimento noético na arborescência criadora e criativa dos conhecimentos.[2]

Mas para que esse desafio seja vencido, o homem deve mudar profundamente, sair do casulo antropocêntrico da sociosfera e se colocar a serviço do que o ultrapassa. Será que ele consegue? E se não conseguir, o que acontecerá?

O desafio noosférico é o maior, se não o único desafio da humanidade.

O reinado do homem menino rei está terminando;[3] o homem adulto, a serviço de sua missão e de sua vocação, deve advir. Mas a passagem da infância para a maturidade é difícil e dolorosa.

Todas as sociedades tradicionais conhecem ritos de passagem, em que "morre" a criança e "nasce" o homem. Quais serão esses ritos em escala planetária? Quem será o feiticeiro ou o xamã que conduzirá os ritos iniciáticos? Esse homem ainda jovem[4] e, apesar de tudo, frágil sobreviverá à prova?

Essas são perguntas que a metodologia prospectiva vai nos ajudar a responder nos próximos parágrafos.

Os possíveis

Do ponto de vista macro-histórico, só há três cenários possíveis.

Primeiro cenário: o homem pode se fechar na sociosfera e se recusar a sair tanto para a biosfera quanto para a noosfera. Desse modo, o mundo permanece tal e qual, o homem continua sendo a medida de todas as coisas, seu orgulho e seu egoísmo deixam que continue a acreditar que pode fazer tudo e quebrar tudo ao seu redor para satisfazer seus caprichos de criança mimada.

É evidente que esse cenário levará à catástrofe maior: a Terra não conseguirá suportar as torturas que o homem lhe inflige.

---

2 Conhecimento sempre tomado no sentido mais amplo, como descrito no capítulo anterior.

3 Só Deus sabe como esse reinado foi (raramente) genial, mas consistiu em geral em satisfazer caprichos e quebrar tudo a seu redor. O homem menino deixa para trás um planeta em sangue, esgotado e pilhado, que talvez nunca se cicatrize. Gaia, a Mãe, foi torturada, violentada, atormentada por um homem menino, além do descritível. Mas esse não é o objeto deste livro.

4 O que são esses míseros trinta mil anos em comparação com a história cósmica?

Ela pode reagir de duas maneiras.

Primeira variante: uma revolta feroz da biosfera com o objetivo claro de eliminar o homem e preservar a vida. De certo modo, estão ligadas a esse cenário as epidemias de aids e outras doenças "novas", assim como as catástrofes "naturais" que atingem muito mais os homens e seus artefatos do que as outras espécies. A natureza baterá nos pontos fracos do homem.

Segunda variante: a biosfera desiste e entrega-se aos golpes absurdos de uma humanidade abobalhada e estúpida; a Vida desaparece da Terra e recomeça a aventura em outro lugar, com parceiros mais adultos.

Pelo que vemos do momento atual e do século transcorrido, a menos que ocorra uma enorme tomada de consciência, esse primeiro cenário parece ser o mais provável, e eu, pessoalmente, pendo para a primeira variante.

Segundo cenário: sobretudo por pressão dos movimentos ecologistas, o homem pode se afastar da sociosfera e de suas atividades econômicas e culturais para voltar a mergulhar totalmente na biosfera. É o retorno maciço à natureza: seremos todos criadores de cabra nas Cevenas ou pastores em Larzac.

O cenário é plausível para daqui duas gerações. Mas implicaria uma enorme queda demográfica: a Terra se tornou pequena demais para comportar e alimentar cinco ou seis bilhões de aprendizes de camponeses. Não há mais terras cultiváveis suficientes na Terra para que cada um possa, com sua família, viver como uma autarquia alimentar natural.

Hoje, as terras cultiváveis podem alimentar toda a humanidade, com a condição *sine qua non* de empregar todos os recursos das indústrias agrícolas e agroalimentares.

Um retorno maciço aos métodos tradicionais e arcaicos do cultivo, com queimadas, desflorestamentos, caça e pesca anárquicas, levaria a um resultado tão antiecológico que o problema seria o mesmo do cenário anterior.

Portanto, se houver "retorno à natureza", será na perspectiva dos movimentos chamados *deep ecology*,[5] que avaliam que a Terra pode alimentar e suportar no máximo 500 milhões de seres humanos. O que será dos 4,5 bi-

---

5 Esses movimentos de origem californiana defendem uma inversão de valores. Põem a vida humana a serviço da vida (o que é positivo), mas consideram o homem um parasita infecto, que deve ser impedido de ser prejudicial a qualquer custo (o que pode ser menos positivo).

lhões restantes? Eutanásia? Deixá-los morrer de fome? Exterminá-los, recuperando as técnicas do nosso caro Himmler? Esterilizá-los em massa, como se fez na Suécia há duas ou três décadas? Restringir os nascimentos a uma criança para cada cinco casais, ampliando os métodos chineses? Eliminar nove recém-nascidos de cada dez, depois de selecionar os mais aptos a levar uma vida saudável e natural nos campos e nos bosques?

Como vemos, esse segundo cenário também não abre perspectivas muito risonhas... mas com certeza não deve ser rejeitado. Continua sendo um possível... embora não muito desejável.

Terceiro cenário: o homem pode aceitar o desafio, assumir sua missão e reconhecer sua vocação. Torna-se então noético, pioneiro da noosfera. Escapa da sociosfera pelo alto, ao mesmo tempo que se põe a serviço da biosfera por baixo.

Noologia e ecologia se unem, levando o homem a se superar, a se tornar adulto e maduro, a criar muito conhecimento, retirando pouco da natureza.

É o fim do homem egocêntrico e das sociedades antropocêntricas.

É o fim do primado do político e do econômico sobre o humano.

Nos parágrafos a seguir, é evidentemente esse terceiro cenário que desenvolvermos de diversos pontos de vista.

O processo de ruptura de paradigma

A passagem da era industrial para a era noética marca um salto de complexidade que leva da sociosfera (e de seus motores centrais, isto é, o político e o econômico) para a noosfera.

Essa passagem, como toda mudança de paradigma, é um processo de cruzamento entre uma onda que sobe (o novo paradigma) e uma onda que desce (o velho paradigma).

No ponto de encontro dessas duas ondas, a preponderância da velha desaba em favor da nova: esse é o ponto de ruptura que estamos vivendo desde o fim da década de 1980 e ainda viveremos de uma a duas décadas a uma ou duas gerações.[6]

---

[6] É preciso lembrar que a prospectiva não é uma ciência exata. Alguns modelos propõem um recorte da história humana em ciclos paradigmáticos de cerca de quinhen-

Esse processo de cruzamento implica três etapas de transição.

Em primeiro lugar, *desconstrução* das estruturas que se tornaram obsoletas, como o Estado-nação, o capitalismo especulador, a educação racionalista e laica, as metodologias cartesianas etc.

Em segundo lugar, *refundação* dos pilares do novo paradigma; essas bases, para nós, são o cognitivo, o criativo e o qualitativo (todos os três no sentido mais amplo e mais rico da palavra). Voltaremos a isso mais adiante.

Em terceiro e último lugar, *construção* de estruturas radicalmente diferentes das anteriores, tanto em natureza quanto em arquitetura e nível de complexidade, que será muito superior ao mundo um tanto simplório e simplista em que vivemos hoje.

Cada uma dessas três etapas deve ser considerada com atenção, do triplo ponto de vista político, econômico e cultural que forma as três dimensões do desenvolvimento das civilizações e das sociedades humanas.

Desconstrução das velhas estruturas

Já indicamos os três motores principais de desconstrução das estruturas do velho paradigma. Este foi construído essencialmente sobre um pilar estadista (quanto a sua faceta política), capitalista (quanto a sua faceta econômica) e racionalista (quanto a sua faceta cultural). Para sair de um paradigma, é preciso antes escapar da rede, cortar os laços que tolhem e se libertar das ordens antigas. Em resumo, é preciso "desestruturar".

São três as libertações principais.

- Libertar-se do estadismo: essa libertação progressiva do Estado aparece em muitos processos, dos quais podemos ressaltar:
  ◦ a globalização, a mundialização e o mundialismo;
  ◦ as desnacionalizações e as desestatizações, ou a falência fragorosa das empresas públicas;
  ◦ a derrocada dos sistemas de segurança social e outros assistencialismos institucionais;

---

tos anos, o que "bate" mais ou menos bem com a história dos três últimos milênios. Segundo esse modelo, a era noética duraria entre os anos 2000 e 2500 e alcançaria a plena maturidade entre 2100 e 2150. Mas será que os ciclos "materiais" podem ser transpostos?

- o notório impasse das educações nacionais;
- a fragmentação dos poderes nacionais entre poderes regionais e locais e poderes supranacionais;
- o juridismo exacerbado,[7] que provoca um aumento excessivo de processos, obstrui e paralisa os tribunais;
- o desmoronamento dos "serviços" públicos médicos e hospitalares;
- o crescimento constante dos efetivos da polícia,[8] que leva a sociedade a um totalitarismo brando e suave, cujas virtudes dominantes seriam a mansidão e a obediência;
- a indiferença quase geral da sociedade civil pela política e pelo exercício da democracia;
- a degeneração da democracia em demagogia e clientelismo generalizados;
- a desregulamentação (mais de fato do que de direito), que deixa grandes brechas entre as leis e as normas locais;
- a decadência da imprensa de ideias em proveito de uma imprensa sensacionalista e escandalosa.

- Libertar-se do capitalismo: a libertação progressiva do capital surge de vários ângulos, dentre os quais:
  - os longos tombos das bolsas e de todas as instituições especulativas;
  - a obstrução permanente do espírito de empreendimento pela lógica de investimento dos fundos de pensão;
  - a queda patente de necessidade de capital por parte das empresas do imaterial e do conhecimento;[9]
  - as flutuações incoerentes e erráticas do câmbio, em razão da insensatez e das ideias estapafúrdias das arbitragens internacionais;
  - as deslocalizações absurdas, que visam a rentabilidade financeira de curto prazo e negligenciam a imensa perda de *know-how* a médio e longo prazos;

---

[7] Tão distante quanto possível dos conceitos de justiça e equidade. O problema não é mais fazer justiça, mas ganhar o processo. A diferença é enorme.

[8] Não devemos esquecer que um paradigma obsoleto tende a se manter pela força e pela violência, porque "alimenta" um número enorme de pessoas. A polícia é instrumento dessa violência. Todos os regimes totalitários se alicerçam na polícia para durar.

[9] São necessários milhões de euros para erguer uma indústria; alguns milhares são mais que suficientes para abrir um escritório de consultoria ou de criação.

- o massacre permanente de pequenas e médias empresas (PMEs) por grandes redes estranguladoras;
- a tirania do preço baixo, que provoca a generalização de produtos industrializados de baixíssima qualidade em detrimento das competências artesanais;
- o crescimento de movimentos em favor do comércio equitativo;
- a luta cada vez mais feroz entre ecologismo e industrialismo (sobretudo nos Estados Unidos, mas também no Japão, na China e outros);
- as violentas e frequentes ações contra a OMC, o Banco Mundial, o G5, o G7, o G8 etc.;
- o crescimento exuberante do poder e da potência das organizações mafiosas;
- a queda constante das taxas de abertura de empresas, por motivos tanto externos (financiamento inacessível, obstáculos administrativos) quanto internos (perda do gosto empreendedor, fastio econômico, indiferença financeira).

- Libertar-se do racionalismo: a libertação progressiva da razão se revela em muitos indícios, dos quais:
    - o fim da fé cega no progresso em geral e no progresso pela ciência e pela tecnologia em particular;
    - o retorno às espiritualidades e aos saberes tradicionais;
    - a perda de confiança na medicina ocidental clássica e o recurso cada vez mais frequente às medicinas alternativas, tradicionais ou não invasivas;
    - o abandono, por parte de muitos jovens, de estudos técnicos e científicos em proveito dos artísticos ou de humanidades;
    - a desmassificação generalizada (da imprensa à moda, passando pelos produtos de consumo ou de lazer) em favor de uma personalização mais gratificante, mesmo que o preço não seja mais condizente com a economia de escala;
    - o fim da lógica de "carreira" entre muitos executivos e funcionários públicos, que preferem a qualidade de vida ao poder de compra;
    - a ênfase das "relações humanas" e das dimensões psicológicas, irracionais e subjetivas da vida quotidiana;
    - o rompimento crescente dos maiores de quarenta anos com os circuitos profissionais e sociais clássicos;

- o colapso dos métodos pedagógicos cartesianos clássicos, que só produzem desemprego e não conseguem atender às necessidades reais do mundo real;
- de maneira geral, a perda da importância da quantidade para a qualidade;
- a aversão crescente às cidade e às concentrações urbanas;
- a crise profunda das periferias e dos conjuntos habitacionais, planejados racionalmente para ser paraísos urbanos da vida coletiva.[10]

Esses três movimentos de libertação estão acontecendo diante de nós. São cada vez mais poderosos e só fazem aumentar.

Um mundo está morrendo.

Um paradigma está desaparecendo. Inexoravelmente.

E não há gesto politiqueiro ou ideológico que dê jeito nisso.

Por mais que façam e deplorem André Comte-Sponville e Luc Ferry, o século das "Luzes", Descartes e Jules Ferry não fazem parte do nosso futuro, caíram na armadilha de seus limites e simplismos.

Mas desconstruir sem construir é se condenar ao caos estéril do material disperso.

Desconstruir é necessário, mas jamais suficiente.

Paralelamente à obra de desconstrução, devemos empreender a obra de refundação e reconstrução.

Refundação dos pilares básicos

Depois de nos libertar do velho paradigma, devemos erguer os novos pilares sobre os quais construiremos o novo paradigma, mais ou menos como uma plataforma petrolífera, que se apoia em pilares fixados na base rochosa mais profunda.

O novo paradigma será ao mesmo tempo qualitativo, cognitivo e criativo.

---

10 Obrigado, Le Corbusier! Exemplo típico de cegueira ideológica (comunista, no caso) que ignora completamente a realidade humana. Em nome do coletivismo e do romantismo "socialistas", esqueceram-se de que o homem é um animal que odeia promiscuidade e cuja sociabilidade é infinitamente inferior a sua individualidade.

Do ponto de vista político, será qualitativo

Saímos de uma era estatal, uma era materialista, em que tudo é quantificado e quantitativo, em que o objeto e a quantidade são reis, em que tudo se mede e tudo se quantifica, em que a vida se reduz a estatísticas, proporções, cotas e resultados.

A democracia se reduz a pesquisas, estatísticas, número de votos (seja qual for a qualidade de quem vota: o vigarista vale tanto quanto o santo).

A gestão se reduz a orçamentos contábeis, que não levam em consideração o essencial.

A unidade última e final de tudo é o dinheiro, tão necessário, mas tão insuficiente.

Amanhã, o funcionamento da sociedade não se privará do quantitativo e do dinheiro, mas não se limitará a isso. A qualidade de vida terá primazia sobre o poder de compra.

A qualidade das relações interpessoais terá primazia sobre a efervescência superficial e artificial dos contatos mundanos. A qualidade dos produtos e dos serviços terá primazia sobre o preço e o consumo exacerbado. Isso significa, *grosso modo*, que os critérios do cérebro direito terão primazia sobre os do cérebro esquerdo. A avaliação analítica e quantitativa cederá lugar à estimativa global e qualitativa.

A partir do momento que a avaliação da existência e da relação com os outros escapar dos critérios analíticos e quantitativos, a partir do momento que a qualidade de vida, no sentido mais individual da palavra, tiver primazia sobre as considerações ideológicas e estatísticas, a partir do momento que o homem das ruas, o eleitor médio e a dona de casa quarentona forem vistos como ficções absurdas, absolutamente distantes da realidade, todo o substrato concreto da vida política de nossas cidades ruirá.

Então, uma nova política deverá ser inventada, uma política que privilegie, é claro, o qualitativo, mas que seja, sobretudo, periférica em relação à verdadeira vida.

A política, simbolizada pela carteira de identidade ou pelo passaporte, será uma prestadora de serviços, da mesma forma que um cartão de crédito, nem mais nem menos. Sua única missão será garantir a paz e a liberdade para todos. A vida voltará a ser essencialmente privada, pessoal, específica.

O conceito de cidadão não terá mais nenhum sentido.

Os ideais absurdos – e assassinos – de igualdade, justiça, democracia e cidadania, esses ideais que os românticos – Victor Hugo e Michelet à frente – inventaram e atribuíram aos "revolucionários" – que não passavam de burgueses invejosos de uma monarquia corrupta e moribunda –, esses ideais estão mortos.

Só restará a pessoa humana em busca de realização pessoal em uma intimidade profundamente alheia a qualquer socialidade. A personalidade se libertará enfim da coletividade. O homem não será mais um animal social. O social era um mal necessário, enquanto a solidariedade concreta era um fator importante de sobrevivência.

A era noética, recentrando a pessoa em seus talentos e em sua obra, liberta-a dos vínculos e dos entraves coletivos.

Resta criar uma nova política, que se concentre não mais na coletividade, mas nas individualidades.

Do ponto de vista econômico, será cognitivo

Estamos saindo da era capitalista, em que todo patrimônio, toda valorização, todo ativo são estritamente financeiros e sujeitos às flutuações especulativas. A entrada na era noética embaralha o jogo e inverte a corrente.

Como vimos, o quantitativo será submetido ao qualitativo do ponto de vista político e social; ele o será também do ponto de vista econômico.

O valor qualitativo das empresas, mas também de todos os bens e de todos os serviços (em termos de qualidade total), terá importância cada vez maior na avaliação que se fará deles. O valor agregado e o *goodwill* serão determinados em ampla medida pela soma de conhecimento investido. É nesse sentido que se deve falar de economia cognitiva.

Mas quanto vale o conhecimento? Como introduzir a noção de valor quantificado para algo impalpável, evanescente, volátil, que escapa da noção de raridade e tem tanto mais valor na medida em que é gratuitamente compartilhado? Como avaliar, comprar ou vender uma empresa cujo valor fundamental reside nos talentos e nos conhecimentos de alguns cérebros que nada obriga a permanecer naquela empresa?

Já discutimos isso, mas é bom insistir: os fundamentos da economia cognitiva são totalmente estranhos aos da economia industrial e capitalista.

Dois pontos merecem ser ressaltados.

O primeiro é que a economia cognitiva, em razão da alta volatilidade e dos ritmos acelerados que a escandem, escapará quase totalmente das práticas especulativas próprias da economia industrial e capitalista determinadas pelo jogo nas bolsas e nos produtos ditos financeiros.

O segundo, que vai no mesmo sentido, é que as empresas do imaterial precisam de pouca capitalização, pois seus investimentos básicos são tempo e talento da parte dos sócios. O problema financeiro principal dessas empresas não é o capital inicial, mas o capital de giro.

Enfim, é bom lembrar que o surgimento da economia cognitiva não acabará com a economia industrial e capitalista, mas fará dela algo completamente marginal, assim como a Revolução Industrial, ao instaurar a economia capitalista, não eliminou a economia agrária, mas tornou-a marginal (menos de 3% da população ativa da Europa ainda vive da agricultura e da pecuária).

Podemos apostar que, no próximo meio século, a economia cognitiva absorverá mais de 80% da economia mundial total, e o restante será partilhado entre indústria (inclusive as indústrias de serviços, como os bancos ou as seguradoras) e agropecuária.

Do ponto de vista cultural, será criativo

Estamos saindo da era racionalista, em que só tinha valor intelectual real o que era da esfera da racionalidade (real ou aparente).

Essa tirania cartesiana ocasionou uma trágica atrofia nas outras faculdades mentais do homem, graças a métodos pedagógicos e sistemas educacionais quase totalitários: partes inteiras da cultura tradicional (em especial os dialetos locais e os saberes empíricos e heurísticos da "gente do campo", como os remédios de *boa fama*[11] ou o conhecimento das plantas) foram cuidadosa e sistematicamente saqueados e destruídos.

Mal começamos a avaliar a extensão do desastre que isso representou, agora que os limites dos chamados métodos racionais foram alcançados e superados em tantos campos.

---

11 *De bonne fâme*, e não *de bonne femme* [de boa mulher], como se diz em geral. São remédios de boa reputação (do latim *fama*). [A expressão francesa "bonne fâme" designa os remédios da medicina popular. Normalmente, tem conotação pejorativa. (N. T.).]

Nesses cinco séculos que se passaram desde o Renascimento italiano, só o cérebro esquerdo foi admitido no mundo ocidental. Todas as culturas tradicionais foram tachadas de "primitivas" e tratadas com irritação ou zombaria.

Felizmente, as mulheres, porque foram mantidas tanto tempo longe do sistema educacional, preservaram as faculdades do cérebro direito: é o que chamamos de sexto sentido ou intuição feminina ou sensibilidade feminina etc. A era noética, reabilitando o cérebro direito e seus poderes, reabilitará ao mesmo tempo os valores femininos ligados a ele. Antes disso, porém, a era noética florescerá sendo criativa (a criatividade é um dos pilares do cérebro direito, massacrado durante tanto tempo).

Até pouco tempo atrás, o criativo era o marginal: artista meio esquisito, cientista meio estranho, inventor meio maluco, místico meio "pirado"... Conseguiu passar pelas malhas da rede de ensino e vive à margem, como o "biruta" de aldeia ou o "ravi" provençal.* Estranho, portanto, estrangeiro... Vergonha da família e tormento dos pais... "Não conte a minha mãe que trabalho com publicidade, ela acha que sou pianista em um bordel", dizia Jacques Séguéla, com bom humor, mas também com acerto.

Hoje, tudo muda, tudo se inverte: os saberes são mais bem protegidos e mais acessíveis nas memórias informáticas do que nas memórias humanas. A lógica dedutiva é facilmente informatizável (sistemas especialistas e motores de inferência) e não necessita mais que os cérebros humanos se esfalfem por causa dela. *Grosso modo*, a racionalidade será cada vez mais da competência dos computadores, que trabalham mais rápido e com mais segurança do que os homens. Restará a estes a imensa parte não informatizável da atividade mental, em especial a atividade criadora.

Isso implica uma transformação completa de todos os sistemas de educação, que abandonarão o aprendizado dos saberes e se concentrarão no aprendizado das linguagens, dos métodos de pesquisa de informação e das técnicas de criatividade.

O armazenamento de saberes que logo se tornam obsoletos não tem mais sentido: a erudição cederá lugar à investigação. Voltamos a

---

* Personagem dos presépios natalinos provençais (N. T.).

Montaigne:[12] cabeças bem feitas e não bem cheias. Muito mais difícil de ser bem-sucedido, não?

O problema geral de amanhã não será mais possuir saberes, mas criar conhecimento: a posse desfaz-se diante da criação, o ter desfaz-se diante do vir a ser. Devemos olhar com novos olhos, totalmente novos, a produção artística e científica, a caminhada filosófica e espiritual, o desenvolvimento pessoal e relacional com os outros, o funcionamento familiar e social, o desabrochar afetivo e sexual etc., e não procurar mais o possuir, mas o criar.

Isso me lembra esta magnífica frase de Cécile B. Loupan: "A criança não é um vaso que enchemos, mas um fogo que acendemos".

Aviso para todos os pais e todos os "mestres e educadores".

Reconstrução das estruturas novas

O futuro não será mais estatista, capitalista e racionalista. Será construído sobre um tripé qualitativo, cognitivo e criativo. Mas quais serão os motores de construção do novo paradigma e das sociedades humanas decorrentes dele? Observações e estudos nos levaram a três motores essenciais: desmaterialização, reticulação e nomadismo.

Desmaterialização

Como está concentrada no advento da noosfera, a era noética investe essencialmente no conhecimento e nas ideias, portanto, no intangível, no impalpável e no imaterial. E quem diz imaterial diz desmaterialização.

Voltando a Aristóteles, tudo que existe é ao mesmo tempo substância e forma (diríamos hoje, "suporte" e "informação").

O que muda fundamentalmente com a era noética, o que funda o motor de desmaterialização é a relação entre o peso/valor do suporte e a quantidade/valor de informação.[13]

---

12 Ao lado de Heráclito e Nietzsche, dos sábios e dos místicos de todas as tradições ocidentais e orientais autênticas, Montaigne será um dos faróis da filosofia da era noética. Platão, Aristóteles e todos os outros serão finalmente esquecidos. O racionalismo e o idealismo estão morrendo. Ufa!

13 Ver o capítulo anterior.

Exemplo disso é a moeda.[14] Em sua origem, a moeda era um metal precioso (ouro, prata e latão, essencialmente) cunhado com alguma efígie oficial. As letras de câmbio dos templários e dos lombardos e os *assignats* franceses introduziram aos poucos o papel-moeda, bem mais leve e cômodo do que a moeda metálica. A razão valor/peso aumenta de repente. Com o surgimento dos cartões bancários e de crédito, essa razão explode: um cartão magnético de alguns gramas pode "valer" milhões de euros.

Esse exemplo mostra uma tendência que encontramos em tudo: fazer uma economia drástica de material (por motivos não só ecológicos, mas também econômicos: a matéria ponderal custa infinitamente mais caro do que a informação), que transporta cada vez mais informação, portanto, "forma".

É claro que as nanotecnologias entram nessa corrente, mas não só elas. Há também os novos materiais compósitos ultraleves e as colas que substituem os rebites na indústria aeronáutica, sem falar dos telefones e dos computadores portáteis, das máquinas fotográficas e das câmeras digitais, dos CDs e, em especial, da *web* e da internet, que dão acesso de qualquer lugar às maiores bibliotecas do mundo, que, por sua vez, estão guardadas em algumas centenas de milhares de discos de memória.

Parte cada vez mais considerável do dia a dia será virtual,[15] como o dinheiro do cartão de crédito, como a videoconferência, como o texto escrito em um computador, como a viagem que se faz quando se assiste a um documentário pelo canal francês Odyssée etc.

Por desmaterialização, devemos entender também essa tendência de abandonar valores e práticas materialistas, tendência forte e rica, ainda difusa, mas cada vez mais presente.[16] Trata-se da passagem já mencionada do qualitativo para o quantitativo, do ofego da chamada sociedade de consumo, da progressiva tomada de consciência do vazio e da amargura gerados pelo hedonismo exacerbado, da degradação das relações sociais enviscadas no egoísmo generalizado e no assistencialismo institucionali-

---

14 A esse respeito, ler o fabuloso trabalho de René Sédillot, *Histoire morale et immorale de la monnaie* (Paris: Bordas, 1989).
15 A palavra "virtual", para exprimir o fato de que se trata de algo imaterial, é bastante inadequada, pois "virtual" significa, na verdade, potencial, ainda não ocorrido, portanto, ainda não realizado, irreal. Ora, o que chamamos de "virtual" nas novas tecnologias é tudo, menos irreal: ele existe de fato, mas na forma digital, e não material.
16 Ver no capítulo "O homem noético" a seção dedicada aos *cultural creatives*..

zado, que torna secundárias as solidariedades reais, da má qualidade dessas vidas carentes de um projeto que vá além delas, do desespero profundo que não tem outro escape, além da droga, do álcool ou da embriaguez fútil do espetáculo e do espetacular.

Reticulação

Como vimos, por virtude do cartesianismo, toda a era "moderna" se construiu sobre a relação hierárquica: o Estado diante dos cidadãos, o patrão diante dos empregados, o chefe de família diante da mulher e dos filhos, o presidente da associação diante dos membros, o professor diante dos alunos, o padre diante dos fiéis, o bispo diante dos padres, o papa diante dos bispos etc.

Essa relação simples, ou mesmo simplista, pode funcionar, como funcionou, de modo mais ou menos adequado em organizações simples, como o exército. A partir do momento que a complexidade aumenta, esse modo de relação se torna totalmente inadequado, porque reduz demais. É imperativo que novos comportamentos, novas lógicas relacionais ocupem seu lugar.

A pirâmide hierárquica é a mais simples e a mais pobre de todas as figuras geométricas, não convém a um mundo complexo e turbulento. A via hierárquica é pesada demais, rígida demais e lenta demais para poder agir e reagir em um meio turbulento imprevisível.

A rede sucedera à pirâmide.[17]

O processo de reticulação produz redes cujas características principais são as seguintes:

- são não hierárquicas, ou seja, seu funcionamento não é mais regulado pela autoridade do poder, mas do saber;
- têm de confiar, já que não possuem nem meios nem tempo para desperdiçar com controle;
- associam-se em torno de um projeto (uma ideia, uma vocação), cuja realização favorece de maneira clara os interesses e os desejos pessoais de todos os membros;

---

[17] Ler sobretudo Daniel Parrochia, *La philosophie des réseaux* (Paris: PUF, 1993).

- são flexíveis e adaptam sua forma geral às propriedades do meio em que atuam, como uma rede de pesca se molda aos contornos das ondas;
- são impermanentes, ou seja, os membros vão e vêm, em um clima relacional que evolui com os projetos e as expectativas pessoais de cada um;
- favorecem a pertença múltipla, isto é, todos podem ser membros de um grande número de redes, conforme a variedade de seus desejos e atividades;
- só sobrevivem enquanto há convergência intensa entre vocação/projeto global coletivo e vocações/projetos pessoais dos membros;
- são geridas por uma equipe de animadores/organizadores cuja missão essencial é dupla: estimular um relacionamento rico e enriquecedor entre os membros, fornecer aos membros uma logística positiva e satisfatória.

Nomadismo

Do Renascimento italiano a Hiroshima, a imensa maioria dos homens foi fundamentalmente sedentária, presa a uma terra muitas vezes de alguns quilômetros quadrados. O viajante era uma exceção um tanto malvista, apontado com o dedo, cercado de desconfiança; era estrangeiro em toda parte, nunca bem-vindo, exceto quando trazia mercadorias, notícias e distrações. Os andarilhos eram raros, minoritários; sua cultura, seu comportamento e seus valores eram esquisitos, pouco conhecidos ou ignorados; eles não tinham nenhuma influência real na sociedade.

Depois da Segunda Guerra Mundial, com a democratização dos meios de transporte de longa distância e com a internacionalização da vida econômica e política, tudo começou a mudar. As fronteiras naturais viraram fumaça e foram substituídas (desde que os alemães inventaram a carteira de identidade, durante a guerra de 1914-1918) por fronteiras administrativas e aduaneiras ainda impensáveis no século XIX. Desde então, homens e mulheres viajam cada vez mais, cada vez mais longe, cada vez mais rápido, por cada vez mais tempo. Surgiu um novo nomadismo geográfico e itinerante.

No entanto, com a era noética, é a própria natureza do nomadismo que muda e se generaliza: não se trata mais de um nomadismo material, ligado à geografia (os transportes são muito caros tanto econômica quanto ecologicamente), mas de um nomadismo imaterial.

Se o definirmos como mudança permanente de lugar, o nomadismo se revela caminhada e errância generalizadas por todos os lugares habitados pelo homem. É claro, lugar físico e material em primeiro lugar: uma região, uma casa, um jardim; mas sobretudo lugares noéticos e imateriais: profissões, áreas de competência, crenças, valores, pertenças, projetos, nacionalidades, vocações etc. Será nesses lugares, muito mais do que no lugar físico, que o novo nomadismo se estabelecerá.

O movimento, a transumância, a viagem dos homens de amanhã será uma perpétua caminhada profissional, espiritual, intelectual, passional. O "eu", antes preso e acorrentado a sua carteira de identidade, liberta-se e transforma-se sem cessar por meio de atividades criadoras. A vida, que era existência, torna-se caminhada. E essa caminhada perpétua se torna possível graças a todas as tecnologias "portáteis", fáceis de carregar, acessíveis de toda parte, conectáveis em toda parte.

Pode parecer paradoxal, mas o crescimento do novo nomadismo noético acabará com o nomadismo geográfico (transporte de longa distância de coisas e pessoas), por motivos tanto econômicos (custo) quanto ecológicos (economia de energia e combate às poluições físicas e culturais).

Fiel a nosso método, indicamos a seguir algumas das consequências da aplicação desses três motores, do triplo ponto de vista político, econômico e cultural.

Do ponto de vista político, ou seja, da organização da vida social, podemos entrever o seguinte:

- o fim das fronteiras provocará o desaparecimento progressivo de todas as pertenças nacionais: a carteira de identidade será equivalente a um cartão de crédito e dará acesso a certos serviços e vantagens. Cada vez mais, a noção de cidadão do mundo substituirá a de cidadão nacional;
- surgirá a multinacionalidade, como aplicação particular do processo de pertença múltipla (em vez do conceito mais utópico de cidadão do mundo). As pessoas poderão, como eu, nascer em um país, crescer em outro, ter passaporte de um terceiro e tirar sua renda de um quarto;
- a organização social nacional, fixa e hierárquica, será substituída por uma organização social transnacional, fluida e reticulada. Já é o caso, hoje, de muitos movimentos religiosos, ideológicos, iniciáticos, ecológicos ou mafiosos, que vivem muito bem "fora da lei". Como esse tipo

de organização poderá se generalizar? Responder a essa pergunta seria um exercício de ficção política: ainda é muito cedo para que essas estruturas latentes se esbocem. Alguns falam de "tribos" e de um novo tribalismo, o que é aceitável. Cada tribo teria sua lei e suas instâncias, e todas estariam submetidas a uma espécie de "constituição da humanidade" ou de novos "dez mandamentos" incontestáveis, estabelecidos por um grupo de sábios eleitos para esse fim. Os litígios entre "tribos" seriam resolvidos pelas instâncias mundiais. Pode ser, veremos.

Do ponto de vista econômico, podemos entrever o seguinte:

- a economia noética, como vimos, deverá redefinir por completo as noções de propriedade, valor, lucro, comércio, gratuidade, partilha etc. Daí resultará uma grande bagunça, teórica e prática;
- como já foi dito, é altamente provável que as atividades especulativas e em bolsa, assim como empresas de transportes, acabem;
- os homens mudarão de profissão e de competência principal várias vezes na vida (no mínimo quatro ou cinco);
- os salários, rígidos demais, regulamentados demais, inadequados demais, serão substituídos pelas parcerias. Cada um se reapropriará de seus talentos e suas competências e gerenciará a si mesmo, como seu próprio fundo de comércio;
- o tempo de vida das empresas (no sentido jurídico) terá a duração de um projeto. A durabilidade econômica dependerá muito mais dos patrimônios cognitivos e criativos veiculados pelos homens e pelas redes do que das razões sociais;
- as empresas terceirizarão cada vez mais tudo que não seja diretamente ligado a sua competência central. Assim, cada empresa criará ao redor dela, por exteriorização em massa, uma rede própria de parceiros e terceirizados;
- a velha economia criava empresas ao redor de seu centro de produção, hoje em grande parte automatizado e robotizado; o problema não é mais a produção. A economia noética se desenvolverá em dois polos complementares: centros de comercialização (talentos de sedução) e centros de inovação (talentos de criação). Esses centros terão bases jurídicas diferentes, com acionistas diferentes, e estabelecerão laços de parceria, nada mais;

- a noção de comércio equitativo será o catalisador de formas diferentes de fazer comércio e dividir a riqueza mundial. Experiências do tipo das de Max Havelaar, sobretudo com o café, devem ser acompanhadas com atenção;
- dentro das empresas, a estrutura por função (que o processo de exteriorização tornou ineficaz) cederá lugar à estrutura por projeto, na qual cada pessoa terá um papel, conforme o projeto;
- a coordenação geral da empresa será reconhecida como profissão de pleno direito e não como prerrogativa ou recompensa. Será exercida por autoridade de competência e não mais por autoridade de poder;
- a importância que a qualidade de vida ganhará no trabalho fará que o *wellness management* se torne uma missão estratégica essencial dos chefes de empresa, se quiserem capturar, conservar e desenvolver os talentos de que precisam imperiosamente;
- como a economia noética se baseia no talento e na criatividade, será preciso compreender que a inspiração, a ideia, o gênio vêm quando querem e não obrigatoriamente no período de trabalho no escritório. O princípio clássico de presença e remuneração por hora se tornará absurdo e a remuneração por tarefa será a norma;
- a estrutura do tempo individual mudará profundamente. Ontem, o tempo de exercício profissional era único e organizado, o resto era dedicado ao lazer e aos deveres familiares. Amanhã, a maioria das pessoas estará envolvida em múltiplas atividades, imbricadas umas nas outras, com sinergias entre si, algumas remuneradas e outras não lucrativas. Essa multiatividade individual, consequência ao mesmo tempo da impossibilidade de planificar uma ideia e da reapropriação por parte de cada um de seu fundo de comércio pessoal, transformará a gestão do tempo em uma atividade complexa, sutil e estratégica;
- simetricamente, a noção de lugar de trabalho perde muito de seu sentido. A criação, a reflexão, o estudo e a inspiração não têm outro lugar senão aquele, muito versátil, que os estimula. O trabalho a distância reduz a dependência dos lugares a sua mais simples expressão. Parte cada vez maior do trabalho será feita fora dos lugares tradicionalmente construídos para isso (escritórios, fábricas etc.);
- vem daí a certeza de que acabará a especulação imobiliária com salas comerciais, zonas industriais e residenciais nas cidades ou ao redor delas;

- decorre daí também que as cidades como lugar de trabalho comum perderão totalmente o atrativo (as dificuldades de circulação e os preços exorbitantes também contribuirão para isso) em proveito de locais de trabalho individuais ou celulares, espalhados pelo interior dos países. Os locais de trabalho centralizados nas cidades serão alugados *ad hoc* (salas ou salões de hotel, por exemplo), de área pequena, essencialmente para reuniões, formação e coordenação. O grosso do trabalho de estudo, criação e produção de ideias será feito em lugares indeterminados. A noção de sede social se tornará cada vez mais virtual.

Do ponto de vista cultural, podemos entrever o seguinte:

- as escolas e as universidades serão totalmente remodeladas e em parte nomadizadas; o aprendizado teórico será cada vez mais solitário, diante de um computador, do que em grupo em uma sala de aula;
- o aprendizado prático se baseará cada vez mais em fórmulas semelhantes às das associações de companheiros,* com professores ilustres, em lugares de criação, trabalho, meditação ou maiêutica, do tipo *ashram*. Um exemplo típico que deve ser observado com atenção é o processo de aprendizado dos grandes cozinheiros: a arte é complexa, transracional, quase iniciática, cheia de segredos e mistérios (verdadeiros ou falsos), transmitidos com devoção, mas também com muitas inovações, por sequências genealógicas muitas vezes tortuosas, mas sempre rastreáveis (como manda o rastreamento alimentar, talvez);
- a educação dará muito mais ênfase ao aprendizado de linguagens, métodos de pesquisa do conhecimento e técnicas de criatividade do que ao acúmulo de saberes;
- a noção de realização interior desbancará a de sucesso social. Qualidade de vida, *wellness*, felicidade, alegria e notoriedade serão valores dominantes e substituirão os de riqueza, *status*, prazeres, mundanismo, consumo etc.;

---

* Refere-se ao "compagnonnage", período no qual o aprendiz trabalhava como companheiro do mestre, após terminar seu aprendizado e antes de ele mesmo se tornar mestre. Tinha como objetivo a formação profissional, a solidariedade e a moralização (N. E.).

- a espiritualidade, tanto tempo relegada às gemônias pelo cartesianismo, pelo materialismo e pelo ateísmo, voltará com força à vida íntima e quotidiana dos homens. Mas será uma espiritualidade pessoal, uma caminhada interior, proteiforme e múltipla, mais iniciática do que litúrgica, distante na maioria das vezes das religiões instituídas;
- a pesquisa científica, artística e mística sairá dos guetos acadêmicos e institucionais para se espalhar por todo o planeta, em milhões de centros quase individuais, ligados pela *web*;
- as obras circularão livremente pela *web*, contornando assim os canais tradicionais de edição, produção e difusão. Novas modalidades de remuneração deverão surgir, fora dos tradicionais direitos autorais, que serão cada vez mais difíceis de gerir por causa da generalização das "cópias piratas";
- sendo a demografia o que é, os idosos terão cada vez mais importância econômica e social, e suas necessidades específicas ganharão um peso proporcional a seu número, que será enorme;
- a alimentação, por pressão conjunta da ecologia e da dietética, evoluirá muito. Hoje, há um confronto entre duas tendências totalmente contrárias: a da alimentação rápida e artificial, industrializada e padronizada, que aposta todas as suas fichas no sabor pronunciado, no preço baixo e na "facilidade/rapidez" do preparo (para pessoas que se dizem apressadas e desperdiçam seu tempo livre com desastres culturais e sociais), e a da cozinha autêntica, que exige o tempo (e o coração) necessário para ser um lugar e um momento privilegiado de amor, convivência, sociabilidade e prazer compartilhado. Trata-se menos de uma hipotética luta de titãs entre MacDonald's e Joël Robuchon do que do combate quotidiano entre Fleury-Michon ou Liebig e o presunto do Marcel ou as verduras frescas do Aziz. A noção cada vez mais rica de qualidade de vida e de qualidade, unida à influência da ecologia e das preocupações dietéticas, motivadas pelo aumento da obesidade e das doenças cardiovasculares que, depois dos Estados Unidos, atinge em cheio a Europa, sugere a provável ruína dos hipermercados, das marcas próprias e das indústrias agroalimentares, sobretudo a dos pratos prontos. A boa comida, os prazeres da mesa e da cozinha regional terão belos dias pela frente... "Comida caseira", mas preocupada com a dieta e com a frugalidade.

Os desejáveis

Os movimentos e as tendências citados nos parágrafos anteriores não estão ligados a uma vontade ou a uma escolha: são movimentos inelutáveis a partir do momento que aderimos ao cenário noético e renunciamos aos dois outros cenários possíveis de estagnação mortífera na sociosfera e de regressão fatal à biosfera.

Julgamos que o homem não terá outra escolha real senão aceitar o desafio noético. Quando fizer isso, todos os movimentos e transformações que descrevemos nas páginas anteriores serão mais do que prováveis nas próximas décadas.

Acreditamos ter demonstrado que o engajamento na revolução noética é mais do que desejável, é vital. Mas cada um formará sua própria opinião.

Esse é o desejável primordial e principal. Há, porém, outra gama de desejáveis: os que estão ligados ao "como" da transição e da mudança de paradigma, às condições e às modalidades dessa revolução noética, que nos parece o único caminho de sobrevivência para a humanidade. Vamos explorar algumas delas nos parágrafos a seguir.

É preciso ter em mente que a expressão dos desejáveis visa às potencialidades latentes ou subutilizadas que devemos ativar ou amplificar e as fraquezas e os perigos que ameaçam a mudança.

É desejável que a transição da era "moderna" para a era noética seja tranquila e rápida.

Tranquila, para que se evite o máximo possível toda brutalidade, toda violência: as revoluções violentas fracassam sempre. A Revolução Inglesa levou a Cromwell, a Revolução Francesa conduziu a Robespierre e Bonaparte, a Revolução Russa produziu Lenin e Stalin e a revolução chinesa gerou Mao e o Bando dos Quatro. A revolução noética será uma revolução tranquila ou não será: a sociedade por vir não pode se estabelecer negando desde logo os princípios femininos que são os seus, a não violência entre eles. Essa revolução será um parto, sem dúvida doloroso, certamente difícil, mas não será uma guerra.

Revolução rápida também, pois há urgência absoluta. De um lado, a Terra degrada-se a grande velocidade e de maneira cada vez mais irreversível; de outro, as sociedades humanas contemporâneas degeneram-se também com rapidez em um mal-estar generalizado, em uma violência onipresente, em uma corrupção e em um apodrecimento banalizados, em um financismo especulador, egoísta e curto de visão, em um totalitarismo brando e suave. Tanto a biosfera quanto a sociosfera estão se degradando; a noosfera deve ocorrer rapidamente para reavivar a Terra e o homem.

É desejável que se faça tudo para preservar e em seguida desenvolver uma humanidade plural. Precisamos de uma espécie de princípio de diversidade humana que reconheça em cada ser humano o direito e o dever de afirmar e cultivar suas diferenças para além da igualdade idealizada e das desigualdades reais. Devemos acabar com o pensamento único, com o politicamente correto, com a americanização do mundo, com a mediocrização generalizada. Temos de ir radicalmente além das etnias e das pátrias e favorecer o desenvolvimento real das pessoas e das culturas no respeito absoluto das diferenças.

A normatização, a padronização e o conformismo são doenças sociais graves, que reduzem o fenômeno humano a um impasse asséptico. A riqueza dos homens reside em suas diferenças: não há combinatória possível do mesmo com o mesmo. O caminho da complexificação para a noosfera passa necessariamente pela síntese dialética das diferenças. Quanto maiores e mais fortes forem essas diferenças, mais ricas em novas propriedades emergentes serão suas combinações.

É desejável que o caminho da complexificação evite com muito cuidado os impasses da complicação.[18]

Por volta da década de 1950, o mundo deixou passar uma mudança importante de sua história: a Segunda Guerra Mundial havia abalado fortemente as certezas de antanho e as estruturas de outrora; a tecnologia, fortalecida pelo esforço de guerra, havia dado vários saltos adiante, sobretudo no campo da eletrônica (radar, teleguiagem, informática, cibernética, robótica, astronáutica, aeronáutica etc.); a contracepção havia libertado a mulher e tornado possível o sonho das sufragistas... Tudo estava pronto para o surgimento de uma nova complexidade e para a transformação do mundo a sua medida.

E, no entanto, em vez de responder à complexidade nascente com sistemas complexos, a resposta tanto no Ocidente quanto no Oriente foi burocrática, ou seja, complicada sem ser complexa. Daí a apropriação do

---

18 A respeito da diferença capital entre "complexificação" e "complicação", tal como evidenciada por Edgar Morin, ver na primeira parte deste livro o capítulo "A complexidade".

Estado, já em 1948, das principais engrenagens da vida quotidiana: a cotização social obrigatória substituiu a solidariedade voluntária, inúmeras e infindáveis regulamentações e normalizações passaram a reger as atividades sociais e, em seguida, as individuais. Em suma, sem o menor respeito pela complexidade do real, a maquinaria burocrática do Estado quis resolver todos os problemas sociais pela via do funcionalismo.

Fracasso total, é óbvio. (Isso é conhecido na sistêmica como lei dos efeitos perversos: interferir em um sistema de certo nível de complexidade com ferramentas muito simples induz da parte desses sistemas reações que vão sempre no sentido contrário do efeito que se espera.)

Não podemos perder outra virada como a da década de 1950, sob o risco morrermos.

Um desejável fundamental, portanto, é que o Estado e sua maquinaria burocrática se retirem do processo e apenas continuem a gerir (igualmente mal) os "processos em andamento". Como dissemos, o político (o Estado) está condenado a ser periférico e só servir para administrar. A revolução noética não passará pela política (nem pelo econômico, aliás, e pelas mesmas razões), mas pela sociedade civil, pelos homens reais em sua vida real.

É desejável que se facilite por todos os meios a descompartimentação geral do mundo humano, tanto interno quanto externo. Se tivéssemos de resumir: "passagem liberada". Isso significa que devemos estabelecer sempre, por toda parte e em tudo, uma livre circulação absoluta de pessoas, bens e ideias, porque é pela mistura que as diferenças se encontram e criam novas oportunidades de realização das potencialidades latentes.

É preciso haver uma descompartimentação radical de todos os países, de todas as religiões, de todas as línguas, de todas as disciplinas intelectuais, de todas as raças. É a "aldeia global" de McLuhan[19] totalmente aberta.

Azar dos protecionistas, dos racistas, dos nacionalistas e de todos os funcionários de alfândegas do mundo.

A livre circulação absoluta é muito mais do que um direito, é uma necessidade.

É desejável que a Declaração Universal dos Direitos do Homem seja superada, porque foi escrita por ocidentais, com palavras ocidentais, ba-

---

19 O sociólogo canadense Herbert Marshall McLuhan (1911-1980) previu no começo da década de 1960 a preponderância das técnicas audiovisuais e a globalização midiática.

seada em valores e princípios ocidentais, e só foi assinada por muitos dos países do chamado de "Terceiro Mundo" em troca de auxílio econômico e militar. Grande parte das culturas do mundo não se reconhece nela.

A democracia, a igualdade e a liberdade individual são conceitos que causam horror a muitos, não só aos que têm algum poder ditatorial ou de casta, mas também aos que sabem que a democracia leva sempre à demagogia corrupta e ao clientelismo, que a igualdade leva sempre ao igualitarismo e ao nivelamento por baixo, e que a exacerbação da liberdade individual leva quase sempre ao egoísmo cínico e extravagante.[20]

A Declaração Universal dos Direitos do Homem deve ser substituída por uma declaração dos deveres do homem, que transforme a atual humanidade "fim em si" em uma humanidade "vetor do projeto noético".

É preciso dar sentido à vida humana, à existência individual e coletiva pela criação noosférica. O mundo humano está morrendo porque não tem nem sentido nem projeto, e só lhe resta afundar no gozo amargo dos bens e dos haveres, dos outros coisificados, da vida reduzida a suas funções mais elementares (comer, beber, fazer sexo, rir etc.).

Se não for detido por um novo impulso de superação do homem pelo homem, esse afundar será – está sendo – nossa morte. O desafio é imenso.

Por último, é desejável que o mundo se reencante e a vida se ressacralize. No mais íntimo de si mesmo e a cada instante, o homem deve aprender a se maravilhar com sua existência, com sua vida, com a contemplação da vida em ação em tudo que existe, muda e luta.

É imperativo que a vida e o mundo sejam reespiritualizados, para além de todas as religiões institucionalizadas, igrejas, mesquitas, seitas e capelas. A própria humanidade deve se reespiritualizar, superando idealismos, códigos, crenças e ritos.

Cícero dizia que "a árvore é duas vezes mais útil do que os frutos"; o mesmo vale para espiritualidade em relação às religiões.

Chegou a hora de voltar à árvore, às "espiritualidades vivas", como diziam Jean Herbert e Marc de Smedt.[21]

---

[20] De fato, é preciso ter muita maturidade para trocar a liberdade de fazer tudo e tomar tudo pelo caminho da libertação interior e da liberdade criadora.

[21] Ambos dirigiram uma suntuosa coleção com o mesmo nome, publicada pela Albin Michel.

Pierre Teilhard de Chardin profetizou o surgimento da noosfera como etapa da espiritualização da matéria e do mundo. Segundo Malraux, o século XXI não deverá contradizê-lo. Ousemos ter esperança e fazer o que for preciso para lhe dar razão.

Síntese: dez pistas para o futuro

A era "moderna", que estamos deixando, foi a mais violenta, assassina e bárbara que a Terra já sofreu. Houve centenas de milhões de assassinatos apenas no século XX. Durante décadas, o mundo foi devastado por guerras mundiais e locais, comunismos, colonialismos, nazismo, fascismo e máfias, além de cinismos especulativos e oportunistas, hedonismos egoístas e destrutivos, industrialismos irresponsáveis e desertificantes, militarismos estúpidos e revanchistas, nacionalismos ufanistas e xenófobos.

Agora chega. Basta! Temos de construir um mundo vivível e viável para nossos netos, um novo modo de humanidade, que vise à erradicação definitiva das causas de violência a fim de que reine a paz, tanto com nós mesmos quanto com os outros e com a natureza.

Para realizar essa mudança sem recorrer à violência (que só radicalizaria as resistências), devemos não tanto combater, mas superar, transcender, sublimar.

1. Superar o capitalismo especulador por meio do capitalismo empreendedor

A explosão das "bolhas especulativas", a falência da pretensa "nova economia", a ditadura dos acionistas institucionais e dos fundos de pensão mostraram os limites e os impasses do capitalismo clássico. A especulação é sempre destrutiva, irresponsável e sempre imoral.

O mundo deve se libertar das finanças, se não quiser morrer asfixiado. Deve recuperar o gosto pelo empreendimento, pela aventura, pelo trabalho criativo e construtivo para recompor o tecido econômico local e vital que foi esmagado pelas botas do terrorismo e do totalitarismo mercantil.

O que fazer?

Devemos:

- substituir o conceito de valor de troca pelo de valor de uso, redefinindo de maneira profunda a noção de valor agregado;
- compreender que o emprego é um falso problema: o pleno emprego, assim como o lucro, não é uma meta, mas uma consequência;
- medir não o número de desempregados, mas a duração média do desemprego;
- desonerar a renda obtida com o trabalho e o patrimônio, mas taxar sem dó nem piedade todos os produtos financeiros e especulativos;
- criar grandes fundos de investimento (privados, públicos e mistos) que sejam administrados por profissionais da área e que se destinem ao financiamento de pesquisa e criação em todos os campos e à formação eficaz de uma vasta rede de PMEs e indústrias em todos os setores da economia alternativa (ver a seguir);
- acabar com todo o protecionismo, toda a obstinação terapêutica e todos os subsídios aos setores perigosos, poluentes, militares ou moribundos;
- dispensar totalmente as PMEs das obrigações impostas por um código trabalhista que nasceu de uma luta entre sindicatos e indústria pesada que não lhes diz respeito;
- eliminar o jugo regulamentar dos bancos e forçá-los a exercer seu verdadeiro ofício, que é financiar os riscos da vida econômica real.

2. Superar o deslocamento físico por meio da mobilidade virtual

Todos os meios de transporte queimam e desperdiçam quantidades fenomenais de energia não renovável, matam impunemente milhares de seres humanos todos os dias e poluem com fumaça, lixo, destroços e barulho. Ora, as redes de informática e de telecomunicações tornou a grande maioria dos deslocamentos físicos de pessoas completamente inútil.

O que fazer?

Devemos:

- aumentar drasticamente os impostos sobre veículos e combustíveis;
- generalizar e aumentar o pedágio nas rodovias, em especial para os veículos pesados;

- difundir o uso do trem em caso de deslocamentos inevitáveis a trabalho;
- estimular a criação de indústrias e comércios locais, bem como o trabalho a distância;
- desestimular todas as formas de turismo, porque provoca a devastação dos tesouros naturais e culturais do mundo, favorece a prostituição humana (tanto física quanto mental) e arruína o tecido econômico local em proveito do dinheiro fácil;
- desenvolver exponencialmente a quantidade e a qualidade dos bancos de dados culturais e naturais e permitir o acesso gratuito (de casa) a todos;
- favorecer a despoluição e a limpeza das cidades, a criação e a manutenção de espaços verdes;
- erradicar todas as formas de urbanismo concentrador.

3. Superar as indústrias pesadas por meio das tecnologias alternativas

A maioria dos materiais pesados (não especialmente em peso, mas em custo energético e ecológico) que parece indispensável pode ser substituída por materiais "leves". E, sobretudo, podemos diminuir de maneira drástica o número e a quantidade desses materiais, sem prejudicar nosso conforto. Há duas questões fundamentais por trás disso: do que precisamos de fato para viver bem? Que preço nossos netos pagarão por esse conforto e esses caprichos?

O que fazer?

Devemos:

- ter consciência de que as indústrias pesadas, poluidoras, intensivas e desertificantes que herdamos dos séculos XIX e XX não são um mal inelutavelmente necessário; podemos viver muito bem (e viver melhor!) com menos aço, alumínio, petróleo, produtos químicos, cimento, plástico, papel e papelão;
- aplicar o princípio de frugalidade (ver a seguir) em todos os aspectos da vida;
- compreender que cada minério, rocha, árvore e riacho tirado da Terra é uma ferida real e que, por essa ferida, a carne da nossa carne é que san-

grará. Não há aí nenhum tipo de ecologismo, apenas um esforço de lucidez que só os cegos egoístas se recusam a fazer;
- promover a pesquisa e a criatividade em prol da fabricação alternativa e do uso correto de materiais complexos, oriundos da indústria leve. Os materiais recicláveis são um primeiro e tímido passo nesse sentido, embora os depósitos regurgitem materiais enquanto esperam uma improvável reciclagem. Devemos ir muito mais longe;
- sair da lógica de consumo e entrar em uma lógica da durabilidade;
- parar de tolerar gregariamente e acabar com os fúteis efeitos da moda. Esse é o corolário para passar do valor de troca para o valor de uso;
- aprender a comprar uma roupa, um par de sapatos, um carro, um computador para usá-los até acabar e não para esnobar;
- abandonar a economia de obstinação terapêutica em relação à siderurgia e seus consortes moribundos e deixá-los morrer de morte natural. O "desemprego" decorrente não será problema, desde que se aplique a alocação universal (ver a seguir).

4. Superar a submissão econômica por meio da criação noética

A velha sociedade mercantil coisificou tudo para poder vender tudo e comprar tudo, inclusive o ser humano, a fauna e a flora, a vida em seus princípios. Nossa civilização é a do objeto, logo, da penúria, já que o objeto é único, seja qual for, logo, raro. E essa lógica da penúria leva à da competição, da especulação, da precariedade, da cobiça e da apropriação consentida ou forçada.

Ora, nossa época assiste ao surgimento das tecnologias da informação e de imensos campos de criação de conhecimento e de obras culturais. O imaterial e a informação implicam lógicas diferentes das da penúria e da propriedade: quando dou uma informação, não perco, mas compartilho e, ao mesmo tempo, conservo essa informação para mim.

O que fazer?
Devemos:

- substituir o conceito de trabalho (sobretudo o de trabalho assalariado) pelo conceito de atividade criadora de valor (quantitativo e/ou qualitativo);

- estimular e liberar todos os talentos, criatividades e conhecimentos especializados;
- extinguir a lógica de remuneração por hora, porque não é tempo que o trabalhador deve fornecer, mas energia mental;
- não ensinar saberes, mas ensinar a aprender e a criar conhecimento;
- generalizar e ensinar desde a mais tenra idade o uso de computadores conectados à rede;
- cultivar todas as formas de criação (científicas, intelectuais e artísticas) em suporte informático e facilitar sua difusão em grande escala;
- apressar a conversão da edição em suporte clássico (papel, filme, disco) em serviço de difusão em suporte virtual (via cabo, satélite ou internet);
- estimular o fim da televisão clássica e desenvolver técnicas de importação digital *à la carte* de obras cinematográficas, musicais e televisivas (inclusive programas de informação), via cabo ou satélite, para que sejam armazenadas em disco rígido e vistas quando der na telha.

5. Superar a dependência social por meio da alocação universal

Tocamos aqui em um dos pontos mais simples e, ao mesmo tempo, mais complexos. Trata-se, muito simplesmente, de abolir todos os sistemas de dependência social (auxílio-desemprego, aposentadoria legal, bolsa-família, auxílio-doença, assistência social etc.) e pagar uma alocação mensal, em caráter vitalício, a todos os cidadãos (desde seu nascimento, com garantias contra pais pouco escrupulosos), suficiente para garantir uma sobrevivência decente do nascimento à morte, sejam quais forem, aliás, suas opções de vida (todas as outras rendas se somarão a ela).

Esse esquema foi muitas vezes estudado: os rendimentos atuais do Imposto sobre Valor Agregado (IVA) são suficientes para financiar essa alocação universal na Europa. Por essa lógica, não haveria mais desempregados, assistidos, pedinchões, aproveitadores ou parasitas, mas pessoas que escolherão atividades, remuneradas ou não, além dessa renda básica. Os ricos poderão aspirar a ser mais ricos, mas os menos abastados não serão mais necessitados e os que se contentam com pouco poderão dedicar suas vidas a algo diferente do próprio sustento.

Isso também significa que as empresas poderão adequar constantemente seu pessoal a suas necessidades, mas para atrair e manter colaboradores preciosos não poderão mais contar com a ambição e com o medo da miséria ou do desemprego; terão de apelar para processos de sedução e motivação, muito diferentes dos atuais *gadgets* psicossociológicos.

O que fazer?

Devemos:

- concordar, em nível europeu, em mudar de lógica fundamental e implantar a alocação universal;
- reorganizar a estrutura e o circuito financeiro coletivo para que os fundos da caridade/piedade/dependência pendam para a conta da dignidade/solidariedade/liberdade;
- desmantelar os atuais sistemas de dependência social e liberar o pessoal que trabalha para ele;
- engrenar o novo sistema, para todos, de imediato.

6. Superar a democracia parlamentar por meio da responsabilidade pessoal

A era que se encerra foi a era dos Estados onipresentes, monárquicos, burgueses e populares, que queriam controlar tudo, governar tudo, organizar tudo, financiar tudo, portanto, dos Estados totalitários, ainda que se trate de um totalitarismo brando e confortável, leniente e demagogo.

O que fazer?

Devemos:

- tomar consciência de que esse Estado e essa política perderam toda credibilidade, que a "democracia" que pretendem santificar não passa de uma demagogia insípida que beneficia o clã dos profissionais do poder, que qualquer burocracia, pública ou privada, está fadada por essência à ineficiência e à corrupção (ver os estudos de Michel Crozier) e é preciso livrar dela nossas sociedades, que tais instituições não se "justificam" mais, a não ser pelos múltiplos auxílios que inventaram para legitimar a si mesmas, e ruirão assim que a alocação universal começar a funcionar;
- saber que o Estado-providência está falido e vai arrastar com ele a economia local e doméstica, caso não seja aplicado com urgência o princípio de separação entre Estado e empresa, como tempos atrás se sepa-

rou Estado e Igreja; o econômico e o político não têm nada a ver um com o outro e qualquer ligação entre eles é nefasta e corruptora;
- concretizar essa separação, de modo estrito;
- substituir a atual "democracia" parlamentar, pesada e ineficaz, partidária e disciplinada, pela democracia direta que a informática pôs ao nosso alcance, depois de três mil anos de ausência, e reformular a educação cidadã em conformidade com ela;
- cassar do Estado e de suas sucursais o poder de governar, regular e constranger nossas vidas particulares e recuperar a responsabilidade individual para além de todos os pseudoassistencialismos que nos atingem. Todo indivíduo deve ser desobrigado de pertenças (inclusive de sua "nacionalidade") e de solidariedades (inclusive com seus concidadãos). O único papel do político é facilitar a luta contra a violência, sem nada violentar;
- recuperar o papel e o termo "guardião da paz" e erradicar os de "policial" e "forças da ordem"; eles nunca são neutros;
- ratificar a fragmentação dos Estados nacionais, hoje inúteis, e apressar seu fim por meio da redistribuição efetiva dos poderes estratégicos entre as instituições de cima (União Europeia, ONU etc.) e dos poderes operacionais entre as instituições debaixo (municípios, comunidades etc.);
- substituir, de modo genérico, os que têm poder pelos que têm autoridade.

7. Superar a pilhagem dos recursos naturais por meio da frugalidade ecológica

Longe de qualquer ecologismo militante (cujo alcance e cujas motivações reais não são o que pensamos), chegou a hora de colocar o homem em seu lugar devido no mundo. A Terra não é criada, escrava ou ama de leite do homem. É a mãe dele! E chegou a hora de esse filho pródigo pedir desculpas e parar de martirizar de maneira cruel e estúpida aquela que o carrega. A Terra e seu manto de natureza se esgotaram à custa de devastações, poluições, saques e torturas de todo tipo. Mesmo que o homem desaparecesse amanhã, não é seguro que se recuperariam...

O que fazer?

Devemos:

- mudar de mentalidade, em primeiro lugar: o homem não pode mais ser um conquistador, um guerreiro, um herói vencedor; ele deve ser um jardineiro humilde e dócil a serviço da vida, ao longo do tempo, cuidando cada um de seu entorno;
- substituir os valores masculinos de virilidade e violência pelos valores femininos de fecundidade e paz;
- eliminar por toda parte e em tudo o valor de troca (o pilar da maquinação mercantil) e instaurar o valor de uso, levando em consideração não só os custos diretos de produção, mas também os custos indiretos de degradação (poluição, desperdício, barulho, degradação, lixo, reciclagem, danos para a saúde física e psíquica etc.);
- reformular nesse sentido todas as regras e planos financeiros de Estados e empresas;
- difundir em toda parte, o tempo todo, pelas escolas e pelas mídias, o princípio de frugalidade e mostrar que o supérfluo é sempre nocivo e nefasto para nós mesmos, para os outros e para o mundo. Não se trata de ascetismo, de mortificação ou de privação, mas de uma sabedoria de vida simples e sadia no dia a dia. O supérfluo tornou-se a razão de viver de todos esses alucinados (sobretudo das cidades) que encontraram no brilho (o superficial, o fútil, o espetáculo, a moda, o esnobismo...) e na embriaguez (o álcool, a droga, o tecno, as discotecas, as "férias"...) um escape para o desespero, o vazio interior e a pobreza existencial;
- ressacralizar e reencantar o mundo e a natureza, a terra e o céu, para resgatar os erros frios e calculados de cinco séculos de racionalismo redutor e de cientificismo totalitário.

8. Superar as burocracias funcionalistas por meio da gratuidade

Não são só os ministérios e as administrações públicas que são burocratizados. A burocracia é onipresente, o espírito do funcionalismo se universalizou.

A forma ganhou primazia sobre o fundo, a letra sobre o espírito, o "como" sobre o "por quê", a modalidade sobre a finalidade.

A burocracia e o funcionalismo rebaixam o ser humano ao nível do robô, da máquina, da mecânica programada; é a sacralização dos processos e dos formulários, a divinização da rotina e da repetição, a demonização da inovação e da mudança, o anátema contra a criatividade e a fantasia.

O que fazer?

Devemos:

- compreender que os sistemas baseados em procedimentos são simplificações e reduções incríveis da complexidade real do mundo real, e que, com o crescimento dessa complexidade, os sistemas burocráticos e funcionalistas serão cada vez mais ineficazes, inoperantes, obstrutivos e sufocantes, logo, perigosos!
- saber que a realidade é apenas um tecido espesso de multidões de casos particulares irredutíveis a uma regra ou procedimento; a padronização, possível há cinquenta anos, não é mais hoje em dia;
- tomar consciência de que, diante da complexidade exponencial do real, as únicas saídas, as únicas táticas de vida – e de sobrevida – são a flexibilidade e a criatividade, ou seja, o exato oposto da rigidez e da fixidez burocráticas;
- impregnar-se da ideia de que o usuário, o cliente, o homem das ruas, o cidadão, a dona de casa quarentona só existem no imaginário dos estatísticos, não passam de conceitos manipuladores para nos fazer comprar ou votar. Na realidade, há indivíduos, todos respeitáveis como tais, todos com talentos, opiniões, sensibilidades e necessidades diferentes, e todos únicos;
- libertar-se, portanto, da ditadura dos raciocínios estatísticos, das pesquisas de opinião, das sondagens, dos estudos de mercado, dos ibopes e de outros índices de popularidade; tudo isso é redutor demais, simplista demais, massificado demais, enfim, infantil demais;
- compreender que quem inventou a padronização visava à redução dos custos e o ganho de tempo; hoje, sabemos que, em razão do crescimento da complexidade, o barato sai sempre muito caro e que procurar ganhar tempo é perda de tempo;
- transformar, diante do fracasso das padronizações, nossa relação com o tempo e com o mundo, adotando a noção de gratuidade, de qualitativo e de criativo;
- reaprender a escutar. Não se apressar e não se deixar roubar por ninharias; e então reencontrar a verdadeira eficácia, a que acerta na mosca porque fomos bastante longe e bastante fundo para não passar adiante, às

pressas, a solução já pronta, concebida para todo mundo e que, na verdade, não convém a ninguém... Porque todo mundo é algo que não existe!
- reaprender a flanar, a sair por aí, a fugir da rotina, porque é sempre lá que está a ideia fecunda; não há nem hora nem lugar para o gênio, que sopra onde e quando quer, apesar dos contratos, dos horários, dos planejamentos e dos orçamentos.

9. Superar o juridismo legalista por meio da ética individual

O juridismo minou nossas sociedades: a ameaça do tribunal está em toda parte, e a venalidade dos advogados também. O corpo judiciário não tem mais a missão de fazer justiça, mas de brincar com o mecanismo absurdo e incoerente dos decretos e dos procedimentos legais para justificar o que não passa de um arremedo da lei do mais forte ou do mais esperto – os mais bem defendidos são sempre os mais culpados!

O que fazer?

Devemos:

- acabar com o confisco da lei, decodificar o direito e devolvê-los à sociedade civil;
- simplificar todos os procedimentos;
- generalizar o recurso sistemático à negociação e ao rito sumário;
- combater todas as formas de juridismo;
- denunciar o círculo vicioso, mas lucrativo, das leis feitas por juristas eleitos ou indicados para juristas gananciosos e egocêntricos;
- tornar os advogados pessoalmente responsáveis por seus casos;
- generalizar o princípio de "no cure, no pay";
- parar de legislar sobre tudo e qualquer coisa;
- combater o vício regulamentar e a obsessão disciplinar, para acabar com a espiral da violência civil (proibição, provocação, repressão, insurreição);
- não esquecer que o alcoolismo nunca foi tão comum nos Estados Unidos quanto na vigência da "Lei Seca", cujo único efeito foi consolidar e enriquecer a máfia (lei dos efeitos perversos);
- extinguir a imunidade do Estado, das instituições de poder (inclusive da magistratura e da polícia) e dos políticos (inclusive dos partidos e dos sindicatos);
- abolir a razão e o segredo de Estado;

- compreender que uma "lei para todos" aprisiona a todos, salvo a pequena porcentagem de gentalha que deveria ser impedida de prejudicar os outros;
- compreender também que o excesso de leis e regulamentos só aumenta a delinquência, que reage à violência legal com a violência ilegal; a solução do problema não está na repressão dos comportamentos, mas na compensação dos imensos déficits educativos, tanto nas escolas quanto nas famílias;
- minimizar as deficiências morais da população com uma iniciação intensa e contínua, desde a mais tenra idade, à filosofia, à espiritualidade, à religião, às escolas éticas de toda a humanidade, de todas as épocas; não se trata de aliciar, inculcar "valores" ou impor comportamentos, mas conscientizar, despertar o espírito crítico, saber pesar o alcance dos atos e das palavras, estabelecer um elo forte entre felicidade para si mesmo com os outros e busca de si mesmo nos outros.

10. Superar o materialismo hedonista por meio da realização espiritual

No fundo, o homem de hoje é uma criança mimada que anda em círculos no carrossel de seus caprichos. E que quebrou quase todos os seus brinquedos: a mulher, a infância, a natureza, a alegria, o deslumbramento, o sagrado, o divino, a esperança, a própria vida.

O homem esgotou o homem.

O humanismo, que remete tudo ao homem, encontrou seu limite: um impasse.

A fonte inesgotável da felicidade humana não está no homem.

A satisfação desenfreada de todos os caprichos deixa apenas um vazio amargo, um desespero, uma carência imensa.

"A carne é triste, ai de mim, e eu li todos os livros", diz o poeta do desespero.[*]

"Humano, demasiado humano", responde o filósofo do além do homem.

O que fazer?

---

[*] "La chair est triste, hélas, et j'ai lu tous les livres". Verso de Stéphane Mallarmé, grande poeta simbolista francês (1842-1898) (N. T.).

- Em primeiro lugar e antes de tudo, não trazer de volta aquele Deus Pai antinatural, os deuses de araque, os ídolos grotescos, as superstições idiotas ou os misticismos de quinta categoria;
- jamais acreditar nas panaceias; não são algumas contorções de *hatha* ioga que vão nos fazer encontrar "a plenitude de ser no devir";
- em compensação, saber no mais íntimo de nós mesmos que o homem só tem sentido e significado, só recebe valor e dignidade, só conhece a alegria e a plenitude a serviço do que o ultrapassa infinitamente, do que é inefável, irrepresentável, inintelectualizável, do que está muito além de todas as religiões e de todas as filosofias, embora permaneça no aqui e agora, em nós e conosco;
- reinventar uma mística da vida e devotar-se integralmente a ela, criando, cultivando, suscitando todos os florescimentos possíveis dessas sementes de vida que o homem vem há muito tempo dissipando, pisoteando e destruindo.

Essas dez pistas constituem os pontos essenciais de um manifesto dos tempos novos.

Poderiam ser formuladas ou reformuladas com outras palavras, reagrupadas ou fracionadas segundo outras chaves, mas não importa!

Não é mais hora de discussões de salão ou de sutilezas enganosas. Não queremos fazer uma revolução (mostra a história que todas as revoluções se afogam no sangue que fizeram jorrar), mas antecipar uma revolução que ultrapassa o homem e que o liquidará se ele não parar de contemplar o umbigo de seus desastres.

Resistência e motores

O *change management*: um pouco de história

Todo projeto de mudança proposto a um grupo provoca três atitudes universais: entusiasmo de uma minoria; oposição de outra minoria; indiferença da maioria, quer por incompreensão, quer por desinteresse.

Em geral, quando se trata de fazer uma mudança em uma empresa (com uma relativamente restrita), são úteis as seguintes regras e constatações:

- o grupo de indiferentes abrange cerca de 70% do pessoal, os 30% restantes dividem-se meio a meio entre as duas minorias de entusiastas e opositores;
- os entusiastas são sempre entusiastas, ou seja, são sempre aqueles que desejam outra coisa. De mesmo modo, os opositores são sempre os que se opõem a tudo, muitas vezes por preguiça, às vezes por medo ou por desejo de sabotar e fracassar;
- tentar convencer os opositores é inútil. A hostilidade deles não tem nada de razoável: a obstrução é sua razão de viver e seu fundo de comércio, se forem sindicalistas. É preciso neutralizá-los, ou seja, impedi-los de prejudicar, afastando-os em especial dos fatores críticos do sucesso da operação;
- em contrapartida, é preciso cultivar os entusiastas e transformá-los em motores de mudança, dando-lhes meios e condições de levar o projeto adiante, cada um em seu nível, em sua área;
- por mais que se faça, a massa dos indiferentes continuará indiferente. No entanto, uma boa informação, um pouco de carisma e um gesto de estímulo fazem um terço deles trabalhar pelo projeto (mas nunca se tornarão entusiastas). O resto fará o de sempre: o menos possível, o menos mal possível, o mais devagar possível;
- os bolsões de resistência potencial não são conhecidos: sabemos que os opositores são muitos e comandados pelos chefes, mas é raro conseguirmos prever quem são (exceto se conhecemos muito bem a empresa ou se ela passou recentemente por mudanças e reestruturações profundas o bastante para revelar as estruturas de contrapoder). Sendo assim, é preciso observar com atenção as reações aos comunicados e localizar o quanto antes os focos de resistência para neutralizá-los;
- enfim, é necessário explorar todos os "trampolins", ou seja, todos os acontecimentos ou fatos que possam facilitar a mudança. Por exemplo, a rescisão de um contrato com um grande cliente por causa da baixa qualidade do produto é obviamente um poderoso "trampolim" para inflamar a tropa e acelerar o processo.

Essas poucas considerações típicas sobre o comando de uma mudança em uma empresa podem ser aplicadas a uma nação ou continente? Provavelmente a resposta será negativa, exceto no que se refere à última (sobre o "trampolim" da mudança): as calamidades climáticas, as catástrofes ecológicas ou as novas epidemias nos fazem tomar consciência da importância de mudar de forma radical nosso modo de viver. Pelo menos potencialmente, porque a memória é curta, o pavor é efêmero e as boas resoluções são logo esquecidas.

Parece haver cada vez menos gente indiferente, muitas estão vagamente a par do problema do fim de um ciclo, do fim de um mundo e do fim de um modo de vida... Mas daí a ser entusiastas da mudança...!

Como veremos, por interesses pessoais ligados ao velho paradigma, uma ampla maioria é *a priori*, se não hostil, pelo menos refratária à mudança, apesar da "tomada de consciência". A batalha corre o risco de ser dura, e nosso primeiro desejável, que era uma mutação tranquila e rápida, está longe de ser alcançado...

Diz a sabedoria chinesa, porém, que "uma viagem de mil lis sempre começa com um passo". Cabe a nós dar esse primeiro passo!

As fontes de resistência à mudança

A revolução noética está em marcha. O paradigma humano está mudando. Ele chegará ao fim de si mesmo ou as forças de resistência e de inércia triunfarão? Toda a questão do futuro do homem na Terra está na resposta a essa pergunta.

Que forças de resistência e de inércia ao movimento rumo à noosfera são essas?

Elas são de duas ordens e vêm de duas fontes principais: dos que têm medo de entrar na noosfera (medo do desconhecido) e dos que têm medo de sair da sociosfera (medo da mudança).

Parece que a primeira categoria é menos numerosa do que a segunda, que cresce com todos aqueles que, de perto ou de longe, de modo direto ou indireto, lucram com a situação atual, por mais suicida que ela seja a médio prazo.

Antes de falar com mais detalhes sobre as forças de resistência, uma palavra sobre o medo. A resistência à mudança está sempre ligada ao medo: como vimos, medo do desconhecido ou medo da própria mudança.

Curiosos, esses medos. Curiosa, essa falta de espírito de aventura, de gosto pelo fazer. Curiosa, essa ausência de curiosidade. Seriam inerentes ao ser humano? Então, o aventureiro e o empreendedor são "marcianos", doidos ou no mínimo excêntricos? Ou serão inerentes a nossa época saciada, amorfa, assistida, lobotomizada? Deixo essas perguntas em aberto.

O medo, em todo caso, é uma resposta a um perigo – um perigo imaginário, porque, diante de um perigo muito real, não temos tempo de ter medo, apenas agimos.

Resposta a um perigo imaginário, portanto... Ao que imaginamos ser ou poder ser um perigo, à percepção negativa que temos do desconhecido, à imagem inquietante que criamos desse desconhecido.

Será que o homem é tão covarde porque nasce terrivelmente fraco e permanece dependente por um bom tempo? Será que foi essa covardia que desenvolveu sua inteligência? Devemos ver na fraqueza física a fonte da força mental?

Fechemos aqui o parêntese e voltemos a nossa força de resistência.

Se o apego à sociosfera contra a revolução noética é um crime (o mais grave, o que leva a humanidade à morte), a pergunta é: quem lucra com o crime? Quem são os que não têm nenhum interesse em ver o político e o econômico marginalizados, os "valores" antigos abalados?

Na esfera política, antes de tudo...

Em primeiro lugar, há toda a classe política, que hoje ocupa uma posição privilegiada, com suas prerrogativas, seus privilégios (os do poder) e suas sinecuras. Amanhã, essa classe política não ficará de braços cruzados, mas será descentrada, marginalizada, banalizada; os políticos serão apenas administradores: adeus glória, corpo a corpo com o povo, histeria eleitoral, comícios de militantes, exaltação midiática... Só restará o trabalho, o dia a dia, sem glória nem brio.

Por trás da classe política, há todos os cupinchas, os que vivem dos aparelhos partidários, do militante ao secretário, passando pelos cartazeiros, os fila-boia e as marias alguma coisa, para não falar dos beneficiários do clientelismo generalizado (quando não há mais ideia, projeto ou vocação,[22] só resta o clientelismo para encher as urnas...).

Há também as legiões de funcionários e assemelhados, que incham de modo ultrajante a burocracia pública: legiões, em sua maioria, de inú-

---

22 E como haveria, nesses tempos de pensamento único?

teis, de parasitas, de vagabundos, que, como mostrou Michel Crozier em seu delicioso *O fenômeno burocrático*, passam o tempo inventando coisas para fazer que não farão e assim provar que estão sobrecarregados e sem pessoal. Grande parte dessas coortes desaparecerão, e o restante se tornará uma verdadeira força a serviço dos que servem à noosfera. Desemprego? Tragédia social? Não. Alocação universal.

Há também os assistidos de toda espécie, em tempo integral. Todos que, em alguns casos legitimamente e em sua maioria ilegitimamente, vivem como parasitas da sociosfera e dependem dela para sua sobrevivência quotidiana. Todos que mamam o tempo inteiro nas tetas desses poderes políticos que dizem garantir seu sustento, seu lazer e sua segurança, sem outra contrapartida além de votos. Sem falar da "gestão" de todos os assistencialismos, que gera burocracias pletóricas. Mais uma vez, a alocação universal resolveria tudo isso de uma vez.

Há, além disso, todas aquelas empresas que vivem apenas de negócios de Estado e de encomendas ministeriais; elas poderão continuar a trabalhar para a administração do Estado, mas muito menos, com outros vínculos, outras exigências e outros preços.

Há, por fim, todos os valentes nacionalistas e patriotas, preocupados ou obcecados com a soberania nacional, tão orgulhosos do que são (com razão) e tão certos de valer mais do que os estrangeiros (sem razão), todos os defensores do cada qual em seu país, do sedentarismo petrificante (o que é completamente diferente do apego preferencial a uma região), todos os turiferários de todos os protecionismos, todos os amantes das fronteiras e de seus guardiães (exceto quando confiscam sua pinga), todos os etnocêntricos que, no entanto, em sua grande maioria são historicamente bastardos. Para todos esses, a descentralização do político e o fortalecimento dos outros poderes, todos eles transnacionais, são um drama para o ego, para a identidade, para o espaço íntimo pessoal. Eles se oporão e erguerão suas bandeiras. Para todos esses, cito a frase de Max Planck: "A verdade não triunfa jamais, seus inimigos é que desaparecem".

Na esfera econômica, em seguida...

Há o mundo das finanças e dos financistas; para eles, a marginalização do econômico e a derrocada dos mecanismos capitalistas são o fim do mundo. Como no futuro a maior parte da economia se dedicará ao imaterial e não precisará mais de capitais, de financiamentos de médio e longo prazos, de investimentos pesados, o mercado do dinheiro ficará restrito ao financiamento de curto prazo, com rendimentos tão pequenos que os fundos não sairão mais daí e a copiosa massa salarial dos homens de finanças derreterá como gelo. Garantia de êxodo.

Há as bolsas e a coorte de especuladores, fundos de pensão e corretores; a economia noética marcará o quase fim da especulação financeira, não por motivos ideológicos ou morais, mas por desaparecimento natural dos nichos de especulação (pela não capitalização, pelo curto tempo de vida das empresas, pelo risco ligado às pesquisas noéticas, pela imprevisibilidade crescente dos mercados...). Com isso, paira sobre toda essa gente uma ameaça extraordinária: o fim do dinheiro fácil, do dinheiro que "trabalha sozinho", como se dizia tempos atrás.

Há os saqueadores e os poluidores da natureza, as indústrias, as transportadoras e todas as profissões que vivem de massacrar e sujar a natureza, muitas vezes de maneira irreversível. O princípio da frugalidade provocará uma queda drástica no consumo de produtos, portanto, muitos fecharão as portas. O princípio do valor de uso[23] provocará uma alta proibitiva dos preços pela incorporação imediata de todos os custos reais e futuros gerados pela fabricação dos produtos. E o princípio da ecologia simplesmente impedirá que eles causem danos. Ou essas empresas se oporão ou se reciclarão.

Há as transportadoras, não mais como poluidoras, mas como setor em retração, já que o novo nomadismo será muito mais virtual do que real, a economia de consumo será cada vez mais local, com produtos regionais e de estação,[24] e o princípio da frugalidade implicará a redução ao mínimo o deslocamento de pessoas e coisas. Os trens serão o meio de transporte dominante para o que restar para transportar. É evidente que, atrás das transportadoras, vêm as indústrias aeronáutica e automobilística, assim como as companhias aéreas (o marasmo atual é só o começo), a indústria do turismo, as empresas que prestam serviços ao Estado, as concessionárias de estradas etc.

---

23 Ver no capítulo anterior a transição do valor de troca para o valor de uso para todos os bens e serviços.
24 Não haverá mais grandes importações/exportações em caminhões que obstruem, engarrafam e empesteiam as estradas.

Há os sindicatos e as atividades conexas, que perderão a utilidade quando os salários e grande parte de suas regulamentações e obrigações desaparecerem. Nas últimas eleições para o conselho de arbitragem dos processos trabalhistas na França, houve 67,4% de abstenção; a grande vencedora (a comunista CGT) representa *in fine* 12% da população votante, ou seja, nada! Mas essa gente se acostumou a lutar, com unhas e dentes, por seu fundo de comércio nos últimos sessenta anos, que só serviram para reivindicar "menos trabalho e mais dinheiro". Inúteis, mas aguerridos.

Há os burocratas do setor privado, que, de mãos dadas com seus colegas públicos, agarram-se às tarefas ancilares e processuais, arcaicas e superfetatórias na era da fluidez e da informática. A era noética não precisará mais deles.

Há sobretudo todos os incompetentes, todos os subqualificados, todos os semianalfabetos que um dia talvez compreendam que a passagem para a sociedade do conhecimento e da criação vai transformá-los em deficientes culturais graves, excluídos, rejeitados.

Estamos vivendo uma profunda mudança paradigmática. Estamos mudando não *o* mundo, mas *de* mundo. As grandes empresas industriais desaparecerão, sobretudo na Europa. As massas trabalhadoras que se dividirão em três caminhos: uma parte (a mais preparada e "cerebral") será absorvida pelas profissões do imaterial (serviços de alto valor agregado, perícia, criação, pesquisa e formação); outra parte (a mais habilidosa em termos de *know-how* prático) voltará às profissões artesanais (que, prometo, terão um belo futuro); a última parte entrará no sistema assistencial (enquanto os Estados não forem à bancarrota, o que não deve demorar).

Seja qual for o caminho, a mudança passa pelo empreendedorismo.

O tecido econômico que sobreviver à grande "revolução noética" (a passagem da sociedade industrial e capitalista para a sociedade do conhecimento e da informação, da sociedade do dinheiro para a sociedade dos talentos) será uma vasta malha interligada em redes de PMEs (cognitivas, criativas e artesanais), cuja imensa maioria ainda não existe e que devemos criar com urgência.

Seja como for, para muitos já é tarde demais. Não há nada realmente sério ou eficaz que se possa fazer por eles: sua capacidade de aprender e criar está morta. Ações demagógicas ou humanitárias não adiantarão de nada. A alocação universal pode salvá-los, permitindo que levem uma vida tranquila e serena, com alegrias e sofrimentos a sua altura. Sem alocação universal, será o drama infame da exclusão e da miséria, da queda no quarto mundo. Cinicamente, não constituem uma força intrínseca de resistência, porque não podem compreender a profunda mudança que estamos vivendo, mas podem ser recuperados, manipulados e utilizados por outros para servir a seus interesses.

Na esfera cultural, enfim...

Na esfera cultural, a revolução noética encontrará resistência em uma única categoria, mas será enorme: a dos malandros egoístas, dos hedonistas irresponsáveis, dos obcecados por consumo, "conforto" ou "nível de vida", dos "estou me lixando para os outros", dos que não têm vontade de "sacrificar" nada pelo futuro da humanidade, se isso os privar de alguns pequenos prazeres, da satisfação de alguns pequenos caprichos ou da fama. Sabem muito bem que a humanidade cava sua própria ruína, fechando-se na sociosfera. Mas não dão a mínima para isso. Eu primeiro, a humanidade depois – se sobrar alguma.

Mas se forem vítimas (de atentado, poluição, nova epidemia, ondas prolongadas de calor, carência de alguma coisa, alta de preços, especulação financeira ou imobiliária etc.), o drama está armado: "O governo não faz nada!". Cadê o bode expiatório? Quem é o responsável? Rolem as cabeças!

Eles se tornam cegos de repente, porque não veem que não é o governo que deve se responsabilizar por suas vidas, mas eles mesmos; os únicos bodes expiatórios ou responsáveis são eles mesmos, e só uma cabeça rolará: a deles.

Essa categoria tão numerosa é a dos homens imaturos, infantis, incapazes de se assumir e de se responsabilizar por eles mesmos, a de todos os encasulados de corpo e coração, de alma e intelecto, que acreditam que a felicidade está na despreocupação cômoda e farta, a de todos os adeptos da política do avestruz, que à menor contrariedade enfiam suas cabeças vazias no caviar.

É esse infantilismo endêmico que, mais do que todas as outras, será a grande fonte de resistência à revolução noética, seu inimigo número um. Devemos combatê-lo, e a única arma possível é o verbo: livros, conferências, programas de rádio e de televisão, estágios, seminários, artigos de jornal e de revista...

Os motores da mudança

A mudança está ocorrendo, naturalmente. A era noética se inicia, mas ainda pode recuar se as forças de resistência triunfarem. A mudança deve ser estimulada para que o processo não emperre. E há duas maneiras de fazer isso.

A primeira é mecânica: é o mito da revolução, sempre romântico, sempre violento, comandado por meia dúzia de *guerrilleros* heróicos, que tomam o poder e instauram a nova ordem. É o método "Che" Guevara, para usar um personagem pouco brilhante como imagem. Como vimos, esse tipo de revolução, do qual derivaram as revoluções inglesa, francesa, russa e chinesa, sempre conduz a regimes piores do que aqueles que foram derrubados: a violência provoca e amplia a violência.

A Revolução Inglesa (1648) foi absorvida pelo movimento puritano de Cromwell, que instaurou uma sangrenta ditadura pessoal. A Revolução Francesa (1789) afundou no terror (1793) e no bonapartismo (1799). A Revolução Russa (1917) foi confiscada pelos bolcheviques de Lenin e naufragou no stalinismo. A Revolução Chinesa (1911) foi tomada por Mao Tsé-tung e degenerou no catastrófico "Grande Salto Adiante" (1958) e na sangrenta "Revolução Cultural" (1966). A única revolução que escapou foi a americana (1776), justamente porque não foi uma revolução "mecânica".

A segunda maneira de estimular a mudança é sistêmica, ou seja, ocorre por percolação (hoje diríamos por *marketing viral*), por efeito de bola de neve, por propagação, por boca a boca. Se houver uma minoria ativa, será pelo boca a boca, em toda parte, pelo verbo e pelo exemplo, entre os *cultural creatives* (criadores culturais).

É curioso que a pesquisa realizada por Paul H. Ray[25] (do Institute of Noetic Sciences, Sausalito, Califórnia, www.noetic.org) tanto nos Estados Unidos quanto na Europa tenha revelado que cerca de 30% da população adulta entrevistada já havia participado, de uma forma ou de outra, da cultura e do paradigma noéticos, mas considerava-se uma exceção marginal e totalmente isolada.[26]

O movimento virá da sociedade civil, pelo menos de parte dela (dos criadores culturais em essência). As instituições, sejam políticas, econô-

---

25 Ler seu *Emergence des créatifs culturels, un changement de société* (Gap: Yves Michel, 2001).
26 Ver no capítulo "O homem noético" a seção dedicada aos *cultural creatives*.

micas, acadêmicas ou religiosas, estarão globalmente do lado da resistência à mudança, portanto, não devemos contar com elas.

Do ponto de vista político (pelo menos no nível nacional, nem tanto talvez no nível transnacional ou local, isto é, Unesco, União Europeia, associações locais etc.) e cultural (acadêmico e religioso), não há dúvida: as instituições de poder, pelo fato de se basearem ontologicamente no paradigma "moderno" e em suas ideologias, só podem se opor ao movimento noético.

Do ponto de vista econômico, não é tão seguro: os setores primário (extração), secundário (indústria) e terciário (serviços, finanças e distribuição) serão naturalmente contra; os setores primário (agrícola), secundário (artesanal), terciário (lojista) e quaternário (pesquisa, perícia e criação) poderão, em determinados casos, ser muito favoráveis ao crescimento do paradigma noético.

Resumindo, o mundo econômico divide-se cada vez mais em dois: de um lado, a maioria das grandes empresas clássicas; de outro, as PMEs, os artesãos e grandes empresas cujo funcionamento se baseia em uma rede de PMEs "internas".

Estas últimas, provavelmente já bastante inseridas nas atividades do setor quaternário, terão um papel crucial na revolução noética: têm um poder e uma visibilidade que os indivíduos, os artesãos e as PMEs não têm).

Mas é preciso tomar cuidado para que não tomem conta do movimento, reduzindo-o a seus interesses e preocupações puramente "sociosféricos". Seu papel será mais de mecenato do que de investimento ou financiamento clássicos.

Como vemos, desde que seja estimulada de maneira adequada e contínua, a revolução noética será uma revolução tranquila e talvez até rápida: o tecido social está pronto para absorver as manchas de óleo que forem derramadas.

Os grandes canteiros de obras

A revolução noética está em marcha. Essa a única oportunidade de sobrevivência da humanidade. Como acabamos de dizer, deve ser estimulada e também orientada.

O objetivo dos parágrafos a seguir é explorar certas pistas que nos parecem terrenos privilegiados de reflexão e trabalho para os próximos anos.

Pesquisa

De um modo geral, a pesquisa será a atividade básica da era noética. Mas a palavra "pesquisa" deve ser tomada em seu sentido mais amplo: científica (nos quatro campos das ciências da matéria, da vida, das sociedades e do pensamento), tecnológica, sistêmica, filosófica, ética, espiritual, estética, artística etc. Enriquecer sempre a noosfera será a preocupação principal e constante dos homens noéticos, e todo o resto será subordinado a essa atividade central e estratégica.

No entanto, há campos mais específicos que a era noética nascente revela como particularmente prioritários para a aceleração da revolução noética.

O primeiro abrange todas as ciências cognitivas em geral: o cérebro, a arquitetura das funções mentais, as linguagens, os conceitos e as teorias (e aqui nos aproximamos da epistemologia), as representações como fundamento do espírito etc.

O segundo é o das técnicas criativas e dos métodos de criação: como todo virtuosismo, a criatividade exige talvez um dom inicial, mas requer sobretudo muita técnica e muito exercício, como o violino ou o piano. E, depois, nem todos os músicos são necessariamente gênios, existem muitos músicos aplicados, porém medíocres, como eu, que, na falta de gênio, praticam música pelo prazer. No caso da criatividade, acontece o mesmo: sem dúvida, haverá gênios criativos excepcionais, mas haverá sobretudo um número enorme de trabalhadores que devem estudar técnicas e métodos para compensar a falta de gênio...

O terceiro trabalha as metalinguagens: as linguagens não lineares complexas (como a metáfora ou os métodos simbólicos), únicas capazes de captar e comunicar globalmente uma problemática complexa. O campo é vasto e pouco explorado, que eu saiba.

O quarto visa às teorias e aos modelos combinatórios que permitirão sistematizar e em parte automatizar os métodos e os operadores de combinações múltiplas entre os elementos de conhecimento a fim de fornecer ao cérebro direito todo um campo de soluções possíveis para dado problema. Por sua vez, este deverá, por intuição ou iluminação, escolher, testar, eliminar e validar as que parecerem, das soluções propostas, as melhores.

O quinto diz respeito, em geral, às ciências do complexo, às teorias relacionadas a ele (estruturas dissipativas, caos, fractais, atratores, catástrofes etc.) e às suas aplicações em todas as áreas (administração de empresas, informática, telecomunicações, robótica, organização, cibernética etc.).

O sexto (hoje o mais avançado) continua a desenvolver todas as teorias e tecnologias ligadas ao processamento, ao armazenamento e à transmissão de informações. Temos aí as TICs, as nanotecnologias ligadas à miniaturização extrema dos suportes informacionais e as tecnologias de transmissão de dados a altíssima velocidade.

O sétimo e último campo prioritário é o estudo das estruturas e dos processos de evolução em sentido amplo, não só para traçar as genealogias e as arborescências evolutivas passadas, mas também para desenvolver não métodos preditivos (nada está escrito!), mas prospectivos, que possam definir melhor os possíveis e avaliar melhor os desejáveis.

Educação

Depois da pesquisa, que está no coração e é o coração (no sentido quase anatômico) da era noética, a educação (no sentido amplo anglo-saxão, que engloba todos os ensinamentos de todos os níveis e todas as formações de todos os tipos) é hoje a principal prioridade. Cumpre dedicar-lhe algumas linhas.

A escola de Jules Ferry, republicana, igualitária, laica e gratuita para todos, foi uma bênção do início da década de 1880 até o fim da década de 1940. Depois disso, a politização, a sindicalização e a inadequação progressivas, somadas a uma longa série de catastróficas reformas "experimentais" e a uma trágica funcionalização do corpo docente, fizeram o sistema de ensino sair dos trilhos e cair hoje em um impasse.

A escola tornou-se uma fábrica de analfabetos, de vagabundos e de desempregados. Não consegue atingir nem sequer o objetivo pedagógico básico: ensinar a ler, a escrever e a contar. A maioria de meus alunos de terceiro ciclo (quarto ou quinto ano de faculdade) são incapazes de escrever uma única página sem pelo menos dez erros graves de ortografia e sintaxe. A implantação do euro mostrou quão poucos são capazes de fazer de cabeça uma simples multiplicação, e isso em todas as faixas etárias.

A nota de corte de muitos exames de admissão teve de ser flagrantemente diminuída para se atingir uma massa crítica mínima de alunos. Os ramos científicos, considerados difíceis por causa da aversão crescente à matemática, foram desertados, ao passo que a sociedade real enfrenta uma carência – que em breve será grave – de engenheiros, químicos, biólogos, físicos etc. Já as ciências humanas preencheram suas vagas, mas com que perspectivas profissionais?

Por definição, essas ciências se concentram todas na sociosfera e atraem os jovens no exato momento em que esta sai do centro das prioridades.

O ensino e a educação devem ser repensados, e isso, em todas as etapas e em todos os níveis, implica enfrentar um dilema difícil.

Por um lado, aprender a saber perde cada vez mais interesse, já que a memória eletrônica é infinitamente mais poderosa e confiável do que a memória neuronal: o cérebro humano é uma fabulosa fábrica de criar, não de memorizar. Mais do que entupir de fatos, dados e fórmulas que deverão ser engolidos e devolvidos de cabeça, é melhor ensinar a buscar, captar e validar as informações. Temos de ensinar a aprender: aprender linguagens, métodos e ferramentas de busca de informações de qualidade, aprender onde procurar e de quem sabe, aprender a cruzar e a verificar. Enfim, aprender mais as tipologias e a organização do conhecimento do que os próprios conhecimentos, e saber que existe sem necessariamente saber o que existe.

Por outro lado, retomando a metáfora culinária, são necessários ingredientes de qualidade, caldos básicos, facas e panelas para criar respostas ou ideias, para procurar soluções. O cérebro não pode ser eficiente, se não estiver recheado de saberes básicos e sintéticos, tipológicos e metodológicos, sem os quais nenhuma pesquisa ou criação autêntica é possível.

Está aí todo o dilema: não aprender objetos (fatos, dados, teorias, modelos), mas processos (métodos, linguagens, tipologias). A diferença é crucial.

"Waterloo 1816, Blücher ou Wellington" não interessa. O que interessa é o processo histórico subjacente: a degradação da Revolução Francesa desde Robespierre até o império totalitário e belicoso contra o qual as aristocracias europeias se uniram. Waterloo é um epifenômeno inelutável: Napoleão tinha de ser eliminado, porque nenhuma estrutura é viável a longo prazo na e pela violência. É isso que devemos saber. O aviltamento napoleônico é apenas uma ilustração disso. A ruína do comunismo é outra.

Assim, todas as disciplinas devem ser revisitadas e reformuladas em termos de processos ilustrados por fatos (que logo serão esquecidos, porque os manuais e as enciclopédias estão recheados deles). Devemos inventar uma pedagogia dinâmica (a dos processos) que suplante as pedagogias estáticas (a dos fatos, dos objetos, dos epifenômenos).

Também devemos inventar outros lugares, outros métodos de aprendizagem. Em tempos de *web* e trabalho à distância, a escola clássica ainda é concebível? Tem sentido reunir os alunos nas salas ou nos anfiteatros em horários fixos?

É evidente que o contato com os "mestres" é indispensável, que o trabalho de equipe também ser aprendido e que todo aprendizado é também um aprendizado da sociabilidade. Não se trata de modo algum do "tudo, em casa, sozinho, quando eu quiser". Tudo? Não, é claro, mas boa parte...

O aprendizado de amanhã, em todas as idades, será sobretudo autoaprendizado. A escola e a universidade serão, em grande parte, virtuais: estudar será sentar em frente ao computador, trabalhar a matéria na hora mais adequada e comunicar-se com os professores por e-mail para corrigir os exercícios ou pedir explicações suplementares. Mas não serão só virtuais: serão também lugares reais de aprendizado prático, de experimentação, de demonstração, de confrontação com o real; enfim, serão lugares de prática e não mais de teoria, como é o caso hoje.

E essa pedagogia do prático deverá forçosamente abandonar o caminho do ensino *ex cathedra*, que se tornará digital (e os mandarins desaparecerão). Deverá inventar métodos novos, cujas pistas são dadas por essa maravilhosa escola da prática de altíssimo nível que são as associações de companheiros.

O programa Erasmus não é uma espécie de Volta da França dos companheiros, redescoberto e reformulado? Não é a resposta ao desejo de Montaigne de que houvesse mais cabeças bem feitas do que cabeças bem cheias? Não é o caminho da excelência, reconhecido há séculos? Ou da ressacralização do conhecimento por meio do aprendizado iniciático, em vez do acadêmico?

Ainda há as questões relativas à logística educacional, como: que diplomas, que cursos, que métodos de avaliação?

Parece evidente que a atual estrutura compartimentada (faculdades, carreiras, cursos) está com os dias contados: em primeiro lugar, porque esses compartimentos provocam ineficiência interna (reprodução, repetição) e externa (inadequação patente ao mercado de trabalho); em segundo lugar, porque a complexificação ambiente exigirá cada vez mais interdisciplinaridade e nomadismo, personalização dos programas (estudos *à la carte* dentro da lógica de prerrequisitos), interligações e interações entre conhecimentos classicamente estranhos uns aos outros.

A noção de diploma global está fadada a desaparecer e ceder lugar aos certificados específicos.

Se há um futuro para as universidades, será como lugar de pesquisa coletiva e de prática compartilhada, e não como lugares de memória e de discurso.

O trabalho individual ou dialógico, tanto de pesquisa como de aprendizado, ocorrerá fora dos *campi*, de modo virtual.

A universidade de amanhã será, em primeiro lugar, um laboratório, um atanor alquímico em que as ideias encontrarão a matéria (inerte, viva ou humana) em busca de improváveis transmutações.

De modo mais geral, a educação humana, até aqui restrita ao exercício das capacidades intelectuais racionais, deve enfim compreender o homem como um todo, como uma alquimia harmoniosa entre um corpo que deve aprender a se cuidar, um coração que deve aprender a amar e sentir, um espírito que deve aprender a compreender e criar e uma alma que deve aprender a contemplar e meditar.

Essa perversão analítica da fragmentação do homem precisa acabar: a escola produz, talvez, cérebros cartesianos (embora cada vez mais ignaros), mas produz também corpos obesos, corações secos e frustrados, almas vazias e desesperadas.

Saúde

O problema da saúde complexifica-se por três razões: o envelhecimento da população, a falência dos sistemas de seguridade social e os impasses da medicina cartesiana.

O envelhecimento da população é um dado demográfico incontornável, uma tendência duradoura. Provoca transformações profundas na estrutura das necessidades individuais e coletivas: alimentação e hospital, mas também infraestrutura coletiva, fisioterapia, próteses, deslocamentos, cosméticos, produtos de beleza, lazer, casas de repouso etc. Também exige novas pesquisas para conhecermos melhor seu processo. Mas traz sobretudo o problema da relação dos idosos com a noosfera, porque as técnicas e as práticas noéticas são muitas vezes completamente estranhas às camadas mais idosas da população, que se veem excluídas delas.

As ferramentas e as modalidades de comunicação virtual, em especial por e-mail, poderiam ser importantes paliativos para a solidão e o abandono dos mais velhos, mas é preciso que eles tenham acesso também, técnica e intelectualmente, a um local de trabalho repensado para eles.

A falência dos sistemas de seguridade social é inevitável, não só pela má administração, pela burocratização e pela funcionalização, mas, de modo mais profundo, porque a base de seu fundamento é viciada e incompatível com o funcionamento da sociedade noética.

Eu explico.

Os sistemas clássicos de seguridade social nasceram de uma vontade política socializante e igualitária louvável no fim da Segunda Guerra Mundial, em meio à euforia da estatização do processo de reconstrução. Isso provocou uma maquinaria de assistencialismos generalizados e fraudes demagógicas, cujo pior efeito é a total falta de responsabilidade dos indivíduos (pacientes, médicos, hospitais, clínicas, profissionais da saúde e farmacêuticos) com a saúde e seu custo social. As portas se abriram para todos os tipos de abusos; hoje, as pessoas tomam remédio como chupam bala.

Ao menor "dodói", correm para o médico.

Ao menor resfriado, correm para os prontos-socorros.

À menor ruga, correm para a mesa de cirurgia.

À menor contrariedade, entopem-se de tranquilizantes, ansiolíticos e soníferos, que depois exigem estimulantes para compensar o torpor.

Ao menor problema profissional, tiram licença médica.

Abuso, complacência, mercantilismo, corporativismo e clientelismo são o quinhão natural de um sistema que desresponsabiliza tudo que ele atinge com seu assistencialismo exacerbado. Isso acaba saindo caro demais. E leva à falência.

As ações político-financeiras de "reforma" da previdência são inúteis, porque é o próprio princípio do sistema que é falso.

Cada indivíduo deve se reapropriar de sua saúde e de sua responsabilidade por ela.

O princípio da alocação universal vai totalmente nesse sentido.

Mas isso não basta, porque se trata, antes de mais nada, de um problema de educação, que deve ser revisto da base, com o aprendizado contínuo, desde a mais tenra idade, de práticas de higiene, dietética, profilaxia, primeiros socorros, massagem, exercícios físicos etc. Contra o idealismo cientificista e puritano, a escola deve reintroduzir com urgência o corpo em seu currículo.

Os impasses da medicina cartesiana revelam-se com cada vez mais frequência: nas novas epidemias, mas sobretudo no mal-estar e no mal-viver da maioria de nossos contemporâneos (em particular nas cidades).

Um amigo médico, mas também filósofo lúcido, fazia o seguinte cálculo: mais de 75% dos pacientes sofrem de "doenças" psicossomáticas e, para sarar, só precisam de um pouco de atenção, amor e compaixão. Como hoje todos os médicos são stakhanovistas, não podem (mais?) perder tempo, por conseguinte, há cada vez mais doentes e cada vez menos curas, os médicos têm cada vez menos tempo e, por isso, deixam cada vez mais para a química o cuidado de dissimular o mal-estar que eles não têm mais tempo de tratar...

Na verdade, esses 75% dos pacientes não têm nenhuma necessidade de médico. E menos ainda desses aprendizes de feiticeiro da alma que são os psicólogos; com eles, a lei dos efeitos perversos[27] é ainda mais patente do que nas outras áreas.

Há, portanto, 25% de casos em que a medicina pode realmente cumprir seu papel. E aí o sucesso é bem pequeno, porque a medicina ocidental clássica é mecanicista e analítica. Ela corta, disseca e analisa bem, mas não compreende o todo do homem. Aliás, não compreende quase nada. Ora, na maioria dos casos, é de seu todo que o homem sofre, e esse sofrimento global se traduz em efeitos particulares e locais, não raro mutáveis, que evoluem segundo "lógicas" estranhas. O homem é um ser homeostático,[28] que deve ser considerado no todo.

---

27 Como já disse em capítulos anteriores, essa lei diz que toda interferência pontual em um sistema complexo provoca reações que tendem a amplificar os efeitos que essa interferência pretendia corrigir ou eliminar. O caso típico é o das ações de política econômica, que no fim sempre provocam mais crise e miséria, além da que já existia. O mais belo exemplo disso são as calamitosas 35 horas inventadas pela calamitosa Martine Aubry.

28 A homeostasia é um princípio sistêmico que enuncia a noção de equilíbrio dinâmico global. O exemplo mais conhecido é a temperatura do corpo, que é homogênea e regulada com precisão no corpo todo, sem necessidade de termostato ou caldeira central.

Portanto, é imperativo que a medicina se torne holística e renuncie a esses modelos mecanicistas.

O campo de pesquisa é imenso... E urgentíssimo, se a medicina pretende contribuir para diminuir o mal-estar em nossas sociedades.

Nesse caso, nem tudo está por inventar. As medicinas do Extremo Oriente e certas medicinas ditas alternativas ou tradicionais já possuem um imenso reservatório de conhecimentos subutilizados, que devemos aprender a incorporar e utilizar.

Não existe panaceia. Seria errado mergulhar no romantismo dos "bons e velhos tempos" que nunca existiram, assim como seria criminoso acreditar que os remédios *de boa fama*[29] são a resposta universal a todos os nossos males. Mas seria – e é – criminoso rejeitar em bloco todos esses conhecimentos, sob pretexto de que não se adaptam ao cientificismo racionalista.

Para estar à altura da sociedade noética que se inicia, a medicina terá de renunciar à soberba e ao orgulho e reconhecer que não sabe quase nada sobre a vida. Terá de renunciar à visão mecanicista (Descarte falava de animais-máquinas e de corpos-máquinas) e analítica (a dissecção como ferramenta de investigação, ou seja, querer compreender a vida observando os pedaços de um morto). Enfim, terá de renunciar a aliviar e aprender a curar.

Político

Primeira dimensão do problema: a vida, o mundo e o real são complexos, ao passo que nossas sociedades e instituições são apenas complicadas – e a complicação nunca é a resposta adequada para a complexidade. Por isso, nossas sociedades e instituições são cada vez mais inadequadas à complexificação crescente do mundo real. Daí a explicação das rupturas cada vez mais profundas e radicais entre a sociedade civil e a política.

Na origem dessa inadequação está o fato de que as instituições políticas e suas referências fundadoras se apoiam em ideologias,[30] todas elas fabricadas em um século XIX cientificista, positivista e racionalista.

---

29 Mais uma vez... Do latim *fama*: "reputação". Nada a ver com as boas "mulheres" [*femmes*, as duas palavras são homófonas em francês (N. T.).].
30 Isso vale para capitalismos, liberalismos, socialismos, comunismos, sociais-democracias e movimentos cristãos oriundos da encíclica *Humanum genus*...

O pensamento político não evoluiu. É mais ou menos como se a física teórica de hoje ignorasse as descobertas de Einstein, Planck, Bohr, Heisenberg, Lemaître, Feynman e outros, restringindo-se deliberadamente aos conceitos de átomo indivisível, de espaço e de tempo absolutos, de mecânica newtoniana e de movimento galileano.

Por que a política emperrou? O processo teve três momentos.

Primeiro momento: as ideologias dominantes foram criadas e pensadas segundo os métodos da época, a saber, o reducionismo e o simplismo. O exemplo típico é o marxismo: reduzir toda a complexidade social à luta de classes (de duas classes, na verdade, a burguesia e o proletariado) é simplesmente estúpido. Da mesma forma, a crença liberal na "mão invisível" de Adam Smith como único regulador da sociosfera é bem fé de carvoeiro. Mas a época queria assim. Nem mesmo a grande carnificina mundial de 1914-1918 abriu os olhos da maioria, apesar de que alguns (como Romain Rolland ou Paul Valéry) tivessem uma íntima consciência do "mal-estar".

Segundo momento: sobretudo depois do fim da Segunda Guerra Mundial, a complexidade real do mundo decolou, aumentando pouco a pouco a distância que a separava das ideologias simplistas. No entanto, como o contexto democrático se tornou demagógico,[31] pela ignorância e pela irreflexão das massas eleitorais, foi impossível mudar as referências do discurso político. Ao contrário, o recurso cada vez mais sistemático à *mass media* aumentou ainda mais a necessidade de simplificação a todo custo, até que o *slogan* ou o insulto tomassem o lugar do programa.

Terceiro momento: ainda foi necessário aplicar esses *slogans* absurdos e inadequados à prática institucional para atender às expectativas do clientelismo ambiente. Foram adotados "planos", "medidas" e "reformas" conformes ao simplismo das "ideias", mas confrontados com a complexidade do real. Daí surgiu essa complicação institucional, funcionalista e burocrática que envenena o funcionamento social e prova, se necessário, que é impossível construir o complexo com o simplista.

Hoje, o político está preso em seus tabus obsoletos: se quiser ser linchado antes de concluir a frase, ponha em dúvida o estadismo, a democracia, os serviços públicos, o igualitarismo etc. Ponha em dúvida os pila-

---

31 Repetimos: na falta de um projeto coletivo forte (como a realização noética do homem), a democracia está condenada a virar demagogia. Não há alternativa.

res inamovíveis do vocabulário político e verá como o acusarão de fascista, enfileirando diante de seu nariz as infâmias de todos os totalitarismos que ensanguentaram a pobre Terra.

Como se a única alternativa à democracia fosse o totalitarismo.

Como se a "democracia", hoje, não fosse um totalitarismo de Estado, brando e insidioso, que cultiva os métodos da Gestapo quando se trata de fiscalização e os da repressão policial quando se trata de "segurança".

Como se o poder político não tivesse sido confiscado por um pequeno grupo de pessoas (algumas centenas, quando muito) que, seja qual for o resultado das eleições, estão sempre no centro desse jogo político artificial e superficial, cada vez mais distante da realidade complexa e irredutível a um *slogan* qualquer.

Segunda dimensão do problema: como uma das duas faces da sociosfera, o político afasta-se até se tornar marginal e "logístico" em relação ao centro noético das sociedades do amanhã. A única função que lhe resta é garantir a paz, para que o processo noético possa se desenvolver sereno e tranquilo.

Como vimos, essa descentralização provoca grandes resistências de todos aqueles que vivem direta ou indiretamente da antiga posição central do político no funcionamento de nossas sociedades (e eles são numerosos). Políticos, aduladores, militantes, funcionários, jornalistas políticos, publicitários, empresas públicas, serviços públicos e fornecedores, sem falar dos beneficiários de todas as sinecuras, de todos os clientelismos e nepotismos.

O trabalho urgente em relação ao político é fazer essas resistências aderirem à revolução noética, não tanto para enfraquecer o Estado (seria entrar no jogo de todas as potências extremistas ou mafiosas que estão só à espera disso), mas gerar dois movimentos complementares e paralelos.

Em primeiro lugar, despolitizar o político, banalizá-lo, reduzi-lo ao que ele é, isto é, um conjunto de serviços (segurança, transporte, infraestrutura etc.) à disposição dos membros que preferem as soluções públicas às soluções privadas concorrentes. A carteira de identidade terá a mesma natureza de um cartão de crédito: uma afiliação que escolhemos de livre e espontânea vontade e que exige um pagamento para termos direito a certos serviços (bem administrados, o que está longe de ser o caso).

Em seguida, reforçar a responsabilidade pessoal dos indivíduos, que devem imperativamente assumir e se reapropriar de suas vidas. Esse campo de luta feroz contra todas as formas de assistencialismo é talvez o mais urgente.

O paradoxo atual nasce da confusão muito cristã entre solidariedade e caridade.

Solidariedade, sim!

Caridade, não!

A caridade acarreta dependência e assistencialismo institucional. Ela avilta, fere, frustra e ainda fortalece a desigualdade e a exclusão, em vez de eliminá-las.[32] É uma injúria à dignidade humana.

Prima da condescendência e da boa consciência, visa apenas aliviar (por pouco tempo) a dor, mas nunca curar o mal. Ao contrário, pela dependência que provoca, ela o confirma e o alimenta.

Nietzsche já denunciava (e com que virulência!) as morais de escravidão e de piedade induzidas pela genealogia cristã das ideias. Ele não foi ouvido... E hoje vemos aonde nos levou a onda caritativa: ao impasse dos guetos, das violências, das exclusões e dos quartos mundos irredutíveis, irreversíveis e incuráveis.

A instrução de um processo contra a caridade seria um bom tema de peça de teatro, mais ou menos nos mesmos moldes de *A controvérsia...*

Caridade, não!

Solidariedade, sim!

Mas que solidariedade? Uma solidariedade impessoal, anônima, imposta a todos para todos por um Estado soberano, único motor da arrecadação e da redistribuição? Uma solidariedade puramente financeira e monetária, que não torna ninguém solidário de ninguém e contenta-se em organizar a caridade pública ou a sopa dos pobres? Uma solidariedade "Restos du Coeur",* que, por mais simpática e espontânea (e realmente solidária e livre) que seja, não evita a questão da dependência e do assistencialismo institucionalizado a que ela mesmo induz?

Todo o problema vem do seguinte: não existe solidariedade autêntica e eficiente, senão a de proximidade.

Os grandes planos globais, as grandes manobras gerais, as grandes ações coletivas, os grandes programas nacionais estão condenados à ine-

---

32 É sempre a aplicação da lei dos efeitos perversos...

* Associação francesa de restaurantes para a população de baixa renda (N. T.).

ficiência pelo simples fato de que não podem dar conta do essencial: a complexidade real das necessidades individuais das pessoas em questão.

Uma "solidariedade" padronizada, igualitária, formalizada e protocolar só leva ao aparente, ao acessório, ao superficial. Limita-se à distribuição de dinheiro, ao quantitativo, ao ponderal, enquanto o desespero real vai muito além disso e chora por coisas muito diferentes.

Para chegar até ele, só pela ação individual, personalizada, próxima.

Essa ação é de construção, de libertação, de exigência e de formação, não de piedade!

Por que não citar aqui o belo provérbio chinês, tantas vezes repetido: "Dar o peixe é matar a fome por um dia; ensinar a pescar é nunca mais passar fome".

Se tivéssemos de resumir em poucas palavras as urgências políticas, diríamos:

- eliminar todos os tabus ideológicos (dessacralização das palavras e destruição dos ídolos);
- desfuncionalizar e profissionalizar todos os serviços públicos;
- despolitizar e banalizar o político;
- fazer cada indivíduo assumir e se reapropriar de sua própria existência;
- combater todas as formas de assistencialismo e de dependência;
- liberar e personalizar as solidariedades;
- implantar a alocação universal.[33]

Econômico

O campo econômico é simétrico ao político. Também está sujeito a duas forças: uma ideológica, que aprofunda o fosso entre os que decidem os rumos da economia e o mundo real; e outra de descentramento, que expulsa o econômico do centro da cena.

Vamos analisá-las com atenção.

Assim como o mundo político está comprometido com as palavras-tabus "democracia", "igualdade", "solidariedade", "segurança" etc., o mundo econômico tem o rabo preso com uma série delas (e você será xin-

---

33 Esse último ponto, por já ter sido objeto de explicação, não será repetido aqui.

gado de todos os nomes se as questionar). Essas palavras são "concorrência", "liberdade", "lucro" etc.

Como no caso do mundo político, o mundo econômico funda sua ideologia em pensadores do século XIX (Smith, Ricardo, Bentham, Malthus, Marx etc.) e do começo do século XX (Hayek, Keynes, Friedman etc.).

Mesmas causas, mesmos efeitos: os modelos econômicos redutores e simplistas utilizados ainda hoje pela grande maioria dos economistas e dos governantes são obsoletos e totalmente inadequados à complexidade do mundo econômico real.[34] Daí os erros, os colapsos, as falências às pencas cujos efeitos todos sofremos desde as crises do petróleo da década de 1970.

Não é o mundo que está em crise, é o pensamento econômico.

Muitas pistas podem ser traçadas a partir daí.

Pista 1

A exemplo dos mecanismos de regulação nos ecossistemas reais, a concorrência e a competição (o *struggle for life* darwiniano) não podem ser considerados os únicos processos de equilíbrio econômico. Muito pelo contrário, os processos de cooperação, simbióticos ou mutualistas, são ao mesmo tempo mais ricos, mais prováveis e mais eficientes. Portanto, o dogma da concorrência deve ser amplamente minimizado e os modelos de gestão das empresas, dos setores ou das regiões devem ser repensados com base nesses outros mecanismos de regulação.

É preciso ampliar o ditado americano: "If you can't beat them, join them"* e propor: "Antes de pensar em combatê-los, pense em cooperar com eles".

É curioso como o mundo dos negócios ainda é terrivelmente medieval, com suas baronias, seus territórios, suas guerras ou combates, seus servos sujeitos a derramas e corveias à vontade, sua soldadesca mercantil e seus mercenários,[35] com ou sem escrúpulos...

---

34 Nesse sentido, ver os argumentos práticos apresentados anteriormente que explicam essa divergência crescente, em especial o fato de que a velocidade de propagação (e a massa) dos eventos se tornou claramente superior à velocidade de reação (e o poder real) doa atores.

* "Se não pode vencê-los, junte-se a eles" (N. T.).

35 Como eu, nos dez anos de prática de reerguer e reestruturar empresas por conta de terceiros.

Note que a economia medieval, graças às batalhas e às incessantes perdas de safras, foi muito miserável; não acontece o mesmo hoje, com as ridículas e absurdas guerras de preço que matam setores inteiros de PMEs, justamente os que geram a imensa maioria dos novos empregos?

Aos problemas de fundo postos pela concorrência exacerbada (e corroborada pelo pensamento único ambiente), os processos de reticulação e as arquiteturas em rede oferecem respostas técnicas satisfatórias, ainda que (e isso é muito normal diante da complexificação do mundo) sua aplicação e seu gerenciamento sejam mais complexos do que a paulada no nariz do vizinho...

Mas essas soluções técnicas só decolarão de fato com uma mudança profunda de mentalidade que substitua os valores masculinos (o herói vencedor, o grande conquistador de territórios, riquezas e poderes) por valores femininos (o jardineiro que cultiva sem pressa, com qualidade, frugalidade e muito esmero, um pedaço de terra do tamanho certo para viver feliz, sem necessidade de supérfluos).

"Small is beautiful",[*] já se dizia na Califórnia nos anos 1970. De fato, onde a economia de escala não é mais possível (ou seja, na imensa maioria dos casos, pois a velocidade de obsolescência superou a velocidade de amortização), o tamanho torna-se muito mais um *handicap* do que um trunfo.

Mas como convencer aqueles que têm sonhos de poder e de potência?

Pista 2: as noções de lucro e patrimônio

Pelo raciocínio capitalista, a remuneração do capital ocorre por dois caminhos: o dividendo sobre o lucro e a mais-valia sobre o patrimônio. Os ciclos curtos da especulação e a tirania dos acionistas privilegiaram em ampla medida o serviço de dividendos e a atrofia dos patrimônios. Essa lógica está ruindo.

Os patrimônios da empresa noética de amanhã serão essencialmente qualitativos e invendáveis, em razão da extrema volatilidade de seu *goodwill* (a explosão da bolha especulativa da chamada "nova economia", em março de 2002, foi uma brilhante demonstração disso, embora bastante dura para muitos pequenos e grandes emissários fascinados pelas profecias de seus gurus cegos).

---

[*] "O pequeno é bonito" (N. E.).

Quanto vale o talento? Quanto vale a reputação? Quanto vale o relacional? Em suma, quanto vale um homem que pode ir embora de um dia para o outro? Por outro lado, as empresas noéticas precisam de muito pouco capital, funcionam pela associação entre talentos e acionistas e reinvestem todo lucro em criações e inovações imateriais.

O tempo de vida da empresa noética é curto: ela só existe enquanto leva adiante um projeto específico e desaparece com ele. Nenhuma especulação de médio ou longo prazo tem sentido aqui, ou seja, só haverá *starts--up* de alto risco financeiro.

Enfim, a gestão de uma empresa noética é oportunista e qualitativa, *on a cash basis*,[36] sem nenhum planejamento ou ferramenta de controle, além da situação do caixa. Isso é algo que apavora qualquer banqueiro ou investidor... Não?

Todas as considerações anteriores assinalam o fim da hegemonia das finanças sobre a economia. O dinheiro, medida do quantitativo, é secundário em uma economia qualitativa baseada no conhecimento especializado e no talento criativo, portanto, mais no humano do que no objeto mercantil.[37]

Pista 3: o valor de troca e o valor de uso

O princípio da frugalidade, já amplamente explorado, impõe outro olhar sobre a mercadoria, seja ela qual for.

A lei da oferta e da procura funciona no instante, *on the spot*. O preço – ou seja, o valor comercial do bem – é seu valor de troca, isto é, o que o comprador está disposto a pagar para adquiri-lo. Esse preço não inclui explicitamente o conjunto de custos ligados à criação, à fabricação, à distribuição, ao uso e à desativação final do produto.

Na verdade, o custo da criação não é refletido pelo preço de venda, porque a maior parte do conhecimento investido foi gratuita.

---

36 Na verdade, essa expressão técnica exprime o princípio da economia doméstica básica: só se gasta o que se tem e ponto final. Trata-se de uma gestão de pequeno comerciante, com base em receitas e despesas, sem endividamentos. Podemos dizer que os bancos entrarão em um longo período de "vacas magras".

37 Faça a gentileza de não me julgar ingênuo. Não se trata de eliminar ou denegrir o dinheiro ou de negar a importância de uma gestão financeira saudável. Trata-se de fazer do dinheiro o servidor de um projeto (o projeto da empresa) e não mais *o* projeto.

Os custos de fabricação e de distribuição só incluem os encargos faturados; em geral, o ar e a poluição não entram na equação.

Os (sobre)custos ligados ao uso (manutenção, conserto, energia, duração do aprendizado, tempo de utilização...) ou à desativação (desmantelamento, desmonte, reciclagem, incineração, aterro e poluição associados a curto e longo prazos...) também não são incluídos.

Todos esses custos ocultos (que podem representar de 50% a 500% do preço de troca do produto) são escamoteados, mas são pagos em dinheiro, de modo implícito e indireto, pela comunidade humana em sua totalidade.

O valor de uso, ao contrário, integra todos esses custos diretos e indiretos e permite um olhar completamente diferente sobre a economia, em especial sobre o fato de que a maioria dos produtos "baratos" são produtos cujo valor de troca foi reduzido de forma artificial, gerando muitas vezes enormes custos de uso, que não aparecem em lugar nenhum. Como sempre diz um colega interiorano: "O barato sai sempre muito caro"!

Dado o forte e trágico impacto dos fatores de poluição sobre o homem e a natureza, logo sobre o futuro e a sobrevivência da espécie humana, parece evidente que a situação atual é insustentável.

Os produtos terão de ser vendidos pelo valor de uso, e não mais pelo valor de troca. A lei da oferta e da procura continuará a vigorar, mas em um registro completamente diferente, o que será o fim de setores inteiros da indústria automobilística, agroalimentar, siderúrgica e petroleira, por exemplo.

Pista 4: a responsabilidade empresarial

Sem entrar nos conceitos nebulosos de empresa cidadã e outras inépcias que jogam para as empresas responsabilidades sociais e políticas que não lhes dizem respeito, é claro que a economia em geral e a empresa em particular não poderão mais ignorar suas responsabilidades operacionais reais por aquilo que as rodeia e do qual se alimentam, às vezes de maneira vergonhosa.

Não se trata de mergulhar no ecologismo ou na cretinice à José Bové, mas de superar e eliminar todos esses infantilismos ainda ativos no mundo econômico, em que os caprichos tomam muitas vezes o lugar da estratégia e a indiferença irresponsável é ainda com muita frequência a norma.

Devemos falar de economia limpa (e agir a favor dela), de comércio equitativo (e agir a favor dele), não por motivos ideológicos ou partidários, e sim por motivos práticos de sobrevivência, saúde e paz no mundo.

Não falo aqui de pureza, equidade, justiça, igualdade etc., porque essas palavras presunçosas demais seriam apenas ataques de idealismo.

Falo de uma visão holística de nossa pequena Terra superpovoada e martirizada por nós, homens.

Falo de ir a fundo na redefinição das noções de lucro e patrimônio (em escala mundial e coletiva) e da lógica do valor de uso.

Falo de livrar a economia da dominação da especulação e do dinheiro fácil.

Falo de uma economia enfim saneada e curada de suas doenças infantis.

Pista 5: o patrimônio dos talentos

A sociedade e a economia noéticas não se fundarão mais no valor quantitativo dos produtos e serviços, mas no valor qualitativo dos talentos de criação e de conhecimentos especializados.

Essa virada para o qualitativo traz com ela uma transformação completa, além das estruturas de ensino já analisadas antes, dos métodos de gestão pública e privada.

O homem e seus talentos reassumirão o centro da economia.[38]

Fim da coisificação do homem.

Fim da reificação do trabalho.

Fim da noção clássica de trabalho assalariado em favor da noção de multiatividades independentes e associadas.

Fim da remuneração por hora em favor da remuneração por tarefa.

Fim da sindicalização em favor da personalização.

Fim do *effectiveness management* em favor do *wellness management*.

Fim do jugo das legislações sociais em favor da liberação de todos os talentos e da responsabilização de todos os indivíduos.

---

[38] O que não implica de modo nenhum um novo humanismo, já que essa virada não faz do homem a "medida de todas as coisas", apenas o coloca totalmente a serviço do que o ultrapassa.

Pista 6: compartilhamento e gratuidade

Esse ponto já foi analisado, mas voltamos a ele, porque é crucial.

A economia da informação põe totalmente em causa a noção de propriedade, como vimos e sabemos. Além disso, o valor da informação depende essencialmente de sua proliferação, portanto, de seu compartilhamento e de sua gratuidade.

Isso mostra o impasse jurídico que é a noção de "propriedade intelectual" e a necessidade de definirmos novos circuitos de remuneração para os criadores, os pesquisadores, os *experts* e todos os outros artesãos do conhecimento e da criação.

Pista 7: a capacidade de aprender

Nosso futuro depende essencialmente de nossa capacidade de empreender (nosso espírito de empreendedorismo) e do contexto (hoje totalmente repulsivo e hostil) que oferecermos aos criadores de empresas (desburocratização, desoneração fiscal, desjustiçamento, desregulamentação).

Nosso futuro dependerá cruelmente também de nossa capacidade de educar os jovens, para transformá-los nos criadores e nos empreendedores de amanhã (os sistemas de educação atuais fazem o exato contrário: fabricam funcionários públicos e assistidos).

No entanto, se prestarmos atenção, veremos que o paradoxo vem do próprio mundo econômico. Com raras exceções, os "grandes empresários" que estão nas manchetes dos jornais, os "dirigentes" representados nas confederações, os gênios da economia, os gurus das finanças, as vedetes da consultoria, *nenhum* criou sua própria empresa! Todos são especialistas e administradores, *nenhum* é empreendedor.

As estatísticas mostram à profusão que escolas de comércio e afins fabricam gestores, não empreendedores. A maioria dos formados fazem carreira em cargos de direção em grandes empresas, quase nenhum se lança em sua própria aventura empresarial.

Paradoxo? Nem tanto. Em uma sociedade em que o parecer prima sobre o fazer, em que os sinais exteriores de riqueza primam sobre os sinais interiores de sabedoria, em que o *status* e a aparência primam sobre a realização pessoal real, é muito lógico que a corrida aos grandes salários atraia os recém-formados para a carreira de gestor profissional.

Mas eles devem tomar muito cuidado, porque a escala salarial começa a se inverter: amanhã quem ganhará mais dinheiro não serão os administradores, mas os especialistas (vendedores, artesãos e criadores).

Em um mundo de incrível turbulência e ampla imprevisibilidade, as ferramentas e os modelos clássicos de gestão previsional serão descartados. A crescente complexidade da esfera econômica globalizada e tecnologizada levará os "gestores" direto para o cemitério dos elefantes.

A gestão está se tornando cada vez mais uma profissão como outra qualquer, um tanto banal e periférica (como a contabilidade, o jurídico ou o controle), um mal necessário. Não será mais, como foi e às vezes ainda é, o centro da empresa. Não terá mais o poder, e esse é o ponto essencial. os gestores farão seu trabalho, mas não caberá mais a eles decidir.

As estruturas do poder instituído e hierárquico (baseado nos títulos, nas funções e nos organogramas) estão desmoronando e cedendo lugar às estruturas de poder fragmentadas, aos especialistas de renome, cada um em seu campo. Os cargos mais altos não serão mais ocupados pelos gestores, mas pelos empreendedores, ou seja, não pelos que gerem, mas pelos que criam.

Esse movimento, essa virada são inelutáveis e irreversíveis. Acarretam a evolução do securitário para o libertário, do dinheiro para o talento, do conformismo para a criatividade, do rígido para o flexível, do hierárquico para o cooperativo.

Contudo, mesmo inelutável, essa virada gera seus próprios obstáculos, suas próprias resistências.

Em primeiro lugar, a resistência dos próprios gestores, presos aos privilégios, aos poderes e aos rendimentos da profissão. Eles farão uma dura *job protection*. Não poderemos contar com os que detêm o poder hierárquico e burocrático das grandes empresas e organizações para afundar o barco ou serrar o galho em que estão confortavelmente empoleirados.

Em segundo lugar, a resistência do *establishment* (político, social, privado), que, como sempre, será solidário com os amigos. Ele é, por natureza, reacionário e conservador, não gosta de mudar de interlocutores, sobretudo se forem criativos, "cachorros loucos", gente que perturba o sono coletivo, iluminados que trazem projetos inovadores e revolucionários.

Por último, o obstáculo educacional: nossas escolas de ensino básico e fundamental não oferecem uma formação geral para a criação e o desenvolvimento empresarial. Odeiam o criativo, o risco, o direito ao fracasso, o individualismo empreendedor. São máquinas (no sentido quase mecânico e mecanicista da palavra) de fabricar o "social", o conforme, o securitário, o funcionário público, o assistido. Como um funcionário da educação nacional poderia insuflar o espírito empreendedor, ele, o protegido, o sindicalizado, o do dissídio coletivo, ele, que trabalha de 20 a 25 horas semanais, nove meses por ano (ao passo que um empreendedor trabalha de setenta a oitenta horas por semana, cinquenta semanas por ano)? O mesmo ocorre nas escolas de administração, de comércio ou de gestão.

Os professores são, na maioria das vezes, funcionários acadêmicos que vivem na teoria e não conhecem nada da empresa real (ou das PMEs, em todo caso); se vêm do "setor privado", são em geral administradores de grandes empresas, renomados e estabelecidos, portanto, tudo, menos empreendedores.

Nossas escolas cultivam de bom grado a "malhação" carreirista e elitista, mas pouco ou nada o gosto empreendedor ou o aprendizado em campo. Perpetuam o ensino de modelos e técnicas da era industrial, os dinossauros do gerenciamento jurássico, mas passam longe das forças do amanhã: as PMEs, o artesanato, as profissões do imaterial, o gerenciamento da incerteza e da imprevisibilidade, o oportunismo estratégico e a vigilância, os talentos da criação e da venda, para citar apenas alguns.

Hoje, a economia "oficial" e visível é confiscada pelos gestores e pelos financistas. Terá de se livrar deles com urgência, se quiser encarar o maior desafio de sua história: criar milhares de artesãos e PMEs em todos os nichos de alto valor agregado, seja no campo do imaterial e do conhecimento, seja no campo dos conhecimentos práticos especializados.

Em resumo, as reformas econômicas mais urgentes são:

- estimular, facilitar e favorecer o trabalho de cooperação em rede contra os comportamentos concorrenciais;
- trocar a metáfora do herói conquistador pela do jardineiro cultivador;
- redefinir as noções de lucro e patrimônio;
- eliminar a economia especulativa em favor da economia criativa;
- substituir em tudo o valor de troca pelo valor de uso;
- favorecer a economia limpa e o comércio equitativo;
- desenvolver os patrimônios imateriais e os talentos;
- liberar todos os talentos e responsabilizar todas as pessoas;
- erradicar a noção de propriedade intelectual;

- criar novos circuitos de remuneração para os noéticos;
- estimular o espírito empreendedor contra os velhos gestores.

Ética

Podemos sonhar com uma humanidade dando o "grande salto adiante" e praticando de maneira espontânea e unânime valores morais capazes de garantir a paz e a harmonia entre todos. Contudo, seria cair em um angelismo pueril: em primeiro lugar, porque não há valores morais absolutos e universais; em segundo lugar, porque o homem não é um animal moral[39] e só age, em tudo, por interesses imediatos e egoístas.

Portanto, não se trata de fundar novos valores, supostamente melhores, mais profundos ou mais eficientes, mas sim de fundar uma ética amoral.

Para além do aparente paradoxo das palavras, o conceito que se esconde por trás dessa ideia é muito simples: mais do que esmiuçar (como fazemos desde Sócrates) a escolha e o enunciado dos valores morais (um mais relativo e discutível do que o outro), seria conveniente se esclarecêssemos as condições do processo ético.

Aqui, somos coerentes como nosso método geral: não nos ocupamos de objetos que não passam de epifenômenos[40] (nesse caso, os valores morais), empenhamo-nos no estudo dos processos que geram tais objetos.

A ética amoral opõe os valores morais ao processo ético: não é tanto uma questão de fazer *o* bem,[41] mas de fazer melhor. Essa ética é a da consumação na plenitude de tudo em tudo: realizar-se, superando-se, e, superando-se, realizar o que o supera.

Não importa o caminho, as especificidades desse eu que se consuma como em si mesmo ou os valores relativos mais aptos a essa con-

---

[39] Assim como ou ao contrário, aliás, do dogma positivista de Auguste Comte (aquele que errou todas), o homem não é um animal social. A sociedade (como a moral) não passa de um mal necessário, que supostamente aumenta as possibilidades de sobrevivência individual por mutualidade de certos riscos. O homem social é um baixio lamacento e lodoso entre o homem biológico e o homem noético.

[40] Os objetos, os fatos, os eventos são apenas a espuma no topo da onda. Não têm importância nem interesse. O que importa são as forças do oceano que estão nas correntes, nas ondas e *in fine* na espuma.

[41] Que só existe nos delírios dos idealistas, como bem sabemos.

sumação. O que importa é o processo mesmo de consumação do eu e do além eu.

Por participar de uma visão holística do mundo e da vida, a ética amoral postula que a realização pessoal não é possível *contra* o mundo (e os outros), mas só *com* o mundo (e os outros).[42]

Obviamente esse ponto é capital.

Realizar-me, realizando o mundo e meus próximos, sem julgar *a priori* quais devem ser os caminhos dessa realização.

Não há nem bem nem mal, a partir do momento que há o melhor para cada um e para todos.

Uma indústria poluidora não é ética, se envenena todos para satisfazer alguns. Mas a partir do momento que adota uma ação ecológica real, torna-se ética, porque satisfaz as necessidades de alguns, melhorando o ambiente de vida de todos.

No fundo, a ética amoral é um processo de convergência generalizada entre as aspirações individuais e as condições coletivas: realizar-me, realizando o que me supera, ou seja, também o que me engloba, alimenta e rodeia.

É convergência ôntica entre a vocação individual e o projeto cósmico. É, de certo modo, harmonia entre o local e o global, o único aqui e o uno em toda parte. Escrevi "harmonia" e não, segundo a moral cristã, renúncia e abnegação, sacrifício e abandono, porque a consumação do todo não pode ser concebida *contra* a consumação de cada parte, mas só *com* ela.

Compreendemos também que essa ética amoral provoca sentido: uma vez que a realização do eu pode (possível) e deve (desejável) convergir com a realização do que o ultrapassa, a existência adquire sentido (no sentido de "direção" e de "significado") em todos os níveis, para cada um e para todos.

O egoísmo inato do homem progride na realização do eu, e este só não é um impasse estéril e fútil porque é transcendido pela consumação do que o supera, dando-lhe peso, amplitude e grandeza.

Devemos observar que essa ética amoral, ao contrário das morais clássicas dos "valores", não é uma ética da coerção e do sofrimento. É acessível a todos, seja qual for seu nível cultural ou intelectual.

---

42 Não todos os outros (o homem ou a humanidade, que são apenas abstrações inacessíveis), mas os outros que formam a proximidade concreta e prática, os próximos, o próximo (no sentido etimológico, e não evangélico).

A ética da consumação na convergência pode ser adotada em todos os níveis, do mais modesto e local ao mais filosófico e global. Leva a uma pedagogia muito simples e prática: uma pedagogia do esforço positivo na direção do eu *e* do mundo, ao contrário das velhas pedagogias da coerção e da punição, da pregação e da culpa, do pecado e do inferno.

Como vemos, o canteiro de obras ético une-se aqui ao da educação, discutido anteriormente. Contudo, ele vai mais longe, já que renega todas as velhas morais e denuncia a mentira milenar do combate indispensável entre nós mesmos e os outros e da escolha que se deve fazer entre os dois. Denuncia toda moral cristã de abnegação e de sacrifício ou mortificação do eu em nome do outro, dos outros, do totalmente outro; denuncia toda moral hedonista e materialista da hipertrofia do eu, de seus prazeres contra os outros, que apenas são ou obstáculos ou objetos.

A ética amoral denuncia, supera e transcende essas morais.

E tem aplicações práticas também:

- no plano da educação, como dissemos;[43]
- no plano das atividades profissionais, em que a primeira preocupação de todo diretor, de todo chefe deve ser organizar concretamente – porque é indispensável para o desenvolvimento dos talentos na empresa – a forte convergência entre o projeto da empresa (do qual é portador e fiador) e os projetos pessoais dos talentos por ele empregados;
- no plano das famílias, que devem ser um lugar privilegiado de alegria e de desenvolvimento para cada um e para todos, uma comunidade compacta e segura, em que cada um se realiza, realizando os outros, distante dos "valores" familiares tradicionais de obediência, devoção filial, sacrifício paterno etc.;
- no plano do casal, em que a realização real e profunda dos "dois" passa pela realização serena de cada "um", em todas as suas dimensões, distante dos valores clássicos de fidelidade, submissão, renúncia e posse do outro.

---

43 Nesse sentido, é indispensável recuperar o ensino ético, não na forma tradicional e perversa do aliciamento moral (tipo "catecismo" ou curso de moral laica), mas na forma de exercício e prática da ética amoral da convergência das realizações. Ensinar o nietzschiano "torna-te quem és", acrescido de meu "sendo com o mundo e os outros".

Em tudo, há o que se realiza em comum e o que se realiza em si, para si. Por que e em nome de que deveríamos nos sacrificar uns aos outros, quando enriquecemos, estimulamos e alimentamos uns aos outros?

Como vemos, esse canteiro de obras é muito acessível e imenso. Implica uma total inversão de valores e comportamentos, em especial o abandono dessa hipocrisia muito cristã, mesmo entre os mais ateus, da aparência altruísta que serve para mascarar a realidade egoísta.

Não temos de escolher entre "mim" e "os outros". Não há nenhuma divergência ou incompatibilidade ontológica entre esses dois polos. Como todas as dicotomias "fundadoras", também essa é um simplismo, um criminoso reducionismo.

O "conviver" pode escapar do simplismo reducionista das morais clássicas (do compromisso, do mal menor, do sacrifício e do pecado) se substituir o "ou" pelo "e", superando o meio e entrando na convergência e na síntese.

O único preço que se paga por isso é aceitar, assumir e construir uma complexidade superior nas relações entre os homens.

Ecologia

A ação ecológica é um vasto canteiro de obras.

Muito além dos ecologismos mais ou menos militantes, mais ou menos sinceros, mais ou menos criptoesquerdistas ou criptocomunistas, mais ou menos mundanos, estamos vivendo uma verdadeira tragédia, um verdadeiro cataclismo, um verdadeiro megaproblema.

Há gente demais em nosso planetinha.

E essa gente suja, destrói, pilha, saqueia tudo o tempo todo.

E esse planetinha pequeno demais não consegue mais se tratar e se curar.

Essa é a melhor maneira de expor o problema, não há outra que sirva.

O problema não é moral, político, humanitário, tampouco ecologista. Possui um enunciado muito simples e soluções muito complexas,[44] por

---

44 Repito mais uma vez que o simples e o complexo se correspondem e se completam, porém são ambos incompatíveis com o "complicado". E, infelizmente, todas as soluções propostas hoje para a tragédia ecológica são de uma complicação infinita (princí-

isso não há nada que as idealistas petições de princípio ou os angelismos midiáticos possam fazer.

A solução? Sendo o planeta o que é, a humanidade é que deve mudar. Quantitativa e qualitativamente.

Em primeiro lugar, quantitativamente: sem cair nas teses extremas do *deep ecology*, devemos admitir que há gente demais na Terra e está na hora de generalizar as políticas de controle de natalidade, contracepção e planejamento familiar, de descriminar o suicídio, o aborto e a eutanásia, de extinguir toda forma de obstinação terapêutica, de promover a ideia de uma morte digna, de restringir a ajuda "humanitária" aos que protegem e promovem a vida. Em suma, é preciso abandonar os valores morais do humanismo e do humanitarismo, da piedade e da caridade.

O homem não tem valor em si, mas só pelo que faz, diz e pensa, pelo que traz com ele, pelo que constrói, por aquilo com que contribui: se faz a guerra, se destrói a natureza, se pilha a Terra, que morra.

Em segundo lugar, qualitativamente: o homem, hoje, comporta-se como um parasita nocivo, um predador imbecil, que serra o galho em que está empoleirado. É um comportamento pueril, de criança caprichosa e insaciável, que quebra todos os brinquedos e mata a mãe a fogo lento.

Também nesse caso não há lugar para angelismo. Por mais que os bons profetas e as boas almas protestem (e eu protestarei com eles até o fim), o egoísmo imbecil e tacanho ainda é uma das características humanas mais generalizadas.

Mas o que polui, afinal?

Nos chamados países desenvolvidos, a indústria e os transportes. Temos de estrangulá-los, passando do valor de troca para o valor de uso. Uma vida frugal e as telecomunicações tornam a maioria dos produtos industriais e dos deslocamentos totalmente inútil. Então?

Nos chamados países em desenvolvimento, os métodos agrícolas burros (inadequados ao crescimento demográfico),[45] que destroem florestas,

---

pio absurdo de precaução, rastreabilidade estéril, normas artificiais, tratados internacionais sem consequência nem objeção, falsos embargos...), portanto, completamente inadequadas, pois não correspondem nem à simplicidade do problema nem à complexidade da solução.

45 Muitas técnicas autóctones ancestrais eram admiráveis pela astúcia, pela eficácia e pelo respeito ao meio ambiente, mas só conseguem alimentar famílias ou tribos pou-

terras e rios. Temos de difundir os controles agrícolas e os reflorestamentos intensivos.

É claro que nem tudo é assim tão simples. É claro que há melhor e muito mais que fazer. E é claro que o problema é muito mais profundo e inextricável, porque infinitamente complexo. Mas o que é mais claro é que temos, em primeiro lugar, de mudar radicalmente nossa mentalidade, abrindo um debate profundo sobre ideias simples, ações simples e medidas simples.

E escrevi "debate profundo", e não falsos debates.

Um exemplo de falso debate: a energia. Todos que se dizem "ecológicos" são necessariamente contra a energia nuclear, embora as centrais térmicas (carvão ou óleo combustível) sejam mais poluidoras (as taxas de CO_2 na China e na Rússia são de apavorar), assim como as carvoarias, que estão destruindo as florestas da África e de outros lugares. Elas queimam e destroem depósitos imensos de macromoléculas orgânicas, que poderiam se transformar em petróleo ou ser muito mais bem empregados na farmacologia ou em materiais leves. A energia nuclear, ao contrário, não polui nem o ar nem a água, é totalmente confiável e seus dejetos[46] são perfeitamente controláveis. Não adianta: o irracional e os *slogans* assustadores triunfam e fazem a prosperidade das indústrias petroleiras e químicas. Paradoxo: Greenpeace e Exxon do mesmo lado!

Lembro aqui uma confidência de um dirigente "ecológico": "A energia nuclear é a única saída, mas caímos na armadilha do antinuclear que nós mesmos criamos. Não podemos mais voltar atrás, nem política nem ideologicamente". Só os imbecis não mudam de opinião. O referido é verdade e dou fé.

Tudo isso é falso debate. O verdadeiro debate é: energia para fazer o quê? Não "qual energia", mas "menos energia"!

Os males causados pelo turismo, em quase todas as suas formas, é outro debate profundo. Não me refiro aqui ao turismo nobre, ao encontro real e vivo com um lugar que respeitamos, de que nos aproximamos com humildade e benevolência, ao conhecimento do outro, a quem estende-

---

co numerosas. A explosão demográfica pelo qual o humanitarismo médico é amplamente responsável desequilibrou completamente essas regiões e as fez caminhar para a mais negra miséria. É, mais uma vez, a lei dos efeitos perversos.

46 Um de meus temas de tese.

mos a mão e o sorriso sem esperar que se venda, nos sirva, se prostitua (física, social ou culturalmente) ou nos entregue sua alma. Não falo aqui do viajante autêntico, do verdadeiro nômade.

Falo dessas carnes bronzeadas que desfilam seus protetores solares, seu desejo de batatas fritas e sorvete, suas fantasias de boné e pochete, de bermudas e camisetas chamativas. Refiro-me a todos esses turistas de caravana (da Holanda ou de outro lugar) ou de bicicleta, que se comportam como se estivessem em terra conquistada. Refiro-me ao turismo vulgar.

Todas essas transumâncias implicam meios extremamente poluentes: carros, aviões, navios, lanchas, *jet-skis*, teleféricos, pistas, quadriciclos, motocicletas, *trailers* etc., sem falar das toneladas de lixo que deixam para trás, dos incêndios iniciados por estupidez ou por maldade, por imbecilidade ou por ciúmes.

Mas o mais grave não é isso, como constato todos os dias na Provença turística, que fica ao lado da Provença selvagem. O mais grave é que esse turismo traz com ele todas as prostituições por dinheiro: prostituição sexual feminina, masculina ou infantil (e não só na Tailândia); prostituição comportamental, com todos os desregramentos da noite (drogas, álcool, jogos, barulho, corrupção, dinheiro sujo); prostituição social, com a generalização do servilismo; prostituição cultural, com a transfiguração em folclore imbecil de todas as tradições autênticas; prostituição profissional, com o fim das profissões e dos artesanatos locais em favor da hotelaria ou do falso artesanato dos "suvenires".

Esse turismo é desastroso por onde quer que passe, mas em especial nos países pobres, onde o dinheiro gasto com futilidades turísticas faz o nativo (ferido, aviltado e frustrado) sonhar com os falsos eldorados, com os "paraísos" longínquos de onde vêm esses turistas bobos e gordos, recheados de dólares e euros.

Uma região atrai você? Instale-se lá, vá viver lá de maneira modesta e respeitosa. Vá trabalhar lá com seus instrumentos portáteis e nômades, longe de todos esses inúteis escritórios urbanos. Aí, sim, você estará alimentando a economia e o artesanato locais, que poderão se desenvolver de forma nobre, limpa e autêntica.

Consumo

Sem cair nos simpáticos exageros de um Jean-Pierre Coffe, comer mal e comprar mal são as doenças do século, e os grandes responsáveis por isso são a publicidade e a grande distribuição. Os movimentos de defesa do consumidor, ideologicamente dirigidos e visivelmente parciais, têm pouca credibilidade.

A corrida ao "cada vez mais barato" gera mecanismos perniciosos de grave perda de qualidade. A corrida ao "comprar cada vez mais" desloca o valor do produto para a embalagem. A corrida ao "cada vez mais rápido" tira de circulação os produtos básicos e dá preferência às preparações industriais já prontas, em que aromatizantes e farinhas de todos os tipos cumprem a função dos nutrientes. A corrida ao "satisfazer todos os caprichos não importa quando ou como" troca os produtos plenamente maduros da estação por produtos forçados, desnaturados, desnorteados. A corrida ao "exótico" mata os produtos regionais e coloca em seu lugar os produtos importados à preço de ouro, negociados às pressas, sempre verdes demais e traficados demais.

Em suma, o reino do consumo vai mal. A constatação não é nem nova nem original.

Por que não tornamos os publicitários *e* seus funcionários judicialmente responsáveis pelas mentiras que espalham e pelos efeitos nocivos, diretos e indiretos, dos produtos que exaltam? Por que não tornamos as grandes distribuidoras judicialmente responsáveis pelas falências que provocam entre os artesãos locais, induzidos ao suicídio econômico por chantagem, abuso de poder ou de direitos? Por que não impomos preços proporcionais ao valor de uso dos produtos, em vez desses preços truncados e falaciosos baseados no valor de troca?

Devemos retomar com urgência os verdadeiros debates e levá-los até o fim, sem nos contentar com promessas piedosas. Contudo, mais urgente é a educação: por que não nos inspiramos na carteira de motorista e implantamos uma "carteira de consumidor",[47] indispensável para qual-

---

47 Quem não tivesse carteira de consumidor não teria direito de compra e teria de recorrer a pessoas mais bem informadas e mais conscientes. O conteúdo dos cursos provocaria uma adaptação positiva dos fabricantes de produtos de consumo, que, do contrário, perderiam enormes fatias de mercado.

quer compra, renovável a cada três anos, que exigiria uma formação básica, preparada por especialistas de renome?

Infraestrutura

A era noética e a sociedade do conhecimento são, antes de tudo, o lugar do avanço das tecnologias da informação em todas as suas formas, em grande parte ainda desconhecidas e por inventar.

O acesso à informação e à transmissão da informação serão – ou já são – prioridades absolutas, tanto em quantidade (grandes volumes à grande velocidade) quanto em qualidade (bons motores de busca para chegar à informação certa, bons sites para difundir boas criações). Isso significa que a infraestrutura essencial de amanhã será o conjunto de redes de alta velocidade que deve cobrir a Terra, como uma imensa "teia de aranha" (esse é o sentido da palavra inglesa *web*). Essa teia é a infraestrutura básica em que a noosfera se enxertará e se desenvolverá.

Aqui, as fibras ópticas enterradas no solo competem com as redes hertzianas por satélite. É muito provável que nenhuma das duas "ganhe" e que a solução de amanhã seja uma combinação astuciosa dessas duas tecnologias com todas as outras que ainda serão inventadas.

Cada aposento de cada casa e de cada escritório terá uma tomada de acesso à *web* de alta velocidade; isso será tão necessário quanto uma tomada elétrica, de telefone ou de televisão. Os arquitetos terão de incluir esse item em todos os seus conceitos e projetos: nomadismo e conectividade serão critérios fundamentais de habitabilidade.

A entrada na era noética passa pela generalização do uso contínuo do computador, em toda parte, por todos. Cada indivíduo deverá ter um a sua disposição. Além disso, receberá um treinamento básico para saber pelo menos como utilizar suas funções mais triviais.

Talvez não seja absurdo recuperar a ideia de Jacques Lesourne, que permitiu a generalização dos terminais de minitel na França. Por que não fazemos algo semelhante com os computadores pessoais, conectados à *web* e com todas as ferramentas padrões?

Esse ponto leva justamente ao difícil problema dos padrões. Quais padrões? A guerra dos padrões terminou? Para citar apenas os sistemas básicos, tivemos Microsoft contra Macintosh/Apple, IBM contra as outras duas e Linux contra Microsoft. Teríamos de citar ainda os padrões e os formatos de troca, além, é claro, dos padrões gráficos e sonoros: CD, DVD, GSM, SMS...

Este ponto é essencial. Padrões e formatos estão para a noosfera, assim como alfabeto e algarismos estão para as linguagens comuns. Os desafios são enormes e as lutas, colossais.

A internet venceu todos os múltiplos padrões anteriores de transferência de dados, integrando todos. A estratégia foi excelente e garantiu o sucesso de sua difusão rápida no mundo.

O Linux adotou a estratégia noética da gratuidade, o melhor caminho para a proliferação rápida e para o padrão de fato.

Mas a Microsoft abriu grande vantagem e é padrão em quase toda parte. Então?

Guerra de padrões, guerra de infraestrutura.

Concretamente, em resumo:

- transmissão generalizada de grandes volumes a alta velocidade;
- conectividade e nomadismo generalizados;
- um computador conectado à *web* por pessoa;
- cooperação entre padrões e formatos.

Conclusões provisórias

A eternidade nunca será mais do que o momento em que estou.

Maurice Mikhailovitch (século XX)

A revolução noética não está por fazer.

Ela se faz. Ela se fará. Ela continuará a se fazer. Com ou sem nós, seres humanos.

Ela está na lógica do que nos ultrapassa.

Ela tem uma dimensão cósmica diante da qual a humanidade é ínfima, insignificante.

O universo tem todo o tempo do mundo: se não tivermos sucesso aqui, ele vai recomeçar com outros, em outro lugar, mais tarde... Mas nós, seres humanos, vamos desaparecer, por ter falhado nesse primeiro papel que era nossa única vocação.

A história inventa-se a cada passo, nada está escrito, tudo é possível, com exceção de uma coisa: voltar atrás.

Aquele que não caminha une-se à imobilidade da morte.

Aqueles que jamais caminharam jamais viveram.

Aquele que não consuma sua vocação não tem nenhuma justificação para sua existência.

Minhas palavras são terríveis, eu sei disso, mas são tão verdadeiras.

Como podemos viver felizes fora de nós mesmos e de nossa plena realização?

Como podemos encontrar sentido sem participar da consumação do que nos supera?

Isso tudo é filosofia? É, e daí?

Não chegou a hora de tirar a cabeça da areia e fazer as perguntas certas, as grandes perguntas? Não chegou a hora de reler a história humana e considerá-la medíocre, sangrenta e pobre? Não chegou a hora de dar novo fôlego à humanidade, outro projeto além daquele tão triste de seus pequenos prazeres, de seus pequenos caprichos, de seu pequeno conforto?

Este livro pode ter uma conclusão? Pode ser terminado, se é apenas um ponto de partida, um esboço, um punhado de sementes jogadas ao vento?

Há tanto por fazer.

Há tudo por fazer, pensar, escrever.

Este livro é um ponto de convergência e um ponto de divergência.

É ponto de convergência porque tenta fazer uma síntese multidisciplinar de pesquisas e pontos de vista recentes.

É ponto de divergência porque propõe novas pesquisas, mais precisas e focadas, que seguirão seu caminho até a próxima síntese.

Tudo aqui é partido, fragmentado, inacabado, parcial.

Tudo aqui não passa de um esboço, como dissemos.

Uma espécie de rascunho traçado em grandes linhas.

Este livro é uma encruzilhada.

Encruzilhada de ideias. Encruzilhada de disciplinas. Encruzilhada de olhares.

Este livro é uma viagem.

Uma viagem na noosfera.

Um relato de viagem tirado de notas tomadas às pressas em paisagens entrevistas.

Uma soma de clarões, visões, olhares distantes e bolhas nos pés.
A caminhada em terras desconhecidas é dolorosa às vezes.
Os obstáculos são muitos.
Devemos superá-los um a um, contorná-los por longos desvios, porque muitos ainda são intransponíveis por falta de palavras, de conceitos, de metáforas.
Mas o ar é vivo e a luz, intensa.
Este livro é assim um cruzamento, um pequeno nó no cruzamento de arborescências genealógicas muito longas. Tudo começa no século VI antes da era cristã, com Lao-Tsé na China, com os upanixades na Índia, com os profetas em Israel, com os pré-socráticos[48] na Grécia. Dois séculos depois, com Platão e outros, tudo muda: a intuição holística é substituída pela tirania analítica e racional... por mais de dois milênios.
Hoje, ela recupera força e vigor.
Este livro fala também dessa história, que passa por Dionísio, o Areopagita, Mestre Eckhart, Montaigne, Jacob Boehme, Friedrich Nietzsche, Henri Bergson, Pierre Teilhard de Chardin...
E já que é preciso concluir, resumimos em algumas frases as principais ideias que sustentam este livro.

- O surgimento dos conceitos de complexidade e evolução cósmica, conjugado com o desenvolvimento das TICs, provoca a germinação da noosfera, essa nova "camada", que cobre a Terra com conhecimento e espírito.
- Essa germinação promove, por sua vez, a revolução noética, que é a passagem da era "moderna" para a era noética, da sociedade industrial para a sociedade do conhecimento.
- Essa revolução implica profundos questionamentos em todas as áreas da intelectualidade humana:
  - as metodologias holísticas e sistêmicas superam as metodologias analíticas e cartesianas e fundam uma nova cosmologia;
  - o cérebro direito (analógico, criativo e intuitivo) suplanta o cérebro esquerdo (lógico, normativo e dedutivo);
  - as metalinguagens metafóricas e simbólicas ultrapassam as linguagens clássicas (verbais e matemáticas);

---

48 Com Heráclito de Éfeso à frente, é claro.

- as filosofias monísticas e realistas sobrepujam as filosofias dualistas e idealistas;
- a metafísica do devir excede as metafísicas do ser;
- as espiritualidades individuais vencem as religiões instituídas.
• Essa revolução implica também grandes viradas em todas as áreas da atividade humana:
  - o político e o econômico tornam-se singularmente periféricos, restritos a uma função logística global: o primeiro como garantidor da paz e o segundo como garantidor da administração;
  - a economia informacional da gratuidade e da partilha suplanta a economia capitalista da raridade e da especulação;
  - os grandes motores da mudança agem em tudo: globalização, desregulamentação, desmassificação, centralização, qualidade, inovação, desmaterialização, reticulação e nomadismo;
  - a tripla libertação do estadismo, do capitalismo e do racionalismo;
  - o patrimônio dos talentos (conhecimentos especializados e criação) ultrapassa os patrimônios materiais e financeiros;
  - a alocação universal suplanta os assistencialismos e as dependências sociais;
  - a diversidade cultural e plural vence a uniformização do pensamento único e do modo de vida padronizado.
• Por fim, essa revolução implica vastos canteiros de obras em todos os campos da vida social:
  - pesquisa (metalinguagens, ciências cognitivas, técnicas criativas, sistêmica);
  - educação (ensino virtual, laboratórios, associações de companheiros);
  - saúde (envelhecimento, medicinas alternativas e holísticas, *wellness*);
  - político (desestatização, desfuncionalização, desjustiçamento);
  - econômico (desfinanciação, impermanência, criatividade, conhecimento especializado);
  - ética (ética amoral);
  - ecologia (antiturismo, antipoluição, frugalidade);
  - infraestrutura (redes de alta velocidade, antivírus centralizados, computador para todos, conectividade).

É isso. Dissemos tudo, ou melhor, tudo está por dizer.

Glossário

Nós não reinventamos o dicionário, mas acontece que certas palavras ainda não se encontram nele e outras merecem ser revisitadas. A noética é uma ciência que contribui para a linguagem.

Antropocêntrico, antropocentrismo: atitude de pensamento e de vida que transforma o homem ou a humanidade no centro do cosmo. O humanismo ("o homem é a medida de todas as coisas") é sua expressão mais usual. O modelo "antrópico", defendido por alguns físicos, é seu novo avatar, quando afirma que as constantes universais da física (que resultam de raciocínios e de modelos e olhares humanos) "provam" que o Homem é a meta do universo.

Alocação universal (uma das dez pistas para o futuro): a ideia de alocação universal data da Antiguidade grega. Trata-se de destinar a todo cidadão um auxílio financeiro que possa atender a suas necessidades vitais, por toda a vida, faça ele o que fizer de seu tempo. Ela elimina ao mesmo tempo a miséria e o assistencialismo institucionalizado. Todos nascem com a certeza de ter o mínimo vital "por toda a sua vida". O custo dessa alocação universal é menor do que a soma dos "auxílios e alocações" atuais, dos salários e das despesas com os funcionários que supostamente os administram.

Autenticidade: o princípio de autenticidade é comum tanto aos pré-socráticos e aos taoistas antigos quanto aos criadores culturais mais contemporâneos. Mais do que um conceito, a autenticidade é um modo de vida. O aforismo de Nietzsche ("torna-te quem és") é provavelmente o centro desse caminho de vida. Frugalidade. Rejeição da artificialidade e do supérfluo. Transparência consigo mesmo e com os outros. Rejeição da trapaça e da fraude.

Big bang: seguindo o modelo da teoria da relatividade geral de Albert Einstein (1916), desenvolvido como modelo de universo aberto e infinito (por De Sitter, em 1917) e não estático (por Friedman, em 1922), o cônego Lemaître propôs em 1931 (depois de seus trabalhos com Eddington, em 1927, sobre o desvio espectral para o vermelho dos raios luminosos, causado por gravitação) a teoria do "átomo primitivo", que seria retomada em 1948 por Gamow com o nome de "big bang". Essa cosmologia é hoje universalmente adotada pela comunidade científica. Entende o universo como o desdobramento de uma singularidade original pontual que explodiu há alguns bilhões de anos e, desde então, vem se dilatando e se organizando pouco a pouco.

Biosfera, biosférico: biosfera é a designação genérica da "camada" de seres vivos (vegetais, animais e outros) que povoam a litosfera terrestre, ou seja, a camada mineral da qual a camada vital emergiu há muito tempo.

Caos (teoria do caos): a teoria do caos (ou melhor, as teorias) estuda as modalidades de desenvolvimento de estruturas dentro de sistemas turbulentos e/ou voláteis, como uma chama de vela, uma nuvem, uma fumaça etc. (ver também *Estruturas dissipativas*). Em outras palavras, procura descobrir estruturas organizacionais sutis por trás da aparente desordem desses sistemas evanescentes. A teoria do caos é cada vez mais importante, por exemplo, na meteorologia.

Capitalismo (clássico/especulador): o capitalismo clássico é especulador porque se funda em dois grandes princípios: o primeiro diz que tudo pode ser comprado e vendido de acordo com a lei da oferta e da procura; o segundo afirma que aquele que tem dinheiro tem poder real, porque pode, por especulação, frear ou acelerar o curso natural dos fluxos econômicos.

Capitalismo empreendedor (uma das dez pistas para o futuro): o capitalismo empreendedor supera o capitalismo especulador, porque afirma que o dinheiro é indispensável ao bom funcionamento do sistema econômico, mas este (e a riqueza individual gerada por ele) não pode ser um fim em si. O econômico só tem sentido quando a serviço de um projeto (daí o adjetivo "empreendedor") que vai além dele. Diz a sabedoria antiga: "O dinheiro é bom escravo e mau senhor".

Cartesianismo: Descartes sistematizou a metodologia cartesiana (que data de Platão e de Aristóteles) em quatro princípios: o princípio da evidência (duvidar de tudo, exceto do que é evidente), o princípio do analitismo (o todo deve explicar-se integralmente por suas partes), o princípio da redução (o todo reduz-se à soma exata de suas partes) e o princípio da exaustividade (para compreender o todo, é preciso compreender todas as suas partes). O pensamento noético é pós-cartesiano, porque observa que o método cartesiano só se aplica aos sistemas simples. Quando o sistema é complexo, nada é evidente, tudo depende do olhar que recebe (relativismo), o todo e as partes evoluem dialeticamente (sistemismo), o todo é muito mais do que a soma de suas partes (holismo) e o todo é compreendido a partir de suas finalidades, independentemente de suas partes (teleologia).

Catástrofes (teoria das catástrofes): a teoria das catástrofes (René Thom, década de 1950) é uma teoria matemática complexa que equaciona as diferentes modalidades de desdobramento das singularidades dentro de um espaço topológico. Para um espaço de menos de quatro dimensões, Thom monta sete cenários de desdobramento singular (o que ele chama de "catástrofe").

Cérebro (direito e esquerdo): trata-se de um modelo muito bem desenvolvido, sobretudo por Lucien Israël.[1] Descreve o funcionamento mental humano segundo duas modalidades complementares: uma (cérebro esquerdo) verbal, analítica e lógica, a outra (cérebro direito) global, intuitiva e simbólica.

Cibernética: a partir de 1945, ciências e técnicas ligadas ao funcionamento dos autômatos e dos robôs. Mais tarde, por extensão, estudo da regulação (em especial do *feedback*).

Ciência(s): a ciência ou as ciências constituem uma parte específica do conhecimento. É científico o conhecimento que satisfaz a critérios precisos de observabilidade, reprodutibilidade, previsibilidade ou falseabilidade. Com o surgimento da física do infinitamente pequeno, do infinitamente grande e do infinitamente complexo, que escapam com frequência do imperativo primeiro da observabilidade, tais critérios perdem muitas vezes pertinência, e a fronteira entre conhecimento científico e não científico torna-se cada vez mais imprecisa.

Ciências cognitivas: conjunto das disciplinas e das áreas científicas que tratam do conhecimento e desses processos, tanto no plano neurobiológico quanto no plano puramente noético (epistemologia, metodologia, metalinguagens, metalógicas etc.).

Colonialismo: globalmente, o(s) colonialismo(s) representa(m) a materialização de uma forte tendência dos povos de invadir e dominar outros povos para se apropriar de seu espaço, de seus recursos, de sua força de trabalho, de sua capacidade reprodutiva ou sexual. A era colonial é concomitante à chamada era "moderna", que começa com os "grandes descobrimentos" do século XV (Colombo, Cortés, Magalhães, Vespúcio etc.) e terminam com as guerras de independência da segunda metade do século XX.

Complexidade: irredutibilidade do real à justaposição de "tijolos" elementares, submetidos a leis de interação universais e fixas entre eles.

Comunismo: o comunismo é uma ideologia política originária das utopias socialistas do século XIX e elaborada por Marx e Engels. Afora qualquer consideração "filosófica", o lado concreto do comunismo, tal como implantado na União Soviética por Lenin, Stalin e seus sucessores, na China por Mao e em todos os

---

1 ISRAËL, L. *Cerveau droit, cerveau gauche*. Paris: Plon, 1995.

outros lugares, resume-se a um totalitarismo violento e torturador, que subordina o homem a um "ideal" humano uniformizado, asséptico e lobotomizado. O comunismo, ao lado do nazismo, é responsável por mais de cem milhões de mortos desde 1917 até hoje.

Conceito: O conceito é uma ideia, em geral concisa, que tenta discernir com precisão uma questão de princípio de uma doutrina ou de um projeto. O conceito é criado em torno de uma palavra-chave (ou algumas) cujo campo semântico engloba (ou deveria englobar) os principais aspectos em causa.

Conhecimento (diferente de saber): o conhecimento, ao contrário dos saberes, que permanecem gravados na memória ("Sei que Marignan é 1515", "Sei que o número de telefone de Dominique é 5555-5555"), é um processo dinâmico de integração, estruturação e interligação de informações dentro de um vasto complexo de sistemas ideais vivos. Ele integra e anima os saberes; exprime o "espírito" em ação no mundo.

Consciência: a consciência é "com-ciência", saber com, saber que se sabe. A consciência cria laços de "vivências" com seu objeto (eu, os outros, o mundo, o desconhecido, o transcendente etc.). É uma propriedade emergente e holística não redutível a mecanismos neurobiológicos.

Cosmologia sistêmica da complexificação: é a evolução universal vista como uma ascensão progressiva na escala da complexidade, em que cada grau corresponde a um nível de arquitetura estável entre duas transições.

Criador cultural: os criadores culturais são uma das três categorias sociológicas sublinhadas por Paul H. Ray (Institute of Noetic Sciences, de Sausalito, Califórnia, Estados Unidos). Representam cerca de 30% da população americana e europeia. Distinguem-se dos "modernistas" (materialistas, hedonistas, ateus ou agnósticos, consumistas, pragmáticos) e dos "tradicionalistas" (idealistas, puritanos, fundamentalistas, ascéticos, moralistas) por serem espiritualistas, epicuristas (no verdadeiro sentido filosófico da palavra), "misticizantes", frugais, voluntaristas. Os criadores culturais são a ponta de lança da revolução noética.

Criatividade noética (uma das dez pistas para o futuro): a criatividade noética é um subconjunto do conceito mais largo de criatividade, dedicado mais especialmente à criação de conhecimento.

Criatividade: a criatividade é um conceito "ônibus", que abrange todos os talentos e todas as técnicas que geram o novo a partir do material dos sentidos, da memória ou da consciência. É o dom dos gênios, mas é acessível a quem quer que se aplique a ela com afinco.

Darwinismo: Charles Darwin (1809-1882) não foi o inventor da teoria da evolução, que existe há muito tempo (em especial na ideia do Gênesis de criação/emanação progressiva do mundo durante "seis dias"). Antes dele, Lamarck já havia recorrido a ela para explicar a existência de fósseis que não tinham correspondência com nenhum ser vivo. Em contrapartida, Darwin foi o primeiro a formular o princípio da seleção natural do mais apto como mecanismo da evolução das espécies. Esse princípio reflete a ideologia vitoriana da época. É hoje amplamente relativizado pela biologia contemporânea, que vê esse mecanismo como apenas um dos muitos mecanismos de regulação dos ecossistemas.

Deep ecology: movimento americano que, ao contrário dos movimentos ecologistas clássicos, que defendem a exploração razoável e parcimoniosa da natureza, nega ao homem o direito de erigir-se em senhor e explorador da natureza, colocando-o a serviço da natureza, e não o inverso. A ala extrema do movimento afirma que a Terra pode suportar no máximo meio bilhão de seres humanos, portanto há 5,5 bilhões de mais.

Desmaterialização: a desmaterialização é um movimento que tende a inserir cada vez mais informações e conhecimentos em um volume cada vez menor de matéria. O cartão bancário, o DVD ou o computador de bordo dos carros são bons exemplos disso.

Deus: símbolo do desconhecido, da transcendência, do mistério que interpela e alimenta o pensamento humano. A palavra é perigosa, porque muitas vezes é tomada em sua estrita acepção cristã de Deus pessoal, puramente transcendente, criador, porém absolutamente distinto do mundo criado. Em sua acepção mais ampla, compartilhada por todas as tradições monísticas do Oriente (vedanta, taoismo, zen) e do Ocidente (cabala, sufismo, Eckhart), Deus é o nome-símbolo da face incognoscível e misteriosa do real, não dissociado e não distinguível deste.

Ecologia: furiosamente distinta do ecologismo e das ideologias tantas vezes veiculadas por ele. A ecologia é uma ciência, e não uma ideologia. É a ciência dos comportamentos coletivos do vivente. Estuda e demonstra a indispensável interdependência vital e sistêmica de tudo que existe. Exprime um monismo pragmático, tanto em escala terrestre como em escala cósmica. Filosoficamente, une-se algumas vezes a um panteísmo à Spinoza ou Teilhard de Chardin. A ecologia não é nem de direita nem de esquerda, mas para a frente.

Ecologismo(s): movimento(s) político(s) que tenta(m) se apropriar da onda ascendente da ecologia para indevidamente incluir aí suas reivindicações ideológicas e sociais, herdadas dos movimentos esquerdistas e comunistas e de seus desiludidos ou rebentos

Ecologista: o que se refere à ecologia como ciência.

Economia cognitiva ou noética: a economia clássica baseia-se nas noções de raridade e penúria: um objeto pertence a mim ou não e seu valor depende de quão raro ele é. A economia das ideias é completamente diferente: a ideia não pertence a ninguém e o fato de compartilhá-la não lesa quem a possui; ao contrário, ela ganha mais valor, tornando-se norma, ou seja, sendo mais compartilhada, e será mais compartilhada se for gratuita. É quase uma antieconomia: a dos ativos imateriais (*intangible assets*) e dos processos de criatividade, para além das normas de produtividade.

Economia industrial e capitalista: é a economia clássica, material, fundada no valor de raridade e penúria dos objetos materiais.

Ecossistemas: no sentido estrito, o ecossistema de um sistema qualquer é a parte do meio ambiente com a qual ele interage (e como tudo interage com tudo...). Podemos restringir o termo ao mundo das empresas ou das instituições políticas, entendendo-o como a parte da sociosfera em que estas exercem ou de que recebem uma influência visível.

Egocentrismo: tendência tipicamente humana a se julgar o umbigo do mundo: eu, mim... Levado ao extremo, confina com o narcisismo, o egoísmo, a ipseidade e, *in fine*, o autismo.

Ente biótico: todo existente animado por uma forma de vida qualquer.

Enteléquia: termo inventado por Aristóteles para designar a tendência natural, universal e profunda de todo sistema a se realizar plenamente, a querer ir até o fim de si mesmo e de suas potencialidades, a querer realizar-se totalmente.

Entropia: conceito termodinâmico que mede, dentro de qualquer sistema delimitado, a taxa de inomogeneidade. A entropia é máxima quando a homogeneidade é perfeita, tudo é uniforme e não existe nenhum gradiente do que quer que seja.

Epistemologia: ramo da filosofia que se interessa pelo valor de verdade dos saberes e dos métodos cognitivos.

Era noética: designa o novo paradigma que vem surgindo, em especial na forma de uma sociedade do conhecimento e da informação. Sucede e substitui a era moderna, que veio em seguida à Idade Média e, desde o Renascimento até a queda do Muro de Berlim (evento simbólico mais do que evento capital), produziu a economia industrial e capitalista e a política estatista e colonial. A era moderna de que estamos saindo fundava-se no pensamento cartesiano, ou seja, no pensamento racionalista, analítico, mecanicista e determinista. A era noética começa com a superação de toda essa "modernidade" em todos os planos, em especial no econômico, no político e no epistemológico.

Espírito: palavra ampla e perigosa. Aqui, será tomada em um sentido paralelo ao de "vida". A vida está para tudo que evolui, assim como o espírito está para tudo que pensa.

Espiritualidade: é um nome genérico que designa as vias e as asceses para mais transcendência, mais sabedoria, mais sentido ou mais domínio. Toda espiritualidade exprime uma fé na superação do homem pelo homem, por via religiosa ou não, por via física (*hatha* ioga ou *bushido*) ou mental (*zazen*, oração ou contemplação).

Estruturas dissipativas (Ilya Prigogine): Ilya Prigogine (Prêmio Nobel de 1977) deu origem às teorias termodinâmicas dos sistemas fora de equilíbrio. Demonstrou em especial a modelação teórica do surgimento de organização complexa e espontânea (estruturas dissipativas) dentro de um meio submetido a fortes gradientes. O surgimento dessas estruturas (como as células de Bénart em água fervente) mostra que a ordem (neguentropia) pode surgir de modo espontâneo, em certas circunstâncias, do interior da desordem, o que parecia contradizer o segundo princípio da termodinâmica (o chamado princípio de Carnot), que afirma que todo sistema tende naturalmente ao máximo de entropia.

Ética amoral: processo de convergência generalizada entre as aspirações individuais e as condições coletivas: realizar-me, realizando o que me supera, isto é, também o que me envolve, nutre e rodeia. É ética porque regula as decisões de ação humana; é amoral porque não se prende a nenhuma noção de valor absoluto.

Ética individual (uma das dez pistas para o futuro): trata-se de um movimento desejável em que cada um se responsabiliza por suas próprias regras de comportamento, em simbiose com a coletividade humana e a natureza. Essa expectativa é o exato oposto da realidade atual, em que o Estado (as leis) dita as regras de comportamento impostas a todos. É a passagem da infância submissa e rebelde para a idade adulta, consciente e dona de si.

Ética: segundo Lalande: "Ciência que tem como objeto o juízo de apreciação, enquanto se aplica à distinção entre o bem e o mal".

Evolucionismo cósmico: teoria nascida do encontro entre relatividade geral e big bang, de um lado, e visão teleológica à maneira de Bergson ou Teilhard, de outro. A ideia central é que o universo como um todo único e unitário é um sistema complexo que evolui, dilatando-se e complexificando-se, movido por uma força teleológica na direção de sua enteléquia.

Fotosfera, fotosférico: a segunda das camadas da cebola cósmica, em que a energia caótica da oosfera primordial se organiza como vibração eletromagnética para gerar a "luz" (*phos*, em grego).

Fractal (Benoît Mandelbrot): objeto geométrico abstrato de dimensão fracionária. A teoria dos fractais desempenhou um duplo papel na compreensão dos sistemas complexos (que evoluem quase sempre segundo processos fractais) e do caos (os atratores caóticos são fractais).

Fraternidade: a fraternidade implica um comportamento de irmãos pertencentes a uma mesma família, criados por uma mesma mãe e esclarecidos pelo mesmo pai. Distingue-se da amizade na medida em que não é um sentimento, mas uma construção, uma vontade, um projeto.

Frugalidade ecológica (uma das dez pistas para o futuro): essa noção é o exato oposto do motor da sociedade de consumo. É consumir de maneira frugal, ou seja, o mínimo e o melhor possível. Não se trata de ascetismo, privação, jejum ou outros, mas de colher o que é necessário e rejeitar o supérfluo (todos os supérfluos). É gerar mais do que destruímos para viver.

Gnosiosfera, gnosiosférico: essa palavra, formada com a mesma estrutura de litosfera, biosfera, sociosfera e noosfera, mas com a raiz *gnosio* (conhecimento global), indica a "camada" que virá sobrepor-se à noosfera, tão logo esta última tenha desenvolvido a capacidade de fazê-la surgir. a gnosiosfera será o lugar da junção e da interação dos conhecimentos (noosfera) em sistemas de conhecimento, do mesmo modo como a sociosfera é o lugar da junção e da interação dos seres vivos em sociedades organizadas e estruturadas.

Gratuidade (uma das dez pistas para o futuro): a noção de gratuidade é central para o desenvolvimento da economia cognitiva ou noética, para além da economia clássica. Ideias e informações gratuitas proliferam muito mais rapidamente do que as outras, portanto, tornam-se "regra" com mais facilidade (é o efeito "rumor") e ganham "valor" com mais rapidez.

Hermenêutica: ao contrário da exegese, que se ocupa do posicionamento de um texto em seu contexto local e histórico, a hermenêutica trata dos diferentes níveis de leitura, interpretação e significação dos textos.

Holismo, holístico: do grego *holon*: entidade global, totalidade etc. O princípio holístico afirma que o todo é mais que a soma de suas partes, em razão de propriedades emergentes originais que não pertencem a nenhuma das partes, mas nascem de suas interações. O *cassoulet* é muito mais do que justaposição de seus ingredientes, a maionese é irredutível a seus componentes etc. Essa característica holística dos sistemas torna a metodologia cartesiana (analítica e reducionista) inoperante e inadequada.

Homem noético: o homem noético não é de direita ou de esquerda, mas para a frente (ver *Criador cultural*).

Humanismo: a definição clássica de humanismo baseia-se neste aforismo: "O homem é a medida de todas as coisas", ou seja, o homem só presta conta a si mesmo. Ele é o centro, o cume e a meta do cosmo, e tudo deve ser feito para ele. O homem tem uma dignidade inalienável e incontornável, pelo simples fato de ser homem, independentemente do que faça.

Humildade: atitude que consiste em considerar que o mundo, o universo, o cosmo e, de modo mais geral, a vida e o espírito nos ultrapassam infinitamente, que somos ínfimos e insignificantes diante do real e que o respeito e a modéstia são necessários em tudo.

Ideias (ideias noéticas): do grego *eidos*, que significa "forma" (no sentido aristotélico do termo, em oposição a "substância"). Em sentido amplo, são os seres imateriais que povoam a noosfera. São noemas, conceitos, informações, símbolos, mas também teorias, modelos, metodologias...

Ideologia(s): sistema de doutrina ou de pensamento político que descreve de maneira dogmática a estrutura e o funcionamento da sociedade humana ideal e dos valores e princípios que a sustentam.

Ideosfera: designação dada algumas vezes à noosfera por certos pensadores, incomodados com a conotação "mística" que a palavra criada por Teilhard de Chardin adquiriu.

Imaterial: desprovido de materialidade. É imaterial todo ser informacional, como os conceitos, as ideias, os dados etc. Todo ser imaterial necessita imperativamente de um suporte material para existir, mas distingue-se dele de modo radical. O poema, seu sentido e sua emoção só são possíveis depois de impressos em papel, em um dado alfabeto, mas o poema jamais se reduz a esse substrato.

Incerteza (princípio de Heisenberg): Heisenberg formulou, em 1927, esse princípio da incerteza, que diz que é impossível conhecer ao mesmo tempo a posição e a velocidade de uma "partícula", não por causa da instrumentação, mas por motivos intrínsecos. A generalização desse princípio permitiu evidenciar a imprevisibilidade dos sistemas complexos e seu indeterminismo.

Lei dos efeitos perversos: essa lei é uma consequência da teoria dos sistemas complexos. Diz que uma causa pontual induz processos de reação, cujos resultados são muitas vezes o inverso do esperado. Um exemplo conhecido é o efeito que a lei das 35 horas de trabalho semanais, de autoria de Martine Aubry, teve sobre o desemprego: uma medida simplista imposta a um sistema complexo produz catástrofes. É a síndrome do aprendiz de feiticeiro.

Litosfera, litosférico: é a camada de matéria mineral (cristais, fluidos mais ou menos viscosos constituídos de moléculas imbricadas) que forma a "massa" dos astros (e da Terra) e na qual, às vezes, enraíza-se a biosfera dos seres vivos que se alimentam dela.

Matéria: forma estabilizada de energia aglomerada em "partículas" que se unem, por sua vez, em diferentes estágios de complexidade (*quarks*, léptons, bárions, átomos, moléculas, cristais, fluidos viscosos, vírus etc.) Segundo as mais recentes teorias físicas, a matéria afinal se resumiria às "supercordas", que seriam vibrações particulares do "vácuo quântico". A mesma matéria seria "desmaterializada".

Memória cósmica: dessa noção, desdobra-se a ideia de que toda atividade gera "rastros" que se conservam no "tecido" cósmico. A melhor metáfora é a do tronco que perpetua em círculos concêntricos todos os avatares da árvore que se sucederam ao longo das estações e dos anos.

Metáfora: a metáfora é um processo de transmissão global de uma ideia. Não se trata de uma transmissão analítica: "Temos isso e aquilo, e isso faz aquilo e aquilo interage como isso com aquilo outro etc.", mas de uma transmissão global: "É como...". Por exemplo: administrar uma empresa é como manobrar um veleiro em um mar tempestuoso. Quando dizemos isso, transferimos algo global, integrado.

Metalinguagem: por metalinguagem, devemos entender o surgimento de uma linguagem "para além" das linguagens clássicas, que são todas analíticas, redutoras, e transmitem do real apenas uma sequência ordenada de elementos, porque são incapazes de exprimir sua globalidade. A analogia, a metáfora e o símbolo fazem parte dessas metalinguagens.

Mito: o mito é uma metáfora expressa na forma de uma narrativa cuja interpretação simbólica fornece por analogia chaves de conhecimento (sobretudo metafísicas ou éticas). Cada "tribo" humana cria mitos próprios (mais ou menos numerosos, mais ou menos ricos) que fundam sua cultura, suas crenças e suas normas específicas. Os mitos fundadores de uma "tribo" são os que lhe dão sentido.

Mitologia: conjunto coerente dos mitos de determinada cultura.

Mobilidade virtual (uma das dez pistas para o futuro): ligada ao nomadismo, essa noção implica que o movimento se interiorizou e que o essencial não é mais passar de um lugar para outro, mas de uma ideia para outra.

Modernidade: por "modernidade" entendemos o conceito histórico de era "moderna", que começa no Renascimento italiano e termina com o fim das ideologias e o surgimento das tecnologias da informação e da comunicação (TICs), no fim da década de 1980.

Monismo: visão metafísica que reduz tudo o que existe, conhecido ou desconhecido, perceptível ou imperceptível, a uma unidade absoluta: o uno. O monismo é uma superação do panteísmo (que só vê o todo, sem transcendê-lo no uno). Opõe-se radicalmente a todos os dualismos (dos quais o platonismo, que distingue ideia e mundo com rigor) e todos os monoteísmos (dos quais o cristianismo, que distingue de maneira estrita mundo espiritual divino e mundo material). O monismo é a única metafísica logicamente compatível com o pensamento noético.

Moral, moral humanista: o mundo "moderno" veiculava uma ética e valores morais saídos diretamente do cristianismo: uma "moral de escravo", segundo Nietzsche, fundada na piedade, na caridade, na pureza, no sacrifício, na culpa e no pecado. Essa moral gerou a Declaração "Universal" dos Direitos do Homem.

Mundialização (ocidentalização/americanização): mundialização e mundialismo são dois dos vocábulos que designam o movimento profundo de globalização e de integração das atividades econômicas e políticas na sociosfera. A humanidade tornou-se, segundo McLuhan, uma "aldeia global", em que tudo interage com tudo. Infelizmente, mais do que respeitar e favorecer a bio, a etno e a noodiversidade, essa globalização tende a uniformizar, impondo o padrão ocidental, em particular o americano, como norma de vida e de comportamento.

Nanosfera, nanosférico: palavra criada segundo o modelo de "biosfera" ou "noosfera", designa a primeira "camada" da cebola cósmica, em que são geradas e combinadas as chamadas partículas elementares.

Noeconomia: neologismo que significa "econômico noético" ou "economia do conhecimento".

Noese, noema: o noema é a entidade noética, a entidade do conhecimento autônomo. Significado corrente (dicionário *Le Petit Robert*): "O ato pelo qual pensamos (o que pensamos é o noema), n.f. 1043, do grego *noêsis*".

Noética: a noética (do grego *noos*: conhecimento, espírito, inteligência) é o conjunto das ciências, técnicas e ferramentas próprias da noosfera. Refere-se ao estudo e ao desenvolvimento de todas as formas de conhecimento e de criação que geram e alimentam a noosfera. Podemos falar de uma nova área: esta se apoia em outras disciplinas, como a Filosofia, a Antropologia, a Física e a Sistêmica. Significado corrente (dicionário *Le Petit Robert*): "Do pensamento (noese)", adj. 1950, do grego *noêtikos*". Também é entendido como o estudo da noosfera, estudo do conhecimento como sistema complexo organizado, evolutivo e dinâmico, estudo do espírito.

Noético: pessoa cuja profissão ou prática é a noética.

Noologia: nome dado por Edgar Morin às ciências do conhecimento. Nesse sentido, sinônimo de "noética".

Noosfera, noosférico: a noosfera é a "camada" de saberes e conhecimentos que cobre a Terra e suas redes; sobrepõe-se à sociosfera. A palavra foi criada por Teilhard de Chardin (1881-1955), que a definiu da seguinte maneira em *La place de l'homme dans la nature*: "Noosfera (ou esfera pensante) superposta coextensivamente [...] à biosfera".[2] A noosfera designa de modo genérico o conjunto das redes de ideias e conhecimentos em que se desenvolvem os processos de criação, memorização, transformação e transmissão dos noemas. É o lugar de todas as proliferações autônomas. Embora seja uma "camada" imaterial enxertada na sociosfera humana, é distinta dela (como a árvore se enraíza no húmus, mas distingue-se dele).

Oosfera, oosférico: no modelo da cebola cósmica que simboliza a sobreposição de "camadas" cada vez mais complexas, a oosfera designa a camada fundamental, lugar da energia nativa e caótica; é o pano de fundo do cosmo.

Paradigma: conjunto de valores, marcos, referenciais e princípios, não raro implícitos e até inconscientes, que forma o substrato ideológico de um grupo, de uma etnia, de uma cultura ou de uma civilização. Assim, o paradigma noético é chamado a substituir o paradigma "moderno", que se baseia no materialismo, no antropocentrismo, no cartesianismo, no ateísmo e no mercantilismo.

Pensamento noético: o pensamento noético abrange as vias de conhecimento que superam o simples e clássico pensamento cartesiano. Reabilita modos de pensar como a intuição, a metáfora, a simbólica, as lógicas não aristotélicas, os métodos sistêmicos, os modelos holísticos etc.

---

2 TEILHARD DE CHARDIN, P. *La place de l'homme dans la nature*. Paris: Plon, 1995.

Pós-racionalidade: a pós-racionalidade é a superação da racionalidade e, ao mesmo tempo, da irracionalidade. Exprime a imperiosa necessidade de reabilitar e desenvolver vias e métodos de conhecimento alternativos e complementares à mera razão. Entre esses métodos estão as metalinguagens (das quais as linguagens simbólicas e metafóricas) e as metalógicas (das quais as analogias e as lógicas dialéticas e trialéticas).

Processo noético: todo processo por meio do qual se cria ou se transforma conhecimento.

Prospectiva: disciplina e técnica que visam não a "prever" o futuro (o futuro é imprevisível e será o que fizermos), mas a estudar seus processos, seus possíveis e seus desejáveis. É procurar e encontrar no presente as sementes que o futuro pode utilizar para se realizar.

Real: noção metafísica que designa o fundo último de tudo que existe e é a fonte única e profunda de todas as mensagens percebidas e concebidas por nossa consciência humana. Essa noção de "real" tende a superar as noções caducas da metafísica clássica, como o ser em si, o número etc. O real é o que existe e advém independentemente do olhar que lhe dirige o homem; este só percebe e designa as aparências do real percebidas pelas janelas estreitas, fracionadas e parciais de seus sentidos.

Realização/consumação (processo de realização/consumação) (uma das dez pistas para o futuro): todo sistema, sobretudo complexo, possui potencialidades que constituem sua vocação íntima e intrínseca e procuram se realizar por intermédio das oportunidades oferecidas pelo meio.

Rede: em sentido amplo (e matemático), uma rede é um conjunto de nós interligados por laços. Observe-se que o número de laços possíveis aumenta à razão do quadrado do número de nós. Assim como as tecnologias, cujo papel noético é crucial (telecomunicações, internet, satélites geoestacionários etc.), o modo de funcionamento coletivo comum também será em rede, em total oposição às hierarquias piramidais clássicas. Mais flexíveis e adaptáveis do que a hierarquia, as redes permitem um número muito maior de relações possíveis entre os nós. Observe também que a noosfera é o resultado de todos os conhecimentos, no sentido mais amplo da palavra.

Reducionismo: ver *Cartesianismo*.

Religião: as religiões são expressões coletivas e institucionalizadas de uma fé que muitas vezes se sustenta nas palavras e nos atos de um profeta fundador ou na interpretação de textos ditos sagrados. É essencial distinguir as noções de fé (crescimento espiritual ou metafísico pessoal), tradição (*corpus* espiritual próprio de um grupo), religião (expressão coletiva e regrada de uma tradição) e Igreja (instituição humana que se erige em mantenedora ou defensora de uma religião em particular). A era noética verá o fortalecimento da fé, a mestiçagem das tradições, o declínio das religiões e o desaparecimento das Igrejas.

Revolução coperniciana: o mundo humano e, portanto, o homem não são mais o centro do mundo. A humanidade não é mais do que um acidente periférico da história da vida no cosmo.

Revolução evolucionista: o homem não é mais o centro e o cume da "criação", um deus caído ou a imagem de um deus transcendente, mas o elo entre o pré--humano e o sobre-humano.

Revolução noética: o homem se tornará noético, se aceitar o desafio, assumir sua missão e reconhecer sua vocação. Ele escapará da sociosfera pelo alto, colocando-se a serviço da biosfera por baixo. Noologia e ecologia unem-se para levar o homem a superar a si mesmo, a tornar-se maduro e a criar conhecimento, tirando pouco da natureza. Será o fim do homem egocêntrico e das sociedades antropocêntricas. Será o fim do primado do político e do econômico sobre o humano.

Rito: aplicação codificada dos mitos próprios de uma "tribo". O rito é uma encenação simbólica das narrativas fundadoras e metafóricas específicas de um grupo cultural humano. A páscoa judia, a missa cristã, a oração muçulmana ou a iniciação maçônica são exemplos disso.

Saber (diferente de conhecimento): ao contrário do conhecimento, que é vivo e dinâmico, o saber é um elemento fixo e rígido de memória: "Sei que a batalha de Marignan foi em 1515". O conhecimento desenvolve saberes, combinando--os, triturando-os, associando-os etc.

Sentido (busca de sentido): qualquer consciência, mesmo que mal tenha despertado, faz a pergunta fundamental: "Por quê?". Leibniz perguntava-se: "Por que existe alguma coisa, em vez de nada?". E Camus: "Por que viver?". Todas as tradições metafísicas e espirituais se construíram a partir desses questionamentos fundamentais. O universo tem sentido ou não passa de um absurdo, um brinquedo do acaso e da necessidade? Com Teilhard de Chardin e outros, a noética responde: o universo tem um sentido, que é consumar todos os possíveis por meio de complexificações sucessivas, em especial aqui e agora, passando do estágio sociosférico para o estágio noosférico.

Símbolo, pensamento simbólico: é símbolo todo significante desimpedido de seu(s) significado(s). Um objeto ou uma palavra tornam-se símbolo quando não os vemos mais pelo que designam diretamente, mas como portadores de uma significação latente ou oculta, que devemos descobrir ou inventar. O pensamento simbólico é um método de criação de conhecimento que se vale de um conjunto de símbolos.

Sociedade da informação e da comunicação: a sociedade do conhecimento e da informação é a expressão sociológica da era noética no dia a dia. Na declaração de Lisboa, a União Europeia reconheceu que estamos entrando na sociedade do conhecimento e da informação e manifestou o desejo de que a Europa seja pioneira.

Sociedade industrial e capitalista: é a sociedade "moderna" que estamos abandonando que em breve será substituída pela sociedade noética ou pela sociedade do conhecimento e da informação.

Sociedade noética (ver *Era noética*): quase sinônimo de "sociedade do conhecimento e da informação".

Sociosfera, sociosférico: ainda segundo o modelo da cebola cósmica, a sociosfera é o conjunto das organizações complexas de vida coletiva, tanto heterogênea (florestas, charcos) quanto homogênea (colmeias, tribos humanas). Em sentido restrito, indica apenas as sociedades humanas.

Tecnologias brandas (uma das dez pistas para o futuro): por "tecnologias brandas" devemos entender um conjunto de técnicas não violentas, que necessitam de pouca energia e consomem pouca matéria. Em oposição, encontramos as tecnologias "duras" ou "pesadas", como a siderurgia, a indústria automobilística etc.

Teleologia (princípio teleológico): etimologicamente, a teleologia é discurso sobre as finalidades. De modo mais preciso, o princípio teleológico é o princípio sistêmico que afirma que todo sistema evolui a fim de realizar sua vocação íntima, conforme as oportunidades oferecidas por seu ecossistema. Isso significa que todo sistema evolui como se perseguisse uma meta, uma finalidade (a de se realizar plenamente). No entanto, como essas finalidades são relativas e variáveis no tempo, devemos evitar o finalismo.

Teologia(s): etimologicamente, é "discurso sobre Deus ou sobre os deuses". Historicamente, só existe teologia cristã ou muçulmana. Nas outras religiões ou movimentos espirituais, nada pode ser dito de ou sobre o divino (são chamados "apofáticos"). A(s) teologia(s) forma(m) um ramo particular da filosofia racional, oposto à "mística"; esta se coloca para além da razão e nada diz de Deus, mas vive em Deus.

Termodinâmica: a termodinâmica é a parte da Física que estuda as trocas de energia dentro de meios macroscópicos. Baseia-se em dois grandes princípios: o da conservação da energia e o da maximização da entropia (isto é, da homogeneidade). Em razão em especial do trabalho de Prigogine, a termodinâmica foi ponto de partida para muitas descobertas no campo dos sistemas instáveis ou complexos. Essas descobertas permitiram esclarecer as difíceis noções de ordem e desordem, bem como as de processos evolutivos e estruturas organizacionais.

TIC (Tecnologia da Informação e da Comunicação): as tecnologias da informação e da comunicação abrangem todas as ciências e técnicas relacionadas à informática (hardware e software) e às telecomunicações, a teoria da informação, as nanotecnologias, a microeletrônica, as tecnologias do laser e das fibras ópticas etc.

Transcendência: é transcendência o que está além, acima, o que engloba e integra, o que contém e dá sentido. No sentido clássico, é um dos atributos divinos, pois Deus está além e acima desse todo que ele engloba, integra e supera infinitamente. Nesse sentido (Deus está acima de tudo), opõe-se à imanência (Deus está em tudo). O vedanta e os upanixades indianos resolvem essa oposição aparente pela equação: *brahman* (transcendência absoluta) igual a *atman* (imanência absoluta).

Universo: o universo é o conjunto de tudo que existe (em especial no sentido das ciências físicas); nesse sentido, é quase sinônimo de "natureza" ou "cosmo". Também pode ser considerado a parte material do ser, ao passo que a parte não material (espiritual) pertenceria ao divino. Note-se que os dualismos espírito/matéria, Deus/universo etc., são todos artificiais e resolvem-se na visão monista comum ao paradigma noético e às tradições taoistas, hinduístas, budistas, cabalistas, sufis e místicas.

Valor: quanto mais valor, mais caro, nos dois sentidos da palavra: no sentido econômico, é caro o que custa muito dinheiro; no sentido afetivo, é caro aquilo por que temos um forte apego. O olhar noético é crítico dos dois sentidos da palavra. Prefere a noção de valor de uso à noção clássica de valor de troca dos objetos, a ideia de ética amoral à ideia de "valor moral".

Vida (sobrevivência): a história da noção de vida[3] mostra a dificuldade de se definir a vida. O que é o vivente? Responde a noética: tudo. A vida é uma característica cósmica inerente a tudo que existe, mesmo ao que parece inerte (o mesmo acontece com o pensamento, aliás). Sendo assim, podemos falar de hilozoísmo (tudo que existe vive). Uma vez que haja evolução cósmica, há vida cósmica em via de se consumar e realizar.

Vocação: a noção de vocação é central na visão noética: todo sistema, seja qual for, exprime a realização de uma vocação, isto é, a realização progressiva de uma semente de potencialidades que desabrocha no encontro com as oportunidades oferecidas pelo meio em que vive. Isso vale para uma árvore, para os homens, para uma empresa ou para uma civilização. Vale também para a Terra tomada como um todo, portanto, para Gaia.

---

3 Ver PICHOT, A. *Histoire de la notion de vie*. Paris: Gallimard, 1993.

Personalidades citadas

Os parteiros da revolução noética.

Aristóteles: discípulo de Platão, preceptor de Alexandre, o Grande, grande inspirador da filosofia medieval. Podemos considerá-lo o fundador do racionalismo (uma das formas do idealismo platônico: o do "verdadeiro" absoluto). O tratado *De anima* foi o primeiro a falar da "noese", o ato de pensamento, e da noética.

Atlan, Henri: biólogo francês contemporâneo. Pensador da pós-racionalidade (*Com razão ou sem ela* e *Tudo, não, talvez*) e dos métodos sistêmicos (*Entre o cristal e a fumaça*).

Bachelard, Gastón: pensador francês. Grande iniciador do pensamento metafórico (*A chama de uma vela*).

Baudelaire, Charles: poeta francês. Um dos principais pilares da escola simbolista (*As flores do mal*).

Becquerel, Henri: físico francês. Foi o primeiro a descobrir a radioatividade dos átomos, rompendo assim com o mito cientificista do "tijolo" elementar indivisível, imutável e universal.

Bergson, Henri: filósofo francês. Foi o grande pensador do evolucionismo (*A evolução criadora*) e da espiritualização da matéria (*Matéria e memória*).

Boehme, Jacob: místico sueco, sapateiro de profissão. Grande representante do monismo radical no Ocidente cristão, com Mestre Eckhart e alguns outros.

Buber, Martin: filósofo judeu. Foi o teórico da noção filosófica de Encontro (*Eu e tu*).

Capra, Fritjof: físico americano contemporâneo, autor do famoso *O tao da física*. Depois de Heisenberg), foi um dos primeiros a buscar correspondências fortes e profundas entre as teorias físicas contemporâneas e as místicas orientais.

Darwin, Charles: biólogo inglês de origem escocesa. Teórico da evolução das espécies e inventor da lei da seleção natural.

Dawkins, Richard: biólogo inglês pós-darwiniano. Afirma em *O gene egoísta* que a única finalidade de toda existência é a transmissão do patrimônio genético.

De Bono, Edward: pesquisador americano da escola de Palo Alto. Contribuiu fortemente para o estabelecimento de novas técnicas de criatividade (*O pensamento lateral*).

Descartes, René: militar francês exilado na Holanda. Espírito curioso e de interesses variados e dispersos. Aventurou-se na física e na fisiologia, em um quadro estritamente mecanicista, opondo-se a Newton e a Pascal. Autor do (demasiado) célebre *Discurso do método para bem conduzir a razão e buscar a verdade nas ciências*, que, apesar de todos os fracassos científicos, formalizaria de maneira duradoura as regras do pensamento racionalista, analítico e reducionista.

Eckhart (Mestre Eckhart): dominicano alemão. O primeiro da fila dos místicos renanos, defensor de um monismo radical e do "desapego".

Einstein, Albert: físico judeu americano-alemão, último grande gênio da física mecanicista clássica e precursor genial da física quântica. É sozinho o elo entre o velho e o novo paradigma.

Ferguson, Marilyn: escritora americana (*A conspiração aquariana*). Precursora de Paul Ray e inspiradora da New Age, pôs em evidência uma mudança de mentalidade fundamental e descobriu *avant la lettre* a existência dos criadores culturais.

Heráclito de Éfeso, o Obscuro: filósofo grego pré-socrático. O primeiro a pensar uma metafísica do devir, com seu *pantha rhei* (tudo flui).

Lamarck, Jean-Baptiste de Monet: naturalista francês. Pai do evolucionismo moderno (transformismo), muito antes de Darwin.

Lao-Tsé: sábio e filósofo chinês (século VI a.C.), autor (suposto) do *Tao Te King* ("Clássico do caminho e da virtude"). É o fundador da espiritualidade taoísta, que, no encontro com o budismo do Grande Veículo de Bodhidharma, resultou no *ch'an* e, deste, no zen. Desenvolveu uma poderosa metafísica do devir e da impermanência, do desapego e da rejeição dos artifícios humanos em favor de uma vida em profunda harmonia com a natureza. Nesse sentido, com Heráclito de Éfeso, é provavelmente o mais antigo precursor do pensamento noético.

Lemaître, Georges (cônego Lemaître): eclesiástico belga, professor em Louvain. Ao lado de Friedman e Gamow, foi um dos primeiros a abrir as portas para o modelo cosmológico hoje conhecido como big bang.

Lovelock, James: naturalista e ecologista inglês contemporâneo. É o pai da hipótese de Gaia (*La Terre est un être vivant*), que foge de maneira radical da visão analítica e transforma a Terra em um todo integrado e integrante, um organismo vivo, unitário e único.

Mandelbrot, Benoit: matemático francês, residente nos Estados Unidos. É o criador do conceito de fractal, que é cada vez mais central nas teorias dos sistemas complexos.

Montaigne, Michel Eyquem de: pensador e sábio francês de origem judia, nascido em Bordeux. Em seus *Ensaios* desenvolve uma visão já muito noética do homem, na linha direta da filosofia estoica.

Morin, Edgar: sociólogo francês contemporâneo. Um dos primeiros a tentar formalizar o pensamento e o método sistêmicos.

Nietzsche, Friedrich: filósofo de origem alemã. Devemos nos lembrar de que ele se dizia antialemão e profundamente europeu. Grande precursor, ou até fundador, do pensamento noético (aforismos, metáforas, símbolos) e da metafísica do devir ("Torna-te quem és"), é também o maior crítico do pensamento "moderno" racionalista e da moral cristã. Em relação a Apolo e Dioniso, Nietzsche opõe as visões apolínea e dionisíaca do mundo. O deus grego da beleza, da ordem, da luz e da harmonia simboliza o idealismo, exatamente o oposto de Dioniso, o feio deus da embriaguez, das forças subterrâneas terrestres (ctônicas) e da *hybris* (a desmedida), mas também o deu do conhecimento inventivo e criador, para além dos saberes rígidos. Na visão apolínea, o mundo procura o repouso, a imutabilidade, a harmonia estabelecida. Na dionisíaca, o mundo é uma fusão ctônica, atormentado eternamente por forças tenebrosas que o forjam em alternâncias criativas e destrutivas. Dioniso é o Shiva ocidental.

Parmênides de Eleia: filósofo pré-socrático contemporâneo de Heráclito de Éfeso. Funda a metafísica do ser imutável, para além do tempo e dos "acidentes" que constroem a existência.

Pascal, Blaise: filósofo e matemático francês, inimigo de Descartes. Seus *Pensamentos* refletem um processo interior febril (dionisíaco, poderíamos dizer) que alia e supera a razão raciocinante e a intuição mística.

Prigogine, Ilya: físico russo naturalizado belga. É um dos pilares do recente desenvolvimento das teorias dos sistemas complexos e suas consequências filosóficas.

Saint-Exupéry, Antoine de: escritor francês. Inspirou-se em suas experiências como piloto de avião para exaltar o sentido da obra que se deve realizar para além da mediocridade do ego (*Cidadela*).

Sheldrake, Rupert: biólogo inglês pós-darwiniano. É o inventor da teoria dos campos mórficos (*O renascimento da natureza*).

Shiva: no panteão hindu, Shiva é o correspondente exato do Dioniso grego. Ao mesmo tempo construtor e destruidor (no ciclo dialético em que se encontra o modelo chinês do *yin* e do *yang*). Com Brahma e Vishnu, compõe a trimúrti (sistema trinitário hindu). Brahma é o fundador/fundamento do todo; Vishnu, que é o equivalente do Apolo grego, simboliza o equilíbrio, o repouso e a pacificação; Shiva é a efervescência criadora, o movimento e a vida por meio de suas sucessivas mortes/nascimentos.

Tchuang-Tsé: filósofo e sábio chinês. Sucessor de Lao-Tsé, acredita-se que nasceu um século ou dois depois dele. É o metafísico por excelência do devir. Seu estilo é essencialmente aforístico e metafórico.

Teilhard de Chardin, Pierre (s.j.): jesuíta francês, passou a maior parte de sua vida na China. Opunha-se com tristeza ao dogmatismo católico; foi depois reabilitado pela Igreja Católica Romana. Devemos a palavra "noosfera" a esse grande pensador do evolucionismo cósmico, que foi ao mesmo tempo filósofo, cientista e místico.

Von Bertalanffy, Ludwig: médico e sistemático americano. Foi o primeiro que escreveu uma *Teoria geral dos sistemas,* em 1968.

Referências bibliográficas

AMZALLAG, G. N. *L'Homme végétal. Pour une autonomie du vivant*. Paris: Albin Michel, 2003.
ANDLER, D. *Introduction aux sciences cognitives*. Paris: Gallimard, 1992. [Ed. bras.: *Introdução às ciências cognitivas*. São Leopoldo: Unisinos, 1998.]
ATLAN, H. *À tort et à raison: intercritique de la science et du mythe*. Paris: Seuil, 1986.
ATLAN, H. *Entre le cristal et la fumée: essai sur l'organisation du vivant*. Paris: Points, 1986. [Ed. bras.: *Entre o cristal e a fumaça: ensaio sobre a organização do ser vivo*. Rio de Janeiro: Jorge Zahar, 1992.]
ATLAN, H. *Tout non peut-être: éducation et vérité*. Paris: Seuil, 1991.
ATTALI, J. *Dictionnaire du XXIème siècle*. Paris: Fayard, 1998. [Ed. bras.: *Dicionário do século XXI*. Rio de Janeiro: Record, 2001.]
BACHELARD, G. *La flamme d'une chandelle*. Paris: PUF, 1996. [Ed. bras.: *A chama de uma vela*. Rio de Janeiro: Bertrand Brasil, 1989.]
BAUDELAIRE, C. *Les fleurs du mal et autres poèmes*. Paris: GF-Flammarion, 1964. [Ed. bras.: *As flores do mal*. Porto Alegre: Sulina, 2008.]
BENKIRANE, R. *La complexité, vertiges et promesses: 18 histoires de sciences*. Paris: Le Pommier, 2002.
BERGER, P.; POMEAU, Y.; DUBOIS-GANCE, M. *Des rythmes au chaos*. Paris: Odile Jacob, 1997. [Ed. bras.: *Dos ritmos ao caos*. São Paulo: UNESP, 1996.]
BERGSON, H. *L'évolution créatrice*. 11.ed. Paris: PUF, 2007. [Ed. bras.: *A evolução criadora*. São Paulo: Martins Fontes, 2005.]
BERGSON, H. *Matière et mémoire*. 8.ed. Paris: PUF, 2008. [Ed. bras.: *Matéria e memória*. 2.ed.. São Paulo: Martins Fontes, 1999.]
BERTALANFFY, L., *Théorie générale des systèmes*. Paris: Dunod, 1980. [Ed. bras.: *Teoria geral dos sistemas*. São Paulo: Vozes, 2008.]

BONÉ, E. *Dieu, hypothèse inutile?* Bruxelas, Racine, 1999.

BOYER, P. *Le romantisme allemand.* Paris: MA Éditions, 1985.

BUBER, M. *Je et tu.* Paris: Aubier Montaigne, 1992. [Ed. bras.: *Eu e tu.* São Paulo: Centauro, 2001.]

CAPRA, F. *Le tao de la physique.* Paris: Sand, 1986. [Ed. bras.: *O tao da física.* 23. ed. São Paulo: Cultrix, 2005.]

CARRIÈRE, J. C. *La controverse de Valladolid.* Paris: Flammarion, 1992. [Ed. bras.: *A controvérsia.* São Paulo: Companhia das Letras, 2003.]

CHENG, A. *Histoire de la pensée chinoise.* Paris: Seuil, 1997. [Ed. bras.: *História do pensamento chinês.* Petrópolis: Vozes, 2008.]

CROZIER, M. *Le phénomène bureaucratique.* Paris: Seuil, 1963. [Ed. bras.: *O fenômeno burocrático.* Brasília: UnB, 1963.]

DAWKINS, R. *Le gène égoïste.* Paris: Odile Jacob, 2003. [Ed. bras.: *O gene egoísta.* São Paulo: Companhia das Letras, 2007.]

DE BONO, E. *Lateral thinking.* Nova York: Perennial Library, 1990. [Ed. bras.: *O pensamento lateral.* 2.ed. Rio de Janeiro: Nova Era, 1995.]

DENNETT, C. D. *La conscience expliquée.* Paris: Odile Jacob, 1993.

DESCARTES, R. *Discours de la méthode.* Paris: Nathan, 1998. [Ed. bras.: *Discurso do método.* 3.ed. São Paulo: Abril Cultural, 1983.]

DEWANDRE, P. *La parabole du barrage: vers une nouvelle organisation du travail.* Paris: Les Presses du Management, 1999.

DRUCKER, P. F. *Post-Capitalist Society.* Nova York: Harper Collins Publishers, 1993. [Ed. bras.: *Sociedade pós-capitalista.* São Paulo: Pioneira, 1994.]

ECKHART (Mestre). *Traité du détachement.* Paris: Gallimard, 1987. [Ed. bras.: *Sobre o desprendimento.* São Paulo: Martins Fontes, 2004.]

EINSTEIN, A. *Pensées intimes.* Paris: Du Rocher, 2000.

FERGUSON, M. *Les enfants de Verseau.* Paris: Calmann-Lévy, 1994. [Ed. bras.: *A conspiração aquariana.* 14. ed. Rio de Janeiro: Nova Era, 2009.]

FEYERABEND, P. *Contre la méthode: esquisse d'une théorie anarchiste de la connaissance.* Paris: Seuil, 1979. [Ed. bras.: *Contra o método.* São Paulo: UNESP, 2007.]

GAUDIN, T.; L'YVONNET, F. *Discours de la méthode créatrice.* Gordes: Le Relié, 2003.

GLEICK, J. *La théorie du chaos: vers une nouvelle science.* Paris: Flammarion, 1991. [Ed. bras.: *Caos: a criação de uma nova ciência.* Rio de Janeiro: Campus, 1990.]

GRANET, M. *La pensée chinoise.* Paris: Albin Michel, 1968. [Ed. bras.: *O pensamento chinês.* Rio de Janeiro: Contraponto, 1997.]

HALÉVY, M. *De l'être au devenir.* [s.l.]: Ed. L'arbre d'or, 2004.

HALÉVY, M. Flâneries en noétique. In: CENTRE INTERDISCIPLINAIRE D'ÉTUDES PHILOSOPHIQUES DA UNIVERSIDADE DE MONS-HAINAUT (Cephum). (Org.). *Théories et pratiques de la création.* Mons-Hainaut: Cephum, 2003.

HALÉVY, M. *L'entreprise réinventée: le grand virage des managers*. Namour: Les Éditions Namouroises, 2003.

HALÉVY, M. *La métamorphose de l'homme papillon*. Bruxelas: Presses Interuniversitaires Européennes, 1989.

HALÉVY, M. *Le management selon Lao-Tseu*. [s. l.]: L'Harmattan, 2004.

HALÉVY, M. *Lorsque je devins roi...* Jambes: Le Hêtre Pourpre, 1995.

HALÉVY, M. *Tao et management*. [s.l.]: Editions d'Organisations, Eyrolles, 2009

HERBERT, J. *La spiritualité hindoue*. Paris: Albin Michel, 1972.

ISRAËL, L. *Cerveau droit, cerveau gauche*. Paris: Plon, 1995.

KOESTLER, A. *Le cheval dans la locomotive*. Paris: Calmann-Lévy, 1967.

L'YVONNET, F. (Org.). *D'un millénaire à l'autre: la grande mutation*. Paris: Albin Michel, 2000.

LALANDE, A. *Vocabulaire technique et critique de la philosophie*. 5.ed. Paris: Quadrige/PUF, 1999. [Ed. bras.: *Dicionário técnico e crítico da filosofia*. 3. ed. São Paulo: Martins Fontes, 1999.]

LAO-TSÉ, *Tao Te King*. Paris: La Pléiade, 1967. [Ed. bras.: *Tao Te King*. São Paulo: Cultrix, 1997.]

LASZLO, E. *Aux racines de l'univers: vers l'unification de la connaissance scientifique*. Paris: Fayard, 1992.

LASZLO, E. *La grande bifurcation. Une fin de siècle cruciale*. Versalhes: Tacor International, 1990.

LE MOIGNE, J. L. *La théorie du système général: théorie de la modélisation*. Paris: PUF, 1977.

LÉVY, E. *Les maîtres censeurs*. Paris: Lattès, 2002.

LIPOVETSKY, G. *L'ère du vide: essais sur l'individualisme contemporain*. Paris: Gallimard, 1983. [Ed. bras.: *A era do vazio: ensaios sobre o individualismo contemporâneo*. São Paulo: Manole, 2005.]

LOVELOCK, J. *La Terre est un être vivant: pourquoi il faut sauver la Terre?* Paris: Du Rocher, 1986.

LUPASCO, S. *Les trois matières*. Paris: Julliard, 1960.

LUYCKX, G. M. *Au-delà de la modernité, du patriarcat et du capitalisme: la société réenchantée?* Paris: L'Harmattan, 2001.

MC LUHAN, M. H. *Guerre et paix dans le village planétaire*. Paris: Robert Lafont, 1970. [Ed. bras.: *Guerra e paz na aldeia global*. Rio de Janeiro: Record, 1971.]

MONOD, J. *Le hasard et la nécessité*. Paris: Seuil, 1970. [Ed. bras.: *O acaso e a necessidade*. 6. ed. Petrópolis: Vozes, 2006.]

MONOD, T. *Et si l'aventure humaine devait échouer...* Paris: Le Livre de Poche, 2002.

MONTAIGNE, M. *Essais*. Paris: Gallimard, 2002. [Ed. bras.: *Os ensaios*. São Paulo: Martins Fontes, 2000.]

MORIN, E. *La méthode*. 6v. Paris: Seuil, 1980. [Ed. bras.: *O método*. 6v. Porto Alegre: Sulina, 1999.]

MORIN, E. *La méthode: la connaissance de la connaissance*. Paris: Seuil, 1986. v.3. [Ed. bras.: *O método: conhecimento do conhecimento*. Porto Alegre: Sulina, 1999. v.3.].

MORIN, E. *La méthode: les idées. leur habitat, leur vie, leurs moeurs, leur organisation.* v.4. Paris: Seuil, 1991. [Ed. bras.: *O método: as ideias*. v.4. Porto Alegre: Sulina, 1998. v.4.]

MORIN, E. *Le paradigme perdu: la nature humaine*. Paris: Seuil, 1973. [Ed. bras.: *O paradigma perdido: a natureza humana*. Mem Martins: Europa-América, 1973.]

NICOLESCU, B. *La transdisciplinarité manifeste*. Paris: Du Rocher, 1996.

NIETZSCHE, F. *Oeuvres*. 2v. Paris: Robert Laffont, 1993.

NOTTALE, L.; GHALINE, J.; GROU, P. *Les arbres de l'évolution*. Paris: Hachette Littératures, 2000.

PARROCHIA, D. *Philosophie des réseaux*. Paris: PUF, 1993.

PASCAL, B. *Pensées*. Paris: Le Livre de Poche, 1972. [Ed. bras.: *Pensamentos*. 2.ed. São Paulo: Martins Fontes, 2005.]

PETERS, T. *Le chaos du management: manuel pour une nouvelle prospérité de l'entreprise*. Paris: InterEditions, 1988.

PICHOT, A. *Histoire de la notion de vie*. Paris: Gallimard, 1993.

PRIGOGINE, I. *L'homme devant l'incertain*. Paris: Odile Jacob, 2001.

PRIGOGINE, I. *Les lois du chaos* Paris: Flammarion, 1994. [Ed. bras.: *As leis do caos*. São Paulo: UNESP, 2002.]

PRIGOGINE, I. *Physique, temps et devenir*. Paris: Masson, 1982.

PRIGOGINE, I.; STENGERS, I. *Entre le temps et l'éternité*. Paris: Fayard, 1988. [Ed. bras.: *Entre o tempo e a eternidade*. São Paulo: Companhia das Letras, 1992.]

PRIGOGINE, I.; STENGERS, I. *La nouvelle alliance: Métamorphose de la science*. Paris: Gallimard, 1979. [Ed. bras.: *A nova aliança*. Brasília: UnB, 1997.]

RAY, H. P. *Emergence des créatifs culturels, un changement de société*. Gap: Yves Michel, 2001.

REDFIELD, J. *La prophétie des Andes*. Paris: Robert Laffont, 1994. [Ed. bras.: *A profecia celestina*. Rio de Janeiro: Fontanar, 2009.]

RENAN, E. *Souvenirs d'enfance*. Paris: Nelson & Calmann Lévy, 1936. [Ed. bras.: *Recordações de infância e juventude*. Rio de Janeiro: José Olympio, 1944.]

ROSNAY, J. de. *L'homme symbiotique*. Paris: Seuil, 1995. [Ed. bras.: *O homem simbiótico*. Petrópolis: Vozes, 1997.]

ROSNAY, J. de. *Le macroscope: vers une vision globale*. Paris: Points, 1975.

RUELLE, D. *Hasard et chaos*, Paris: Odile Jacob, 1991. [Ed. bras.: *Acaso e caos*. São Paulo: UNESP, 1993.]

RUYER, R. *Gnose de Princeton*. Paris: Fayard, 1974. [Ed. bras.: *A gnose de Princenton*. São Paulo: Cultrix, 1989.]

SAINT-EXUPÉRY, A. de. *Citadelle*. Paris: Gallimard, 1948. [Ed. bras.: *Cidadela*. São Paulo: Quadrante, 1969.]

SAMUELSON, P. *L'économique*. Paris: Armand Colin, 1975. [Ed. bras.: *Economia*. 18. ed. São Paulo: McGraw Hill/ Artmed, 2005.]
SAPOVAL, B. *Universalités et fractales*. Paris: Flammarion, 1997.
SCEPS, *Quadrillage du futur*. v.2. Bruxelas: Presses Interuniversitaires Européennes, 1997.
SÉDILLOT, R. *Histoire morale et immorale de la monnaie*. Paris: Bordas, 1989.
SHELDRAKE, R. *L'âme de la nature*. Paris: Albin Michel, 2001. [Ed. bras.: *O renascimento da natureza*. São Paulo: Cultrix, 1993.]
SMEDT, M. de. *L'éloge du silence*. Paris: Albin Michel, 1989.
STEWART, I. *Dieu joue-t-il aux dés? Les mathématiques du chaos*. Paris: Flammarion, 1994. [Ed. bras.: *Será que Deus joga dados?* Rio de Janeiro: Jorge Zahar, 1991.]
TEILHARD DE CHARDIN, P. *La place de l'homme dans la nature*. Paris: Plon, 1995.
TEILHARD DE CHARDIN, P. *Oeuvres complètes*. Paris: Seuil, 1970.
THOM, R. *Paraboles et catastrophes*. Paris: Flammarion, 1980.
THOM, R. *Prédire n'est pas expliquer*. Paris: Flammarion, 1991.
TRINH XUAN THUAN. *Le chaos et l'harmonie: la fabrication du réel*. Paris: Fayard, 1998.
WALLISER, B. *Systèmes et modèles: introduction critique à l'analyse des système*. Paris: Seuil, 1977.
WATZLAWICK, P. *La réalité de la réalité: confusion, désinformation, communication*. Paris: Seuil, 1978.
WERBER, B. *L'ultime secret*. Paris: Albin Michel, 2001.

Obras de Marc Halévy

De l'être au devenir. [s.l.]: Ed. L'arbre d'or, 2004.
Flâneries en noétique. In: CENTRE INTERDISCIPLINAIRE D'ÉTUDES PHILOSOPHIQUES DE L'UNIVERSITÉ DE MONS-HAINAUT (Cephum). (Org.). *Théories et pratiques de la création*. Mons-Hainaut: Cephum, 2003.
Le management selon Lao-Tseu. Paris: L'Harmattan, 2004.
L'entreprise réinventée: le grand virage des managers. Namour: Les Éditions Namouroises, 2003.
L'info-centre. In: VV.AA. *Organisation et informatique*. Bruxelas: Presses Universitaires de Bruxelles, 1985.
L'oeil de Pinocchio. Bruxelas: Maran Communications, 1999.
La métamorphoses de l'homme papillon. Bruxelas: Presses Interuniversitaires Européennes, 1989.
Lorsque je devins roi... Jambes: Le Hêtre Pourpre, 1995.
Quadrillage du futur. Bruxelas: Presses Interuniversitaires Européennes, 1997.
Tao et management. [s.l.]: Editions d'Organisations, Eyrolles, 2009
Valeurs féminines et management. In: VV.AA. *La femme*. Namur: PUN, 2003.

SOBRE O LIVRO

Formato: 16 x 23 cm
Mancha: 28 x 50 paicas
Tipologia: Iowan Old Style 10,5/14,5
Papel: Off-white 80g/m² (miolo)
Cartão Supremo 250g/m² (capa)
1ª edição: 2010

EQUIPE DE REALIZAÇÃO

Edição de texto
Christiane Fonseca (Copidesque)
Mariana Echalar (Preparação de original)
Jean Xavier (Revisão)

Capa
Estúdio Bogari

Editoração Eletrônica
Studio Lume

Impressão e Acabamento